개정 누리과정 연계

유아교과교육론

개정 누리과정 연계

유아교과교육론

김정희 · 이지영 · 탁정화 · 송 영 공저

동문사

머리말

유아교과교육론은 '교과를 어떻게 가르칠 것인가?'와 관련된 교사 전문성의 핵심적인 요소로 실천적이며 응용적 성격을 가진 학문이라고 할 수 있습니다. 유아교사는 유아의 전인 발달과 효율적 학습을 위해 교수-학습 과정의 양상을 이해하고 체계적이며 효율적인 교육방식을 통해 접근해야 하며 유아의 성장과 학습을 촉진하기 위해 각 교과목을 통합적으로 운영하는 방법을 이해해야 합니다.

본 저서인 「개정 누리과정 연계 유아교과교육론」은 유아교사가 교과교육의 기초적 개념을 이해하고 각 교과별 내용을 파악하여 현장에서 적용할 수 있는 역량을 기를 수 있도록 하는 데 목적을 두고 쓰였습니다. 그러므로 대학에서 유아교육을 전공하는 학부생의 전공서로 사용할 뿐만 아니라 현장에서 유아를 교육하고 있는 현직교사에게도 유용하게 활용될 수 있습니다.

이 책은 3부로 구성되어 있습니다. 1부는 유아교과교육의 이해, 2부는 유아교과교육의 실제, 3부는 유아교과교육의 통합적 운영 및 평가로 제시하였습니다. 1부 유아교과교육의 이해는 1장 교과교육의 이해, 2장 교과교육의 교수-학습의 원리로 구성하여 교과교육의 개념과 내용 등 이론적 측면을 다루고 교과교육을 전개하는 데 기본이 되는 교수-학습 원리를 소개하였습니다. 2부 유아교과교육의 실제는 3장 유아언어교육, 4장 유아사회교육, 5장 유아문학교육, 6장 유아과학교육, 7장 유아미술교육, 8장 유아음악교육, 9장 유아수학교육, 10장 유아동작교육으로 구성하여 각 교과의 개념과 목표를 설명하고 교수-학습 방법을 기술하였습니다. 더불어 교과별 활동의 실제와 교사의 지원을 제시하여 현장에서 활용할 수 있는 능력을 배양하게 하였습니다. 마지막 3부 유아교과교육의 통합적 운영 및 평가에서는 11장 교과의 통합적 계획 및 운영, 12장 유아교과교육의 평가로 구성하여 교과 간 통합적 환경과 운영의 실제를 제시하였고 현장에서 직접 활용 가능한 평가 방법을 다루었습니다.

저자들은 유아교과교육론을 학습하는 예비교사와 현직교사가 학문적으로 성숙하며, 활동의 실제를 유익하게 실행할 수 있기를 기대하는 마음으로 집필하였습니다. 이 책을 통해 교과교육에 대한 이론을 전반적으로 이해하고 교사로서 가르쳐야 하는 구체적인 목표를 계획하여 효과적으로 교수하는 방법을 익히고 실천하는 것에 도움을 얻기를 바랍니다.

이 책을 집필하고 출간하는 과정까지 도움을 주신 분들에게 진심으로 감사드립니다. 또한 책에 대한 애정 어린 관심과 충고를 부탁드리며, 저자들은 부족한 부분에 대한 지속적인 보완작업을 진행할 것을 약속드립니다. 끝으로 이 책의 출판을 허락해 주시고 물심양면으로 수고해 주신 동문사 대표님과 직원분들께 감사의 마음을 전합니다.

2024년 저자 일동

차례

PART

1

유아교과교육의 이해

교과교육이란 교과와 교육이 합쳐져 생성된 용어로, 유아교육현장을 포함한 모든 학교현장에서 교육하고자 하는 내용을 의도적으로 가르치고 배우는 것을 의미한다. 1부에서는 교과교육을 전반적으로 이해하기 위해 관련된 이론과 국가수준의 교육과정을 제시하여 유아교육에서 다루어야 할 교과에 대한 핵심적인 내용을 담았다. 구체적으로 교과교육의 역사적 배경과 내용 이해, 교과교육의 교수-학습의 원리를 2019 개정 누리과정을 근간으로 제시하였다.

Chapter

01

교과교육의 이해

학습목표

1. 교과교육에 대한 정의와 교과교육학의 특성을 설명할 수 있다.
2. 서양의 교과 변천을 이해하고, 우리나라의 제1차 유치원 교육과정부터 2019 개정 누리과정까지의 유아교과과정의 변화내용을 분석할 수 있다.
3. 교과와 지식, 교과 내용의 선정 조건 등 교과교육의 내용적 측면을 이해할 수 있다.
4. 유아교육의 목표와 교과교육, 유아교사 양성과정 내에서의 교과교육, 교과교육의 학문 간 연관성, 유아교과의 내용 선정조건 등에 대해 설명할 수 있다.

1. 교과와 교과교육의 개념

1) 교과교육의 정의

교과교육(教科教育)이라는 사전적인 용어는 교과와 교육이라는 두 가지 개념이 포함된다. 교과(教科)란 교육목적 달성에 필요한 지식이나 기능을 논리적으로 체계화하여 교육하고자 하는 내용을 의미하는 것으로(신화식 외, 2011), 여러 문화양식 가운데 인간의 생존과 발전에 공헌해 왔거나 가치 있는 특정 영역의 지식이나 사고 양식, 경험 등을 선정한 것이다. 교육(教育)이란 특정 대상에게 목적하는 바를 위해 가르치고, 가르친 것을 잘 이해하여 행위로 나타날 수 있도록 꾸준히 기르는 것을 의미한다. 여기에는 배울 만한 가치가 있는 것을 가르치고 배우는 행위가 함께 존재하는데, 학교교육에서는 가치 있다고 선정된 교과를 학습자에게 적절한 방법으로 전달하는 것이다. 이 과정에서 교사가 의도적으로 계획한 교육적인 활동을 통해 학습하는 것뿐만 아니라 인성적인 면까지도 포괄적으로 다루게 되며, 학습자의 발달적 특성과 맥락을 고려하여 가르치고 배우는 모든 과정이라 할 수 있다.

위의 두 가지 개념을 포함한 가운데 교과교육을 정의해보면, 학교의 교육활동 중에 생활지도나 특별활동과는 구분되며, 교과를 교육하는 학문으로 각 교과의 기초지식과 목표, 내용 및 방법을 알고, 교수-학습 과정에서 요구되는 이론 및 실제를 수행하는 것을 의미한다(심성경 외, 2017). 즉 해당 교과에 대한 기초개념과 지식을 포함하여 교육하고자 하는 교과를 어떠한 방법으로 가르칠 것인가를 교육하는 것이며, 한 국가의 교육체제의 핵심이며 교육과정의 기본이 되는 것이 교과교육이다. 교사양성 교육기관에서는 전공에 따라 국어교과교육론, 역사교과교육론, 영어교과교육론, 유아교과교육론 등의 과목을 통해 각 교과의 내용과 교수 방법을 중심으로 교육이 이루어진다. 즉, 전통적으로 교과의 내용을 이해하는 일과 교수 방법을 습득하는 것을 별개로 생각해 왔으나 최근에는 교육내용으로서 교과를 이해하는 것과 교과를 가르치는 방법을 모두 핵심적으로 다루고 있다.

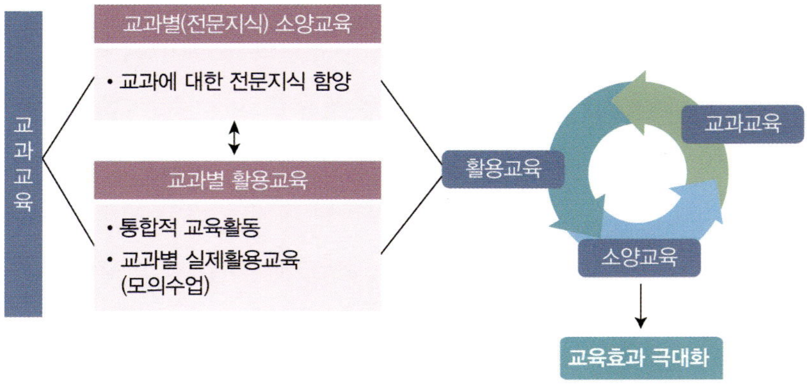

[그림 1-1] **교과교육의 개념**

출처: 유민임(2007). 유아교과교육론. 서울: 학지사. p. 15.

교과교육의 목표는 인간이 살아가는 데 유용하게 활용되는 지식을 기르는 것, 인성교육, 가치 및 태도교육 등을 반영하여 학습자의 바람직한 행동 변화를 포함하고 있다. 이 가운데 지식으로서의 교육은 두 가지 기능을 포함하는데, 첫째, 인류가 물려받은 인간과 사회에 관한 지식과 문화유산을 전수하는 것이다(유민임, 2007). 둘째, 이러한 기능을 수행함으로써 정신적 특성을 계발하는 것이다.

교육을 통하여 계발되는 정신적 특성은 ① 효과적으로 사고하는 능력, ② 생각을 전달하고 받는 능력, ③ 적절한 판단 능력, ④ 가치를 분별하는 능력 등으로 분류된다(박화윤 외, 2010).

2) 교과교육학의 특성

교과교육학이 다른 교육학 연구와 구분되는 본질적 특징은 개별교과에 해당하는 특정의 지식을 대상으로 한다는 것이다. 각각의 교과를 이루고 있는 지식은 저마다의 고유한 특성이 있어 교과의 특성과 본질이 서로 다르다. 이에 따라 가르치고자 하는 목적이나 방법, 그것의 교육적 가치 등은 각 교과의 특성이나 교과를 이루고 있는 지식의 특성에 따라서 달라질 수 있다. 따라서 교과교육학은 무엇보다도 이 특정 지식에 대한 탐구로부터 시작되어야 한다. 각 교과를 이루고 있는 지식에 관한 이해와 그 지식이 갖는 교육적 가치에 대한 탐구가 선행된 후 그것을 토대로 교과교육의 목적, 그것을 효과적으로 가르치기 위한 방법에 대한 탐구가 이루어져야 한다(김경배, 김재건, 이홍숙, 2001).

따라서 교과교육론이란 교과를 교육하는 학문으로 해당 교과에 대한 기초 개념과 지식을 포함하여 교육하고자 하는 교과를 어떠한 방법으로 가르칠 것인가를 아는 것이라고 볼 수 있다. 다시 말해 각 교과의 기초지식과 목표, 내용 및 방법을 알고 교수-학습 활동 과정에서 요구되는 이론 및 실제를 수행하는 것을 의미한다.

2. 교과의 역사적 배경

교육은 각 시대의 특성과 사회 여건이 반영된 가운데 가르쳐야 할 교과의 내용이나 강조점이 차이가 있기 마련이다. 시대별 각 나라의 역사적 · 사회적 · 문화적 성격에 따라 교과와 관련된 역사를 서양의 교과 발달과 우리나라의 유아교과의 발달 측면에서 살펴보고자 한다.

1) 서양의 교과 변천

서양에서는 비교적 체계적인 초등 · 중등 · 고등 교육기관이 중세시대에 이르러 형성되었고, 이들 교육기관에서 부과했던 교과에서 오늘의 교과목 원형을 확인할 수 있다.

(1) 고대 그리스 · 로마시대의 교과교육

고대 그리스의 교과교육은 아테네와 스파르타 교육을 통해 특징지을 수 있다. 먼저, 아테네 교육의 기초는 기원전 594년에 제정한 솔론(Solon)법에 의해 확립되었다. 아테네의 교육은 자유인의 자질로서 요구되는 인간과 자연에 대한 폭넓은 지식과 귀족으로서의 품위를 유지하는 데에 기본이 되는 도덕성과 고상한 취미를 계발하여 균형 있는 인격을 형성하는 데 그 목적을 두었다. 교과는 체육, 문학, 음악, 미술, 철학 등과 읽기, 쓰기, 셈하기 등을 중시했으며 신체와 정신이 조화된 인간을 양성하는 것이었다(가영희, 성낙돈, 김수현, 장청옥, 2011). 다음으로, 스파르타의 교육은 강력한 군국주의 국가를 유지하기 위해 전사 양성을 일차 목적으로 두고, 문자교육은 실생활에 필요한 기초적인 것에만 한하였고, 신체훈련, 군사훈련, 전투방법과 기술, 리쿠르고스(Lycurgus) 법전, 호머(Homer: 그리스의 서사시인)의 시와 군대음악, 3R's(reading, writing, arithmetic)이 주요 교과로 자리 잡았다.

로마의 교육은 전기 공화정시대부터 활발하게 이루어졌다. 공화정 초기에는 가정이 교육의 중심이었으나 공화정 후기에 상업교역이 발달됨에 따라 문자의 지식과 계산술을 가르치는 강의소 형태의 준학교 조직이 세워졌다. 제정시대에 이르러 귀족계급을 대상으로 한 학교교육이 활발히 이루어졌다. 제정시대의 초등교육기관으로는 문자학교가 운영되었고, 중등교육기관으로는 문법학교, 고등교육기관으로는 수사학교가 있었다. 문자학교에서는 3R's의 초보지식을 가르쳤으며, 문법학교에서는 그리스 문법과 7자유과(문법, 수사학, 논리학, 산술, 기하, 천문, 음악), 수사학교에서는 수사학을 가장 중요시한 교과이다.

(2) 중세시대의 교과교육

로마제국이 멸망하면서 기독교 교회를 중심으로 종교교육이 등장하게 되었는데, 중세교육은 기독교 교육과 시민교육 등으로 구분할 수 있다. 먼저 기독교 교육은 교회중심으로 살펴볼 수 있는데, 초신자학교를 세워 세례를 받지 못한 사람들에게 기독교의 기본 교리들을 가르쳤다. 이 학교는 남녀노소 모두가 입학할 수 있었다. 초등교육 수준의 문답학교(초등교육기관)는 교리문답과 3R's를 가르쳤고, 고등교육 수준의 고급문답학교에서는 철학, 신학, 수사학, 천문학, 그리스어 등을 가르치고 문답학교의 교사를 양성하였으며, 성직자를 양성하기 위해 신학, 수학, 과학, 성서, 그리스 문학 등을 가르친 사원학교가 있다.

시민교육은 실생활교육을 강조하여 실용성이 강조되었다. 시민학교의 유형은 첫째, 상류계급을 위한 교육기관으로 주로 대학준비교육을 위한 라틴어학교, 공중학교, 문법학교가 있다. 둘째, 일반 시민계급을 위한 교육기관으로 실용교육과 기초교육을 담당하였으며 조합학교, 도제학교, 습자학교, 모국어 학교 등이 있다.

(3) 근대의 교과교육

문예부흥기(Renaissance)의 인문주의 교육은 인간중심주의, 합리주의, 현실세계의 존중, 자유주의를 특징으로 한다. 희랍·로마의 고전을 통하여 교양의 폭을 넓히고 체육, 문화, 예술 등의 활동을 통하여 개성을 발현시킴으로써 전인적인 발달을 지향하였다. 암기 위주의 교육을 비판하고 과학, 종교, 도덕, 체육 등이 조화된 교육을 강조하였으며 직관적 관찰학습과 자기주도적 교수법을 강조하였다.

루터(Martin Luther, 1483~1546)에 의해 시작된 종교개혁은 종교교육과 함께 가정, 직장, 사회와 국가에서 의무를 잘 감당하기 위한 교육도 해야 하고, 이를 위해서는 성경, 모국어, 읽기, 쓰기, 음악, 체육, 공예, 가사 등이 포함된 초등교육을 모든 어린이들이 의무적으로 받아야 함을 주장하였다. 현대의 보통의무교육은 여기서부터 시작되었다. 교수법은 주로 설명, 암송, 개인능력 적용, 모의수업, 훈련, 강의 등의 방법이었다.

이후 기존 인문주의와 종교교육이 교리 암송 등 생활의 실제와 동떨어졌다는 비판에서 실학주의가 탄생하였다. 대표학자로 코메니우스(Johannes Amos Comenius, 1592~1670)가 있는데, 그는 초등교육인 모국어 학교에서 3R's, 역사와 지리를, 소년기 라틴어 학교에서 7자유과, 어학, 수학, 물리를 그리고 청년기 대학에서 신학, 법학, 철학 등의 전공과목을 가르쳐야 함을 제시하였다.

18세기에 들어 비합리적인 권위와 구습을 거부하는 계몽주의(Enlightment) 사상이 교육에도 영향을 미쳤다. 합리적 이성과 인간의 자유, 존엄성을 강조하는 교육을 지향하였는데, 대표학자로는 루소(Jean Jacques Rousseau, 1712~1778)와 칸트(Immanuel Kant, 1724~1804) 등이 있다. 루소는 아동중심 교육사상가로서 자연, 인간, 사물을 교육의 3요소라고 했으며, 직관주의를 바탕으로 실물주의와 아동 스스로 합자연의 원리를 따르는 교수방법을 강조하였다. 칸트의 경우 인간은 오직 교육을 통해서만 인간이 됨을 주장하면서, 교육을 통해 이성의 계발이 되어야 함과 정신적인 훈련과 연습을 통해 진리를 탐구하고 인격을 형성하는 것이 가능하다고 보았다.

19세기의 대표적인 교육사상은 신인문주의로 볼 수 있는데, 18세기의 계몽사상에 대한 반동으로 일어난 사상체계로 인간의 이성적인 측면보다 감성적이고 심미적인 지·덕을 갖춘 인간양성에 보다 의미를 보였다. 그리스 고전시대의 문학사상과 인생관, 세계관과 관련된 내용에 중점을 두고 있다. 대표학자인 페스탈로치(Johann Heinrich Pestalozzi, 1746~1827)는 인간교육과 전인교육, 직관교육, 합자연의 교육을 중시여겼다. 읽기, 쓰기, 셈하기 위주였던 초등학교 교과에 지리, 과학, 미술, 음악 등을 추가하였다(김경배 외, 2001). 또한 인간교육에서 노작의 중요성을 인식하고 3H, 즉 Head(知), Heart(情), Hand(技)가 조화롭게 발달되어야 함을 주장하였다.

(4) 현대의 교과교육

20세기 초 교육은 교과내용이 과다하고 수업이 교과서 중심으로 이루어졌으며, 기계적인 학습이 진행되어 왔다는 비판 아래 '아동으로부터의 교육'이라는 새로운 교육모델이 제시되었다. 대표적인 학자는 듀이(John Dewey, 1859~1952)로 아동기에 대한 존중, 놀이의 본질적 중요성을 인정하였고, 교육방법과 환경구성에 있어 자유로운 아동중심의 활동, 생활중심 활동의 필요성을 부각시켰다. 실용주의 철학에 기반한 듀이는 사회와 학습자의 요구가 반영된 경험을 통한 끝없는 성장과정을 교육이라고 보았기 때문에, 실제 생활에 유용하며 교과 간의 벽이 없는 통합 교과과정의 기초를 형성하는 데 기여하였다.

이후 1960년대 자리 잡은 학문중심 교육과정에서는 지식은 고유의 교육적 가치를 가졌음을 전제하며, 구조화된 교과는 그 자체로 교육적 가치를 지니며 학습자는 지식이 가진 고유한 원리와 개념 등을 학습해야 한다고 본다. 학습방법은 지식이 가진 고유의 탐구방식으로 접근해야 해당 지식을 온전히 이해하고 확장해 나갈 수 있다고 보았다. 1970년대 이후의 인간중심 교육과정은 학교생활을 하는 동안에 얻을 수 있는 지적 · 정의적 · 기능적 · 신체적으로 영향을 주는 모든 경험을 교과내용으로 보고 있다.

2) 우리나라의 유아 교과 변천

우리나라의 유아교육과 관련된 교과 변천은 국가수준의 유치원교육과정을 통해 살펴볼 수 있다. 1969년에 처음 제정된 유치원교육과정은 현재 2019 개정 누리과정까지 변화를 가져왔는데, 다음과 같은 변천을 이루어 왔다.

(1) 제1차 유치원교육과정(1969~1979년)

제1차 유치원교육과정은 광복 후 1949년 '교육법'이 제정되고 난 후 20년 후인 1969년에 제정되었다. 1960년대 들어 양적으로 급격히 증가하는 유치원을 정비하기 위해 유치원교육과정이 마련되었으며, 그 취지는 유아의 바람직한 인격형성을 위하여 이들의 욕구와 흥미에 알맞은 환경을 제공해주는 데 있었다. 유치원교육과정은 곧 유아들이 유치원에서 교육을 통해 경험하는 모든 학습활동의 총체를 의미하는 것으로 보았다. 교과내용은 건강생활, 사회생활, 자연생활, 언어생활, 예능생활 등 다섯 가지 생활영역으로 나누어 조직되었다.

(2) 제2차 유치원교육과정(1979~1981년)

제2차 유치원교육과정의 목표는 남과 잘 사귀고 남과 더불어 생활하는 것을 즐기게 하며, 표현하는 능력, 습관, 태도를 기르고, 탐구능력, 언어구사력, 기초적인 운동능력, 건강 및 안전생활 습관을 기르는 것이다. 교과내용은 전인적인 발달을 강조하는 사회·정서발달 영역, 인지발달 영역, 언어발달 영역, 신체발달 및 건강 영역으로 구분하였다. 이는 유아교과의 내용을 발달적 적합성에 초점을 둔 것으로 볼 수 있다(강은주 외, 2023). 특히 1970년대부터 인지발달을 강조하는 세계적인 추세에 맞추어 인지발달과 정서발달을 강조하였다.

(3) 제3차 유치원교육과정(1981~1987년)

제3차 유치원교육과정은 이전과 같이 유치원만이 각급 학교와 분리되어 별도로 개정이 이루어진 것이 아니라 처음으로 초·중등학교 교육과정의 개정과 함께 상호연계성 속에서 개정되었다. 이러한 변화는 당시 정부인 제5공화국이 주요 교육개혁 정책으로 유아교육을 채택하여 당면한 유아교육의 문제를 정부 차원에서 해결하고자 한 노력의 일환으로 이루어진 것이다. 교육과정의 궁극적인 목적은 민주, 복지, 정의사회의 건설에 적극적으로 이바지할 수 있는 자주적이고 창의적인 국민을 길러 내는 것이고, 유치원교육의 목적으로는 유아에게 알맞은 교육환경을 마련해 주어 전인적으로 성장하도록 돕는 것이다(김정희 외, 2023). 교과과정의 구성은 신체발달, 정서발달, 언어발달, 인지발달, 사회성 발달의 5개 발달영역별로 구성되었다.

(4) 제4차 유치원교육과정(1987~1992년)

제4차 유치원교육과정은 제3차 유치원교육과정을 개정했다기보다는 수정·보완하는 입장에서 유치원 개정안이 발표되었다. 교육목적을 인격을 완성하고 자주적 생활능력과 민주시민으로서 자질을 갖추어, 민주국가 발전에 봉사하며, 인류공영의 이상실현에 기여하게 하도록 하는 것이다. 이러한 목적을 위하여 건강한 사람, 자주적인 사람, 창조적인 사람, 도덕적인 사람을 기르는 데 역점을 두어 교육과정을 구성하였다. 교육과정의 목표로는 건강과 안정에 대한 올바른 생활습관과 신체의 조화로운 발달을 도모하고, 다른 사람의 말을 이해하고, 주변 현상에 대한 느낌을 표현할 수 있으며, 자부심 및 가족과 이웃을 사랑할 줄 아는 마음씨를 지니게 하는 것이다. 영역 구분은 신체, 정서, 언어, 인지, 사회성의 5개 발달영역으로 제3차 교육과정과 동일하다.

(5) 제5차 유치원교육과정(1992~1998년)

제5차 유치원교육과정 1992년에 개정되었으며 이전과 달리 처음으로 한국유아교육학회가 개정 연구를 위탁받아 개발하였는데, 우리나라 교육과정 최초로 중앙 집권형 교육과정을 지방 분권형 교육과정으로 전환하였다. 이는 전문 연구진을 구성하고 제4차 유치원교육과정의 문제점과 개정 방향을 연구하여 새롭게 개정되었다는 데 의의가 있다(김정희 외, 2023). 제5차 교육과정의 특징은 1991년 교육법이 개정되어 유치원 취원 연령이 기존의 만 4, 5세에서 만 3, 4, 5세로 조정됨으로써 1992년 3월부터 만 3세의 유치원 입학이 합법화됨에 따라 교과과정의 내용이 Ⅰ수준과 Ⅱ수준으로 구분되어 제시된 것이다. 또 취업모의 증가에 따른 유치원 종일반 운영을 강조함으로써 사회적 요구를 교육과정에 반영하고, 유아의 발달특징에 알맞은 읽기, 쓰기, 교육에 관한 지침을 구체적으로 제시하여 학부모의 요구도 교육과정에 반영하고자 노력하였다. 교과내용은 건강생활, 사회생활, 표현생활, 언어생활, 탐구생활 등 5개 생활영역으로 나누어 개편됨으로써 초기의 유아교육과정의 생활영역으로 환원

되었다.

(6) 제6차 유치원교육과정(1998~2007년)

제6차 교육과정은 교육의 체제를 공급자 중심보다는 수요자 중심으로 이루어질 것을 명시하고 교육개혁의 하나로서 유아교육의 공교육체제로 확립 방안을 제시한 것이다. 이에 따라 초·중등교육과 맥을 같이하는 보편화된 교육체제로 발전시키고자 유치원교육과정의 개정이 요구되었다. 제6차 유치원교육과정은 제5차에 이어 한국유아교육학회가 교육부의 위촉을 받아 개정을 주도하였고 제5차 유치원교육과정의 문제점을 분석하고 수정 보완하여 개정하였다. 교육의 목적은 초·중등교육법 제35조에 명시된 "유치원교육은 유아를 교육하고 유아에게 알맞은 교육환경을 제공하여 심신의 조화로운 발달을 조장하는 것을 목적으로 한다."이며 기초·기본교육의 충실, 자기 주도적 능력의 신장, 유아중심 교육의 실천, 지역 및 유치원의 자율성 확대를 교육과정 구성의 중점으로 삼았고 제5차 유치원교육과정과 동일하게 건강생활, 사회생활, 표현생활, 언어생활, 탐구생활의 5개 생활영역으로 내용이 조직되었다.

(7) 2007 개정 유치원교육과정(2007~2011년)

2007년에 유치원의 다양한 일과 운영에 대한 사회적 요구, 제6차 교육과정의 수정·보완에 대한 유치원 현장의 요구, 21세기의 시대적 요구인 사람과 자연을 존중하는 세계관과 저출산 문제해결을 위한 가치관이 반영된 교육과정에 대한 요구, 초등학교와의 연계성 강화 등의 이유로 유치원교육과정의 개정이 이루어졌다. 2007 개정 유치원교육과정은 21세기 정보화 시대에 인류사회의 변화에 능동적으로 대처할 수 있는 교육과정의 필요성과 2004년 제정된 「유아교육법」에 근거하여 만 3~5세까지 초등학교 이전의 발달을 돕는 총체적 환경으로서의 교육이라는 인식을 토대로 유아교육을 체계화하는 방향에서 개발되었으며, 초·중등학교 교육과정과의 연계성을 강화하고 단위 유치원의 자율성을 강화하였다. 교과내용은 제5차, 제6차와 동일하게 5개 생활영역으로 나누어 조직되었다.

(8) 3~5세 연령별 누리과정(2011~2019년)

2011년에는 교육과학기술부와 보건복지부가 공동으로 각각 유치원과 어린이집을 대상으로 하여 '만 5세 누리과정' 공통 과정으로 변경하였고, 2012년 3월부터 유치원과 어린이집에 다니는 5세 모든 유아에게 공통으로 시행하였다. 정부는 유아교육보육에 대한 국가의 책임을 강화하기 위해, 2013년에는 만 3~4세까지 누리과정을 확대하였다. 누리과정은 유치원과 어린이집으로 이원화되어 있는 교육·보육과정을 통합하여 우리나라 모든 만 3~5세 유아들에게 유아교육·보육과정이 통합된 만 3~5세 연령별 누리과정을 제공함으로써 유아기 단계에서 교육의 질을 제고하고, 생애 초기 출발점 평등을 보장하는 데 의의를 두었다. 또한 유아기부터 타인을 배려하고 존중하며 공감하는 역량을 기르기 위한 인성교육을 대폭 강화하였다. 교과내용은 신체운동·건강영역, 의사소통영역, 사회관계영역, 예술경험영역, 자연탐구영역 등 5개 영역으로 유아의 발달영역과 생활영역이 통합되어 있다(강은주 외, 2023). 즉, 생활영역 중심의 구분과 유아의 발달적 요구를 모두 반영한 것이라 볼 수 있다.

(9) 2019 개정 누리과정

2019 개정 누리과정은 개별 유아의 다양한 특성 고려, 유아의 주도적인 놀이, 교육현장의 자율성 확대를 기본방향으로 '유아가 중심이 되고 놀이가 살아나는 교육과정'을 추구하고 있다. 이는 교사가 계획하는 활동을 위주로 하는 교육과정 구성체제에서 유아가 주도하는 놀이를 중심으로 하는 교육과정 구성체제로의 전환을 제시한 것이다. 특히 교육내용을 대폭 축소하여 교육과정의 대강화의 노력을 구체화하는 등의 혁신적 구성 방향이 반영되었으며, 유아의 경험과 놀이를 통한 배움의 역동성을 강조하고 이를 총론과 신체운동·

건강영역, 의사소통영역, 사회관계영역, 예술경험영역, 자연탐구영역 등 5개 영역에 적극적으로 반영하여 구성하고 있다.

3. 교과교육의 내용

1) 교과와 지식

포괄적인 의미에서의 지식이란 사물이나 사건에 관한 개개의 단편적이고 사실적인 경험적 인식을 뜻한다. 그러나 엄밀한 의미에서의 지식은 객관적인 타당성에 의해 입증된 개념이나 원리들이 논리적이며 체계적으로 조직된 하나의 통일체를 이루는 것인데, 이를 학문이라고 할 수 있고, 지금의 학문은 증명 가능한 과학이기도 하다. 교과의 내용을 이루는 것도 타당성을 전제로 한 지식의 측면이다. 따라서 학문적 지식을 근거로 하는 교과는 그 타당성이 확보되었고 논리적인 순서에 의해 잘 조직된 체계를 그 내용으로 한다(김경배 외, 2001).

① 교육과정의 변화

교과를 이루고 있는 지식의 대부분이 학문에서부터 도출된 것이라고 해서 학문의 모든 내용이 교과의 내용이 되는 것은 아니다. 그것은 일정한 기준에 의해서 선정된다. 지금까지의 주요 교과로 다루어진 지식의 특성을 교육과정의 변화를 통해 살펴보면 〈표 1-1〉과 같다.

〈표 1-1〉 교육과정의 유형

유형	교과중심 교육과정 (20세기 이전~1920년대)	경험중심 교육과정 (1930년~1960년대)	학문중심 교육과정 (1960년대)	인간중심 교육과정 (1970년대 이후)
특징	• 각 학문 분야에서 중요한 지식을 선택하고 그 각각을 다시 세부적인 단위로 쪼개어 각각의 조각을 순서에 맞게 전체적으로 조직해 놓음 • 설명적 수업방법으로 교육하며 대부분의 수업은 교사가 중심이 되어 설명을 해주는 소위 '주입식' 교육임 • 교육과정을 조직화된 지식을 모아 놓은 교과서, 교과개요, 교과지침서의 내용과 같은 것으로 생각한 것임 • 학습활동은 한정된 교과 영역 안에서만 이루어짐(예, 국어는 국어 교과서에 한정되고, 미술은 미술만 가르쳐야 함) • 문화유산의 전달이 주된 교육내용으로 문화유산을 체계적으로 정리하여 교과서로 만든 교육과정임	• 학문과 인간의 삶이나 생활은 분리될 수 없음 • 학습자의 흥미나 요구, 능력을 고려하여 이들의 수준과 특성에 맞추어 가르치며, 학습자의 특수성을 고려하고, 자발적 학습활동을 지원함 • 학습자가 실제로 겪는 경험과 문제해결 능력이 중요함 • 개인의 자아실현과 공동과제를 협동적 활동으로 해결할 수 있는 민주시민 육성에 중점을 둠 • 학교가 경험을 계획한다는 것은 학생의 능동적 경향을 파악하고 그들에게 작용하는 환경조건을 계획 · 조직하여 가치 있는 경험을 적시에 할 수 있도록 도와주는 것을 의미함	• 교과내용을 가르칠 때 교과에 들어 있는 지식의 구조, 기본원리, 핵심 개념을 교사가 학생들에게 주입하는 것이 아닌 스스로 지식의 구조와 원리를 찾아내는 탐구 과정을 중시함 • 지식의 구조를 전제로, 기본원리, 핵심 개념을 추출하여 초등학교에서부터 고등학교 학생에 이르기까지 같은 내용을 가르칠 수 있는 나선형 교육과정을 강조함 • 교육내용은 전이가 높은 지식을 구조화하여 제공해야 함 • 발견학습이라는 방식으로 가르칠 것을 제안, 교육과정을 '학문 또는 지식의 탐구 과정의 조직', '일련의 구조화된 의도하는 학습결과'라고 정의함	• 교육과정은 학생이 학교생활을 하는 동안에 가지는 모든 경험인데, 모든 경험이란 학교 안에서 교육과정에 의하여 갖게 되는 경험과 학교 밖에서 이루어지는 모든 경험까지를 의미함 • 학교생활을 하는 동안에 얻을 수 있는 지적 · 정의적 · 기능적 · 신체적으로 영향을 주는 모든 경험을 중요하게 생각함 • 자아실현과 전인교육을 지향하며 인간의 존엄성을 중요한 이념과 교과의 목표로 둠 • 학생들의 학습권이 강조되며, 학교와 교사의 교육과정에 관련된 자율성은 높아지고 교육청의 통제력은 약화됨

출처: 김정희 외(2023). 개정 누리과정에 기초한 유아교육과정. 동문사. pp. 17-21.

② 지식의 내용적 측면과 과정적 측면

교육과정과 관련하여 지식을 내용적 측면과 과정적 측면으로 구분하여 고려해 볼 수 있다. 이 가운데 지식의 내용적 측면이란 탐구의 과정을 거쳐 획득한 '결과적 지식'에 해당하며, 수많은 시간을 거쳐 축적된 하나의 지식 체계를 이루고 있다. 지식의 과정적 측면이란 결과적 지식에 도달하기까지 거쳐온 탐구의 과정에 관한 지식, 즉 '과정적 지식'을 말하는데, 활용하는 탐구방법 등을 뜻한다. 학교현장에서는 결과적 지식과 과정적 지식, 이 두 가지 측면을 모두 포괄적으로 교과교육의 지식으로 다루어야 할 필요가 있다.

③ 교사의 개인적 · 실천적 지식

교사의 교육과정에 대한 전문성에서는 개인적 · 실천적 지식을 중요시할 필요가 있다. 이러한 지식은 교사의 주체적 의미 구성과 능동성을 강조한다는 것인데, 교사는 단순히 교육과정 적용의 대상이 아니며, 자신이 가지는 경험과 의미에 기초하여 교육과정을 해석하고 교육과정이 지니는 잠재적 가능성을 풍부하게 구성해 낸다. 이것은 교사 스스로 자신이 소중하게 생각하는 경험과 의미를 파악하고자 하기 때문이다. 또한 교육과정 해석의 능력의 신장시킬 수 있으며, 반성적 실천을 통한 교사 개인의 진정한 변화를 초래한다는 점이다(강현석, 2006). 개인적 · 실천적 지식의 특징은 아래와 같다.

개인적 · 실천적 지식(Personal Practical Knowledge)

- 타인의 직접적인 도움 없이 자기 자신의 경험과 축적된 활동을 통해 형성된 지식
- 개인의 가치가 반영되고 특별한 상황과 관련된 개인적, 맥락적 지식으로써 현장에서 일어나는 교사의 모든 행동과 판단의 근거로 사용
- 자신이 알고 있다는 것을 깨닫지 못하는 암묵적 지식
- 과학적 지식, 일상적 지식, 경험적 지식이 복합적으로 관여되어 형성된 통합적 지식
- 신념과 지식이 공동으로 작용하지만 신념이 더 관여되어 형성된 지식
- Connelly와 Clandinin(1990): 교사의 과거 경험, 교사의 현재 마음과 몸, 그리고 미래의 계획과 행동에 있으며 교사의 실천에서 찾을 수 있고 현재의 위급한 상황에 대처하기 위해 과거를 재구성하고 미래를 의도하는 특정한 방법
- 이 지식을 가장 잘 연구할 수 있는 방법은 교사들이 자신의 삶을 그들의 목소리를 통해 이야기로 드러내주는 내러티브 탐구(narrative inquiry) 방법
- 이 지식은 교사의 일생을 통해 계속해서 발전하므로, 결국 이 지식에 대한 연구는 교사 자신의 삶에 대한 지속적인 탐구

2) 교과 내용의 선정 조건

일반적으로 교과 내용은 교과에 포함되어 있는 지식 자체만이 아니라 그 지식을 탐구해 가는 과정까지도 포함되어야 한다. 박화윤 등(2010)과 김정원, 김유정(2020)이 제시한 교과 내용의 선정 조건을 살펴보면 다음과 같다.

① 교과는 사회적 지지를 필요로 한다.

한 사회에서 특정한 신념이나 가치, 행동 양식이나 습관 등을 교과로 선택하기 위해서는 그 가치에 대한 사회적 인정과 지지가 있어야 한다. 시대와 사회의 특성에 따라 학문적 지식이 중요한 인류 문화의 요소로서 교과의 내용으로 강조되던 시기도 있었고, 인성이나 태도 등이 교과의 내용으로 보다 더 중요시된 시기도 있었다. 각 학교의 교과를 선택하기 위해서는 사회 구성원들의 합의에 의한 지지가 필요하다.

② 교과 내용은 제시한 목표에 도달할 수 있는 것이어야 한다.

교육 목표에 부합하는 교육 내용이 아니라면 체계적이고 조직적인 교육이 이루어지기 어렵다. 또한 필요로 하는 지력을 계발하고 있는 것인지, 유용한 것을 가르치는 것인지, 관련 교과에서 도달하고자 하는 목표가 바람직한 것인지조차 파악하지 못하고 교육이 이루어질 것이다. 따라서 교육 목표에 도달할 수 있는 충실한 내용이 선정되어야 한다.

③ 교과 내용이 유용하고 활용 범위가 넓은 것이 적절하다.

일상생활이나 앞으로의 사회생활에 필요하고 다양하게 활용될 수 있는 것이며, 교과 내용이 가능하면 과거의 것에서 현실에 적용 가능하고 유용한 것, 현재의 것에서 활용 가능하고 전이가 높은 지식이나 기술을 선정하여야 한다.

④ 교과 내용이 균형 있게 조직되어야 한다.

교과 내용은 일반적인 것과 특수한 것, 기본적인 것과 실제적인 것, 동적인 것과 정적인 것, 인지적인 것과 정의적인 것, 개별 혹은 소집단 활동과 대집단 활동 등이 골고루 균형 있게 다루어져야 한다. 균형성을 유지함에 있어서는 학습자의 흥미와 주의집중시간까지 고려하여 선정하여야 한다. 선정된 교과 내용이 학습자의 발달에 적합하고 흥미가 있는 활동일 때 그 효과는 극대화될 수 있기 때문이다.

⑤ 교과는 논리적 준거를 갖는다.

각 교과는 고유한 탐구의 대상, 탐구방식, 논리적 진술의 체계를 갖는다. 과학교육과 미술교육은 탐구의 대상이 되는 학문적 지식이나 내용이 다르고, 효과적으로 가르치고 배우기 위한 탐구방식에서도 차이가 있다. 이러한 교과의 학문적 특성에 부합하는 내용과 교수-학습 방법 등이 논리적 근거에 의하여 체계적으로 정리된 것이 교과이다.

⑥ 교과는 문화요소를 내용으로 사회와 국가, 인류발전에 도움이 되는 것이어야 한다.

교육은 인간의 삶에 유용한 것을 다루어야 하기에 교과의 내용에는 인류의 보편적인 문화적 요소들과 특정 사회와 민족 고유의 문화적 요소가 포함되어 있다. 교육을 통해 자신의 삶에서 자아실현을 할 수도 있지만 이를 통해 전 인류에 유익한 것을 창출해 낸다면 더 가치 있을 것이다. 그러므로 교과 내용도 자신이 속한 사회가 요구하는 방향과 부합되어야 하며, 개인의 자아실현에도 도움이 되는 내용이어야 한다. 예를 들면, 인류애나 환경과 생태 등의 지속가능한 발전은 대부분의 국가나 사회에서 중요한 신념이나 가치로 여겨 교과의 내용에 포함되는 경향이 있다.

4. 유아교육과 교과교육

1) 유아교육의 목표와 교과교육

유아교육에서 지속적으로 강조되어 온 교육의 가치는 창의력 계발 및 인성 함양을 포함한 '전인(全人)'교육이다(교육기본법 제9조). 전인교육은 지 · 덕 · 체가 조화를 이룬 원만한 인격체를 기르는 것을 목적으로 하는 교육을 의미한다. 이것은 인지적, 정의적, 사회적, 신체적, 도덕적 측면에서의 균형 잡힌 발달이 유아기부터 전 생애를 걸쳐 행복한 삶을 영위할 수 있도록 도와주는 교육이다. 이러한 목표 측면에서 유아교과교육은 전인교육이 이루어지도록 교과 내용을 구성하고 운영하는 것이 필요하다. 즉 유아교과교육은 단순한 지식 습득보다는 정의적, 사회적, 신체적, 도덕적 측면이 포괄적으로 강조되어 유아가 균형 잡힌 발달을 이룰 수 있도록 해야 한다.

유아의 발달 특성을 고려할 때, 보다 의미 있는 학습이 이루어질 수 있도록 이들에게 전체적으로 통합된 지식과 경험을 현장에서는 제공하고 있다(박혜경 외, 2014). 즉 유아교육에서는 초 · 중 · 고등학교와 같은 교과영역별 지도를 배제하고 생활 속 경험을 중심으로 교과영역의 통합적 구성 및 지도를 지향하고 있다. 이와 관련하여 2019 개정 누리과정에서는 추구하는 5가지 인간상을 구체적으로 '건강한 사람, 자주적인 사람, 창의적인 사람, 감성이 풍부한 사람, 더불어 사는 사람'으로 선정하였는데, 이는 유아교육이 나아가야 할 방향이자 달성해야 할 목표이기도 하다.

2) 유아교사 양성과정 내에서의 교과교육

국가수준의 유아교육과정이라 할 수 있는 2019 개정 누리과정은 국어, 수학, 사회 등의 교과나 교과별 이수 시간이 고정적으로 운영되고 있는 초 · 중

·고등학교의 교과중심 교육과정과는 다르게 생활중심, 놀이중심 주제접근을 기초로 통합적 교육과정이 운영되고 있다. 다만, 유아교사 양성기관의 교육과정에서만 교과별 과목으로 구성되어 있다. 예를 들면, 유아문학교육, 유아언어교육, 유아수학교육, 유아과학교육, 유아음악교육, 유아동작교육, 유아미술교육, 유아사회교육 등 개별교과별로 각 학문 분야에 대한 지식과 교육내용, 교수 방법을 교육하고 있다. 이처럼 유아교사 양성과정에서 교과의 형태로 교육과정을 운영하는 것은 각 학문에 대한 기본 개념과 지식의 이해를 돕고, 각 교과의 특성에 따른 교수 방법을 활용하는 데 유용하기 때문이다.

이처럼 유아교사 양성과정에서는 각 교과별로 교육내용과 교수방법 등을 배우지만, 실제 유아교육현장에서는 생활 주제를 중심으로 교과 내용을 놀이와 활동 속에 통합하여 교육과정을 운영하고 있다. 유아에게 흥미나 생활 경험과 동떨어진 상황 속에서 각 교과의 분절된 내용을 가르친다면 교육의 효과는 미비할 것이다. 따라서 각 교과의 교육내용들이 교육활동에 통합되어 유아에게 의미 있는 경험의 장으로 제공되어야 한다.

3) 교과교육 학문 간 연관성

유아교육에서는 국어, 수학, 과학, 사회 등 교과 내용을 생활 주제에 따른 자유놀이와 집단활동(이야기 나누기, 동화 듣기, 게임, 노래 부르기, 실험, 동시 감상 등) 속에 통합하여 제시함으로써 유아에게 흥미롭고 의미 있는 교육과정을 제공하고 있다. 개정 누리과정에서는 [그림 1-2]와 같이 교과의 내용을 신체운동·건강, 의사소통, 사회관계, 예술경험, 자연탐구 등 5개 영역의 내용 안에 통합하고 있다. 즉, 개정 누리과정의 교육내용은 발달영역과 생활영역을 통합한 5개 영역으로 구분하고 있으며 그 안에 각 교과의 내용이 포함되어 있다. 이처럼 유아교육은 개별적 인간으로서 유아 자신에 초점을 두고 유아 나름의 자아실현을 돕는다. 반면 초등교육은 각 아동의 개인적 관심이나 창의적 표현보다는 미리 준비된 지식의 체계가 교육의 중심적 역할을 한다. 교육내용에 있어서도 유아교육은 유아들이 경험하는 모든 것을 그 내용으로 간주하지만 초등교육은 지식 체계에 따라 구분된 교과목에서 교육 내용이 다루어진다. 교육 방법 면에서도 차이가 있는데, 유아교육에서는 개별학습, 사물을 이용한 구체적 조작학습, 놀이를 통한 교육, 자유놀이, 대 · 소집단 활동의 융통성 있는 일과 운영 등이 주된 원리가 된다. 반면, 초등교육은 40분 단위의 고정된 주 5일 교과별 수업 시간을 통한 1, 2학기별 운영을 기본 특징으로, 고정된 아동의 좌석배치 등 교실환경이 유치원에 비해 상대적으로 구조화된 측면이 강하다.

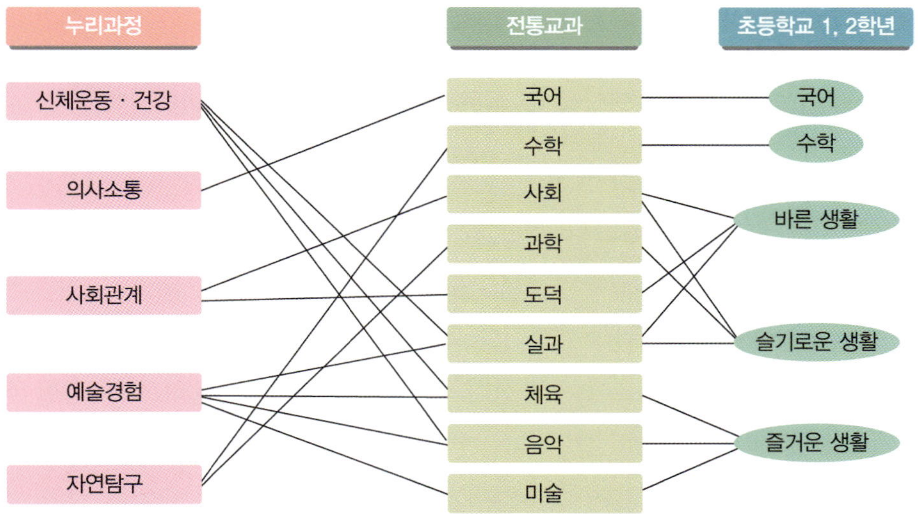

[그림 1-2] 개정 누리과정과 전통 교과의 관계

출처: 심성경 외(2017). 유치원교사를 위한 교과교육론. 경기: 양서원. p. 14.
유민임(2007). 유아교과교육론. 서울: 학지사. p. 21.

4) 유아교과의 내용 선정

유아교과의 내용은 실제 생활과 연관되어야 하며 유아의 발달에 적합해야 하며 무엇보다 유아교육의 목적에 부합해야 하는데, 교과내용 선정의 준거를 몇 가지 차원에서 살펴보면 다음과 같다(김정희 외, 2023; 박찬옥 외, 2020; 이기숙 외, 2020).

① 유아교과는 교과별 학문적 지식을 중심으로 선정되어야 한다.

교육내용이 그 학문 분야에서 얼마나 본질적이고, 기본적인지에 대한 합의가 이루어질 필요가 있다. 인류의 역사와 문화를 통해 형성되어 온 주요 학문 영역의 개념과 원리에 대한 이해는 우리 사회의 모든 구성원이 반드시 알고 있어야 한다. 따라서 유아교과에서는 각 교과별 학문 분야의 기본적인 지식의 구조도 중요하게 다루어져야 할 필요가 있다. 또한 교육내용이 새롭고 바람직한 가치 창조에 적합한 내용으로 선정이 되며, 왜곡된 사회적 가치를 바로잡는 데에 기여하는 내용으로 선정되어야 한다.

② 유아교과는 내용의 타당성 및 유용성을 중심으로 선정되어야 한다.

타당성은 교육내용이 목표 달성에 적합해야 하는 것과 교육내용 선정에 있어 반드시 가르치고 배워야 할 내용을 고르게 포함시키는 것과 관련된다. 유용성은 교육내용과 학습경험이 생활 속에서 유용하게 활용되는 측면으로, 학습자의 삶에 다양한 의미를 주고, 미래의 가치 있는 삶 속에 영향을 줄 수 있는 내용이어야 한다. 유아는 자신의 신체리듬에 맞게 생활하고, 위험한 상황에 대처하는 법을 알고 실행할 수 있어야 한다. 또한 다른 사람과 생활하면서 자신의 생각을 표현하며, 주어진 일에 책임감을 가지고 해결해 나갈 수 있는 힘을 길러야 하며, 새로운 일에 대한 열린 태도와 도전정신으로 독창적인 능력을 키우는 기회를 얻어야 한다. 자연과 문화에 대해 열린 마음으로 아름다움과 감수성을 예술적으로 표현하는 과정을 즐기며 수학적 · 과학적 지식과 태도, 기술을 익혀 일상생활에 직면한 문제들을 해결하는 능력이 필요하다. 이처럼 유아들의 삶에서 유용하게 여겨지는 교육내용이 유아교과로 선정되어야 한다.

③ 유아교과는 내용의 학습 가능성을 보장해야 한다.

교육내용은 교사 측면에서는 가르칠 수 있는 내용이어야 하고, 학습자 측면에서는 학습이 가능하게 배울 수 있는 내용이어야 한다. 즉, 영유아의 발달에 적합한 수준과 양의 내용이 교육내용으로 선정되어야 한다. 그러기 위해서는 수업 자료가 학습자들의 흥미를 유발할 수 있어야 한다.

④ 유아교과는 내용의 평등성을 보장해야 한다.

교육과정 내용이 학습자로 하여금 경제적인 방식을 적용하여 최대한의 성취를 하는 데 도움을 주는 내용으로 선정되어야 한다. 평등성은 교육과정 내용이 학습자, 사회, 성인, 다양한 집단의 요구를 함께 균형 있게 고려해야 함을 의미한다. 교육내용이 특정 집단의 이익에 도움을 주거나 성, 직업, 인종, 사회, 계층, 종교, 연령, 장애 등에 관한 편견을 주어서는 안 된다.

⑤ 유아교과는 내용의 내·외적 통합성이 있어야 한다.

교육내용은 위계적 구조와 체계하에 구조적 관련성과 궁극적으로 통합성을 지니고 있어야 하며, 다른 학문 영역의 내용과도 관련지을 가능성을 고려해야 한다. 영유아는 발달 특성상 지식을 분절적 교과로 학습하기보다는 여러 영역들을 융복합적으로 경험할 수 있도록 제공해야 한다. 내용들이 서로 관련되고 일관성을 가져야 하며 수업내용과 용어에 모순이 있거나 차이가 있어서는 안 된다.

유아들이 지속적으로 교과의 내용을 경험하면서 그들의 생각이나 행동을 변화시킬 수 있기 위해서는 교과의 내용을 순서와 연관성을 고려하여 적절히 조직해서 제공해야 한다. 유아교과를 효율적으로 조직·운영하기 위하여 고려해야 할 원리를 알아보면 〈표 1-2〉와 같다(김정원, 김유정, 2020; 김정희 외, 2023).

〈표 1-2〉 유아교과의 조직 · 운영 원리

	계속성(continuity)	계열성(sequence)	통합성(integration)
내용	• 교육내용이나 경험을 시간 순으로 반복적으로 경험되도록 조직하는 것 • 새롭게 어떤 지식이나 기술을 익힐 때 익숙해질 때까지 학습경험을 자주 제공해 주는 것	• 제시하고 있는 교육과정 내용의 시간적 순서를 의미 • 학습자의 연령이 높아질수록 교육과정 요소가 포괄하는 경험의 깊이와 폭이 더해지도록 조직해야 하므로, 학습경험이 단계적으로 넓고 깊게 제공되어야 함 • 구체적인 사실에서 추상적인 개념으로	• 학습자가 경험하는 활동들을 하나의 통합된 의미로 조직하는 것 • 유아의 교육이나 활동의 내용은 지식을 분절해서 배우지 않기에, 단위 학습으로 협소하게 정의되지 않고 발달을 고려하여 여러 영역의 지식을 통합적으로 구성할 필요가 있음
예시	평균대 위를 걸어가는 행동을 반복하면서 운동능력을 숙달시키기	'나'에 대한 이해에서 나와 가족, 친구, 우리 동네, 우리나라로 확장시켜 탐색하기	그림책을 중심으로 감상하기, 창작하기, 동극활동하기

생각해 봅시다!

1. 예비교사로서 본인이 생각하는 지식을 정의하고, 현재 우리사회에서 요구되는 유아교사의 지식에 대해 토의해 봅시다.
2. 교과중심, 경험중심, 학문중심, 인간중심 등 4가지 교육과정이 현재 유아교육현장에서 교육내용으로 어떻게 적용되고 있는지 구체적인 사례를 들어 공유해 봅시다.

참고문헌

가영희, 성낙돈, 김수현, 장청옥(2011). **교과교육론**. 서울: 동문사.

강은주, 김선아, 김정희, 백인경, 안혜진, 이지영, 이혜정, 장은희, 정희정, 조성웅, 최영해 (2023). **2019 개정 누리과정의 놀이 중심 유아교과교육론**. 경기: 어가.

강현석(2006). **교과교육학의 새로운 패러다임-교과학의 이론과 실제-**. 서울: 아카데미프레스.

김경배, 김재건, 이홍숙(2001). **교과교육론**. 서울: 학지사.

김정원, 김유정(2020). **유아교과교육론**. 서울: 창지사.

김정희, 송영, 윤미승, 이순복, 탁정화, 홍지명(2023). **개정 누리과정에 기초한 유아교육과정**. 서울: 동문사.

박찬옥, 서동미, 곽현주, 박성희(2020). **유아교육과정**. 경기: 정민사.

박화윤, 김영애, 마지순, 안라리, 이선원, 이희자, 조진희, 허은주(2010). **유아를 위한 교과교육학**. 경기: 공동체.

박혜경, 방은정, 심은희, 원계선, 윤복희, 장영미, 조인경, 최일선(2014). **유아교사를 위한 유아교과교육론**. 서울: 교육아카데미.

신화식, 윤선희, 최경숙, 정은주, 오은순, 이성희, 황현주, 박해미, 고은님, 박희숙(2011). **영유아교과교육론**. 경기: 양서원.

심성경, 이선경, 변길희, 김은정(2017). **유치원교사를 위한 교과교육론**. 경기: 양서원.

유민임(2007). **유아교과교육론**. 서울: 학지사.

이기숙, 김정원, 이현숙, 전선옥(2020). **영유아교육과정**. 경기: 공동체.

Connelly, F. M. & Clandinin, D. J. (1990). Stories of experience and narrative inquiry. *Educational Researcher, 19*(5), 2-14.

Chapter

02

교수-학습의 이해

학습목표

1. 교수-학습의 개념과 관계를 설명할 수 있다.
2. 교수-학습의 성립요소와 일반적 원리의 개념을 이해한다.
3. 국가수준 교육과정인 누리과정에 제시된 교수-학습 원리를 이해한다.
4. 직접 교수 모형, 문제해결학습 모형, 탐구학습, 협력학습, 프로젝트학습 등 교수-학습의 다양한 유형에 대한 개념과 특성을 알아본다.

1. 교수-학습의 개념

1) 교수

교수는 '가르치는 것'을 뜻하며 영어로 instruction, teaching을 사용하며 학습지도라고 불린다. 일반적으로 교수는 지식전달 중심의 주입식 교육이 실시되던 전통사회에서 주로 사용되었다. 하지만 진보주의에서는 학습자의 능동적인 학습활동 및 개인차를 강조하며 학습지도라는 의미로 사용된다.

교수를 통해 반드시 학습이 일어나는 것은 아니다. 교수는 가르치는 자가 학습자의 학습에 영향을 미칠 목적으로 상호작용을 하는 것을 의미하지만 반드시 교수와 학습이 일치하는 것은 아니며 교수가 이루어졌다고 하더라고 학습이 일어나지 않을 수 있으며, 교수 없이도 학습이 일어날 수 있다.

2) 학습

학습은 교실뿐만 아니라 유아교육기관을 벗어난 다양한 상황에서 일어난다. 학습은 유아의 의도성과 행동 변화의 지속성을 특성으로 갖는다. 우선, 의도성은 성숙과 성장과 달리 학습자의 다양한 경험과 연습의 결과로 인해 나타난 것이다. 행동 변화는 행동의 비교적 지속된 변화를 의미한다.

학습은 다양한 경험과 연습의 결과로 인하여 지속적인 행동 변화가 일어난다는 점에서 유아교육기관에서 학습은 유아가 계획된 학습내용과 놀이 및 일상생활 경험에서 행동의 변화를 가져오며 연속적인 과정으로 이해될 수 있다.

교수와 학습이 일치할 때 가장 좋은 수업이 이루어질 수 있다. 교수와 학습의 차이를 제시하면 다음과 같다.

〈표 2-1〉 교수-학습의 차이

	교수	학습
목표	의도적인 작용	의도적이거나 비의도적인
학습내용	동일한 교사의 일관된 행동 및 교수 내용	학습자는 지능, 선행학습정도, 적성, 흥미에 따라 서로 다른 학습내용을 배움
특성	처방적이며 학습자의 문제점을 찾아 고치려고 노력함	학습자의 변화된 모습을 있는 그대로 기술한다는 점에서 기술적임

3) 교수-학습의 성립요소

교수-학습이 이루어지기 위해서는 교수-학습의 목적, 교수자-내용-학습자, 교수자의 역할, 학습자의 태도, 교수-학습환경의 요소가 성립될 때 이루어진다(구병두 외, 2015).

(1) 교수-학습의 목적

교수-학습의 목적은 교육관점에 따라 다양한데, 유아의 전인적 성장 및 발달, 사회적 상호작용, 자아개발, 행동수정 등이 있다.

(2) 교수자-내용-학습자

교수자, 내용, 학습자의 3가지 중 어떤 것에 초점을 두는지에 따라 차이가 발생한다. 교수자 중심 교수-학습은 교사가 모든 교수-학습과정의 중심이며 유아는 수동적이어서 교사의 의사결정을 따른다. 학습자 중심 교수-학습은 협동적인 의사결정이 중요하게 여겨진다. 내용중심 교수-학습은 유아의 발달 및 지적 성취수준을 강조한다.

(3) 교수자의 역할

교사가 갖는 인성특징과 역할은 교수-학습에서 중요한 역할을 한다. 교사의 역할은 전문가, 권위자, 촉매자, 이상적 자아 등 다양하다.

(4) 학습자의 태도

학습자가 가지고 있는 인성적 특징, 능력, 학습에 대한 태도는 교수-학습에 영향을 준다. 학습자의 학습태도와 흥미 및 관심은 교수-학습의 차이를 가져오도록 한다. 학습자의 내면성장과 발달을 중시하는 경우에는 학습자의 내면화된 행동을 강조하지만 순종적인 학습태도는 교수자의 영향력이 큰 편이다.

(5) 교수-학습환경

폐쇄적 학습환경에서는 교사의 지식 전달과 학습자의 지식 수용이 강조되며 외적 동기유발을 중요하게 여긴다. 개방적 학습환경에서는 교수자와 학습자의 요구가 존중되며 내적 동기유발을 강조한다.

2. 교수–학습의 원리

교수-학습의 원리는 이론과 접근방법에 따라 다양하다. 교수-학습의 일반적 원리는 다음과 같다(교육부, 보건복지부, 2019; 구병두 외, 2016).

1) 자발성의 원리

교수-학습에 있어서 학습자 스스로 학습참여에 초점을 두는 것이다. 자신의 잠재력 개발 및 신장에 초점을 두어 자기개발, 자아성장을 강조한다.

2) 개별화의 원리

교수-학습과정에서 학습자가 가지고 있는 개성과 개인차를 고려하여 지도방법을 다르게 하며 학습내용을 조정하는 것이다.

3) 사회화의 원리

사회문제를 기반으로 학습내용을 구성하며 학교 안과 밖의 경험을 교류하며 공동학습을 돕는 것이다. 교육은 개인성장과 더불어 사회구성원과 원만한 관계를 맺고 사회구성원이 될 수 있도록 돕는다는 점에서 협동학습, 토의법, 문제해결법 등을 통해 협동심과 책임의식을 증진한다.

4) 통합성의 원리

교수-학습은 전인적 성장을 위해 이루어져야 한다는 점을 강조하며 학습자가 가지고 있는 모든 능력을 조화롭게 발달시켜야 한다고 본다. 통합된 인격체로 성장하기 위해서는 지 · 덕 · 체의 조화적 균형을 도모하는 것이 필요하다. 신체운동 · 건강, 의사소통, 사회관계, 예술경험, 자연탐구영역의 교육내용이 통합적으로 다루어질 수 있도록 해야 한다.

5) 목적의 원리

교수-학습과정에서 영유아의 성장과 발달을 지원하기 위해 목표의식을 가져야 한다. 목표에 바탕을 두고 학습을 하게 되면 학습동기와 흥미가 높아지고 학습이 활발하게 이루어진다. 교사는 학습과정에서 흥미와 관심에 주의를 기울여야 한다.

6) 직관의 원리

사물에 대한 개념을 인식함에 있어서 언어 중심의 설명보다는 직접 구체적인 사물이나 현상을 보고 경험하는 것이 효과가 좋다. 일방적인 교사의 강의보다는 실물자료, 동영상 자료, 놀잇감을 조작하고 만져보는 것이 중요하다.

7) 과학성의 원리

자연이나 사회에 대한 지식과 법칙을 이해하고 유아의 논리적 사고가 증진될 수 있도록 지원한다. 학문중심 교육과정에서는 지식의 구조를 쉬운 것에서 어려운 것, 구체적인 것에서 추상적인 것을 중심으로 다루도록 한다.

3. 국가수준 교육과정의 교수-학습

1) 누리과정의 운영의 교수-학습

국가수준 교육과정인 누리과정에서는 교수-학습을 유아가 즐겁게 놀이하며 스스로 배울 수 있도록 교사가 지원할 때 고려해야 할 사항이라고 하였다(교육부, 보건복지부, 2019a). 교사는 유아의 놀이지원자이므로 유아중심 및 놀이중심을 추구하기 위해 교사는 환경을 적절하게 구성하고 상호작용하도록 하며 유아가 놀이에 몰입하고 확장하도록 도와야 한다. 누리과정 해설서에 제시된 교수-학습에 대한 내용을 구체적으로 살펴보면 다음과 같다.

- 유아가 흥미와 관심에 따라 놀이에 자유롭게 참여하고 즐기도록 한다.
- 유아가 놀이를 통해 배우도록 한다.
- 유아가 다양한 놀이와 활동을 경험할 수 있도록 실내외 환경을 구성한다.
- 유아와 유아, 유아와 교사, 유아와 환경 간에 능동적인 상호작용이 이루어지도록 한다.
- 5개 영역의 내용이 통합적으로 유아의 경험과 연계되도록 한다.
- 개별 유아의 요구에 따라 휴식과 일상생활이 원활히 이루어지도록 한다.
- 유아의 연령, 발달, 장애, 배경 등을 고려하여 개별 특성에 적합한 방식으로 배우도록 한다.

① 유아가 흥미와 관심에 따라 놀이에 자유롭게 참여하고 즐기도록 한다.

유아가 자신의 흥미와 관심에 따라 주도하는 놀이가 이루어지기 위해서는 교사는 놀이에 대한 이해를 바탕으로 유아놀이를 지원해야 한다. 유아가 주도하는 놀이는 성인의 간섭과 통제가 최소화되고 유아가 다양한 놀이 환경과 만날 때 활발하게 나타난다. 따라서 실내의 제한된 흥미 영역에서 교사가 미리 준비한 놀이를 선택하게 하는 방식보다는 유아가 자유롭게 놀이하며 즐기는 방식으로 바꾸어 갈 필요가 있다.

② 유아가 놀이를 통해 배우도록 한다.

교사는 다양한 방식으로 유아가 놀이를 통해 배우고 성장할 수 있도록 돕고 지원하는 역할을 해야 한다. 유아는 놀이하면서 자연스럽게 세상과 교감하며 성장해 간다. 교사는 유아의 놀이를 배움의 과정으로 이해하고 유아의 놀이를 지원해야 한다. 교사는 유아 놀이에 나타난 통합적 경험을 누리과정의 내용과 연결해보며 유아놀이를 통한 배움을 이해하는 과정이 필요하다.

교사는 놀이와 연계한 활동을 통한 유아의 배움을 지원해야 한다. 교사가 활동을 운영할 때 유아가 주도하는 놀이의 내용과 연계하여 유아가 즐겁게 배울 수 있도록 지원하는 것이 중요하다. 유아의 흥미와 관심을 고려한 동화 듣기, 노래 부르기, 요리하기, 게임 등을 제안하여 놀이할 수 있다. 또한 자신의 놀이를 친구에게 소개하기, 놀이 규칙 정하기, 관심사에 대해 알아보기 등을 할 수 있다. 교사는 유아의 건강과 안전을 위해 일상생활지도나 안전교육을 계획하여 운영하며 놀이안전, 생활안전을 지키고 위험한 일이 발생했을 때 도움을 받아 대처하도록 한다.

교사는 자율성을 바탕으로 유아의 놀이 배움을 지원한다. 유아는 자신에게 가장 적합한 방식으로 놀이하기 때문에 유아의 놀이는 예측하기 어렵다. 교사는 유아의 특성, 안전, 놀이 환경, 자료, 날씨, 기관의 상황 등을 고려하여 놀이를 지원해야 한다. 교사는 놀이에 나타난 배움에 주목해야 한다.

③ 유아가 다양한 놀이와 활동을 경험할 수 있도록 실내외 환경을 구성한다.

환경은 놀이가 다양하게 이루어지도록 하는 중요한 교육적 자원이다. 따라서 교사는 다양한 실내외 놀이 환경과 풍부한 놀이자료를 제공하여 유아의 놀이가 활성화되도록 돕는다.

다양하고 안전한 실내외 놀이공간을 구성한다. 교사는 놀이공간을 구성하고 변형해 나가며 유아의 자유로운 놀이를 지원할 수 있다. 영역을 통합하여 재구성하거나 다른 영역으로 대체할 수 있다. 교실 밖의 복도나 계단, 구석진 공간 등을 살펴보며 안전에 문제가 없는지 고려해 본다. 실외공간은 마음껏 뛰어놀며 자연과 계절의 변화가 만나는 환경으로 모험과 도전을 하는 놀이환경을 구성한다.

풍부한 놀이자료를 제공한다. 놀이자료는 유아가 놀이에 사용할 수 있는 놀잇감, 매체, 재료와 도구 등을 포함한다. 놀이자료는 자신의 감정과 생각, 상상 등을 자유롭게 표현하는 수단이자 세상에 대한 이해를 넓혀 나가는 데 중요한 역할을 하는 매개물이다. 비구조적인 열린 자료를 풍부하게 제공하여 유아가 자신만의 방식으로 활용할 수 있도록 지원하며 유아가 찾아낸 새로운 놀이자료나 창의적인 놀이 방식을 인정하고 존중해야 한다.

④ 유아와 유아, 유아와 교사, 유아와 환경 간에 능동적인 상호작용이 이루어지도록 한다.

교사는 유아가 놀이에서 만나는 다양한 관계에 관심을 기울이고 함께 상호작용을 하며 배움을 지원해야 한다. 첫째, 유아와 유아 간의 상호작용을 지원하기 위해 교사는 유아들이 자유롭고 활기차게 놀이할 수 있는 분위기를 제공하여 유아 간의 다양한 상호작용을 격려해 주어야 한다. 둘째, 교사와 유아 간의 상호작용 교사는 유아의 놀이에 귀 기울여 놀이의 의미와 배움을 발견하기 위해 다양한 상호작용을 한다. 교사는 유아의 놀이를 긍정적으로 수용하고 격려하며 교사는 유아와 주변 세계를 이해하는 공동의 놀이자로서 놀이에서 발생하는 문제를 함께 해결한다. 셋째, 유아와 환경 간의 상호작용은 유아 주변의 친근한 공간, 자료, 일상생활에서 자연스럽게 접하는 모든 환경과의 교감을 포함한다. 따라서 교사는 유아가 주의를 기울이고 존중하며 환경과 유아가 상호작용하도록 지원한다.

⑤ 5개 영역의 내용이 통합적으로 유아의 경험과 연계되도록 한다.

교사는 개정 누리과정에 포함된 5개 영역의 내용이 유아가 놀이를 하며 통합적으로 경험하는 것임을 이해해야 한다. 교사는 유아의 놀이에서 5개 영역의 내용이 자연스럽게 통합적으로 나타나는 것을 발견함으로써, 유아가 놀이하며 배우고 있음을 알 수 있다. 계절이나 국경일과 같은 친근한 주제, 유아가 놀이하면서 관심을 보이는 주제를 중심으로 유아의 경험과 5개 영역을 통합적으로 연계하여 지원할 수 있다.

⑥ 개별 유아의 요구에 따라 휴식과 일상생활이 원활히 이루어지도록 한다.

하루일과는 놀이와 휴식을 적절하게 안배하여 운영하며, 개별 유아의 요구를 반영해야 한다. 유아의 건강 상태, 날씨나 계절, 기관의 상황 등에 따라 하루일과를 융통성 있게 운영할 수 있다. 놀이의 상황과 개별 유아의 요구 등을 적절히 반영하여 일과가 원활하게 이루어지도록 운영해야 한다.

⑦ 유아의 연령, 발달, 장애, 배경 등을 고려하여 개별 특성에 적합한 방식으로 배우도록 한다.

교사는 유아의 연령과 발달, 장애, 배경 등의 다양한 특성을 이해하고 각 특성을 최대한 고려하여 배움을 지원해야 한다. 교사는 유아의 특성에 적합한 지원을 위해 발달적 특성이나 장애 정도, 문화적 배경을 우선적으로 파악해야 하며, 필요할 경우 관련 기관 또는 전문가와 협력할 수 있다.

2) 놀이실행자료의 교수-학습 실천하기

교수-학습의 실천은 유치원과 어린이집에서 교육과정을 운영하면서 유아의 배움을 지원하기 위해 교사가 구체적으로 어떻게 실제를 구현할지에 대한 것이다. 놀이실행자료에 나타난 내용 및 구체적인 사례를 제시하면 다음과 같다(교육부, 보건복지부, 2019b).

(1) 놀이공간

공간은 실내와 실외 공간 또는 유아가 이용하는 기관 밖의 지역사회 공간까지 포함한다. 공간은 물리적인 건축물 이상의 의미를 갖는다. 내부에서 살아가는 구성원과의 상호작용을 통해 의미를 부여받는 장소이기 때문이다. 유아는 놀이를 통해 하나의 공간을 자신들의 놀이에 적합한 공간으로 새로운 목적을 부여하여 사용하기도 하고 놀이할 공간을 스스로 찾아내거나 만들기도 하고, 공간과 공간을 연결하여 새로운 놀이로 확장하기도 한다.

① 놀이공간을 융통성 있게 배치해 본다.

교사는 기관의 교육 철학이나 교실의 물리적 구조, 유아의 연령, 흥미 등에 따라 자율성을 갖고 교실 공간을 구성할 수 있다. 넓은 공간, 분리된 작은 공간이 필요하며 놀이흐름에 따라 공간을 확장하고 축소하며 놀이가 연결되도록 배치할 수 있다.

② 놀이하는 공간을 넓혀본다.

지나치게 많은 놀잇감, 교구장, 책상과 의자로 가득 찬 교실은 공간이 충분하지 않다. 이때는 놀이를 방해하는 가구, 설비를 치우거나 놀잇감을 축소시킴으로써 충분한 여유공간을 만들어 놀이공간을 확장한다.

③ 유아에게 공간 배치의 주도권을 주어본다.

유아 스스로 놀이공간을 배치하거나 변경하도록 지원하다 보면 유아도 교실이 자신의 공간이라고 생각하게 된다. 공간 배치의 주도권을 유아에게 주어 공간을 구성해 볼 수 있도록 하며 유아들이 협의하여 공간 구성을 할 수 있도록 한다.

④ 다른 놀이공간을 찾아본다.

스스로 찾아낸 공간, 놀이를 하다가 우연히 발견한 공간을 찾아 안전요소를 점검해 본다. 교실이나 실외 놀이터 외에 복도, 현관 입구, 교실과 교실 사이의 공유 공간, 계단 밑 등도 안전하다면 유아의 놀이공간으로 허용한다. 교사는 위험 요소를 사전에 확인한 뒤, 위험 요소를 치우고 안전하게 공간을 활용하는 방법을 찾아본다.

(2) 놀이자료

일상의 다양한 사물들, 자연물, 자연현상 등 모든 자료가 놀이를 풍부하게 한다. OHP나 조명기구, 다양한 디지털 매체 등은 유아의 놀이를 더 풍부하게 만들어준다. 유아가 어떤 자료에 흥미를 갖고 탐색하고자 하는 경우, 놀이를 통해 새롭게 의미를 부여할 때 수용해 주어야 한다. 유아에게 위험하거나 유해하지 않는 한 모든 자료가 놀이자료가 될 수 있다는 열린 마음과 유아의 주도성을 인정해 주는 것이 필요하다.

① 유아가 결정한 자료활용 방법을 격려한다.

유아는 자신만의 방식으로 자료를 해석하고 교사가 의도한 것과 다르게 자료를 활용하기도 한다. 교사가 의도한 결과를 얻기 위해 계획한 활동으로 이끌기보다 자료가 어떻게 놀이의 매개가 되는지 지켜보고 유아가 스스로 선택한 방법 속에서 배움이 일어나도록 지원한다.

② 자연물이나 자연현상도 자료가 될 수 있다.

유아는 자연물로 놀이하는 과정에서 색, 모양, 선, 질감과 같은 자연물의 속성과 아름다움에 대한 감성, 생명의 존귀함 등을 스스로 배운다. 자연현상인 빛과 그림자, 눈, 비, 구름도 놀이의 매개가 될 수 있다. 자연은 탐색, 관찰, 몰입을 통해 배움이 일어나도록 돕는다.

③ 다양한 일상의 사물을 놀이자료로 활용한다.

일상의 사물을 본래 용도로 사용하는 것에서 벗어나 다양한 발견을 통해 놀이를 풍부하게 할 수 있다. 교사는 상품화되거나 정형화된 놀잇감 이외에 다양한 열린 자료를 지원하여 놀이자료로 활용하도록 한다.

④ 자료가 없어도 놀이할 수 있다.

실외로 나가면 유아는 놀잇감이 없어도 놀이를 한다. 자신의 몸으로 놀이를 하거나 다른 유아와 만나 몸을 이용해 함께 하는 놀이를 하기도 한다. 실내에서도 신체움직임을 통제하거나 율동 및 대근육 시간에만 허용하지 않도록 한다.

⑤ 기존의 자료도 새롭게 활용해 본다.

기존의 자료를 활용한다면 훌륭한 놀이자료가 될 수 있다. 흥미영역별, 생활주제별 자료를 다양하게 활용한다. 교사는 유아가 기존의 자료를 새로운 방식으로 놀이하도록 허용하고 격려하며 기존의 자료를 놀이자료에 따라 분류하여 보관해 본다.

(3) 상호작용

① 유아와 유아의 상호작용을 지원한다.

교사는 유아가 누구와 놀이하는지, 어떻게 놀이하는지, 어떤 관계를 맺는지 관찰하며 유아의 성향, 사회적 능력, 대인 관계 등을 파악하여 지원한다. 혼자만 노는 유아, 같은 친구와 노는 유아, 놀이상대가 바뀌는 유아, 갈등이 빈번한 유아, 혼자 놀이하는 유아 등을 관찰하여 놀이를 전개하고 문제를 해결하도록 한다.

② 유아와 환경의 상호작용을 지원한다.

놀이는 실내외 곳곳에서 산발적 혹은 동시적으로 일어난다. 동일한 놀이 주제나 자료에서도 놀이에는 차이가 있다. 놀이가 진행됨에 따라 놀이공간의 위치와 크기에 차이가 있으며 적절한 공간을 유아 스스로 찾아보도록 하는 것도 필요하다.

③ 놀이지원을 위해 관찰한다.

유아의 놀이를 지원하기 위해서는 즉각적인 개입보다는 유아가 놀이에서 보이는 감정의 상태, 궁금해하는 것, 흥미를 보이고 탐색을 하는 것 등을 관찰하면서 기다리는 과정이 필요하다.

④ 제안하며 놀이를 지원한다.

놀이 관찰에 기반하여 놀이를 지원하는 것이 좋다. 현재 진행 중인 놀이가 잘 지속될 수 있도록 공간, 자료, 시간 등의 측면에서 무엇을 어떻게 지원하는 것이 좋을지 고민하고 제안한다. 놀이지원의 제안은 안전하고 교육적 가치가 있는 것이 좋다.

⑤ 유아의 놀이에 참여하며 지원한다.

유아와 교사가 놀이의 즐거움을 공유할 수 있는 기회가 많을수록 둘 사이에 진정한 공감과 소통이 발생한다. 교사는 놀이의 속성을 더 잘 이해하게 되고 보다 효과적으로 지원하도록 한다. 유아들 간의 의견충돌, 공간과 자료 사용에 대한 갈등 등 문제상황에 부딪혔을 때 문제해결을 도울 방법을 찾고 즉각적으로 지원하도록 한다.

⑥ 질문하며 놀이를 지원한다.

유아는 놀이하면서 끊임없이 "왜?", "어떻게?"와 같은 내면적 질문을 만나고 스스로 해답을 찾는다. 질문이 즐거운 대화의 방식으로 이루어질 때 유아의 사고가 확장되고 스스로 새로운 문제를 찾아낼 수 있다. 질문을 통해 높은 수준의 사고를 할 수 있도록 하며 상상놀이를 구현하고 문제를 발견하고 해결하는 순환구조를 만들 수 있도록 한다.

⑦ 정서적으로 지원해준다.

미소, 끄덕거림, 공감하는 표정과 같은 비언어적 상호작용과 언어적 상호작용을 통해 유아정서를 지원한다. 교사가 유아의 놀이에 긍정적인 지원을 함으로써 유아는 존중받는 느낌을 받게 되고 새로운 놀이를 주도적으로 지속할 수 있다. 좌절감, 걱정, 불안 등 놀이 과정의 부정적인 경험에도 관심을 기울이며 위안, 격려 등을 제공한다.

(4) 안전

놀이 중 다툼이 발생할 수 있고 놀이흐름에 따라 과격한 신체놀이가 이루어질 수 있다. 유아는 위험 상황을 예측하는 능력이 부족하므로 안전한지 고려해야 한다. 교사는 안전한 놀이를 보장하기 위하여 물리적 환경의 안전성을 점검하고 위해를 가할 수 있는 사물이나 물질을 사전에 차단하는 것이 좋다. 또한 어떻게 안전하게 놀이할 것인가에 대해서 토의하고 놀이를 제한하지 않는 범위에서 규칙을 지키도록 한다.

① 안전이라는 이유로 놀이를 불필요하게 제한했는지 검토해 본다.

교사는 위험 요소에 대한 민감성이 있어야 하며 놀이규칙을 고수하기보다는 허용하는 방법을 찾아보려고 한다. 왜 놀이가 위험할 수 있는지 의논하는 과정을 통해 위험요소를 해결하고 놀이할 수 있는 방법을 찾아볼 수 있다.

② 위험한 요소가 있는지 유아 스스로 살펴볼 시간과 기회를 주어본다.

교사는 일상적 사물이나 자연물을 유아의 놀이자료로 허용할 때 반드시 위험 요소가 있는지 점검해야 한다. 교사가 조심할 부분에 대해 유아에게 직접 알려줄 수도 있지만 충분한 탐색을 통하여 위험 요소를 찾아보도록 한다. 풍부한 놀이경험 및 안전교육을 통해 사물의 속성을 잘 알게 되면 유아는 스스로 조심할 부분을 더 잘 판단하기 때문이다.

③ 새로 찾아본 놀이공간의 안전을 유아와 함께 점검해 본다.

새로운 놀이공간을 발견했을 때 공간이 안전한지 확인해야 한다. 유아는 공간의 물리적인 특성을 충분히 알 수 있도록 도와주고 언제 사용하는 것이 좋을지, 어떤 점을 조심해야 하는지 스스로 생각해 보고 약속을 정하도록 한다. 책상 밑, 교실 밖 테라스 등의 공간이 갖는 위험성을 살펴보고 규칙을 스스로 만들어 본다.

④ 구성원이 놀이와 안전에 대해 소통한다.

유아가 최소한의 규칙을 가지고 자유롭게 놀이하면서 안전이 보장되려면 기관 내 구성원 간의 안전에 대한 공감이 필요하다. 유아가 놀이를 통하여 환경을 탐색하고 감정과 행동을 조절하면서 스스로 안전하게 생활하게 된다는 것을 학부모와 소통하여야 한다. 학기 초부터 학부모교육이나 가정통신문, 교육 자료를 통하여 유아·놀이 중심 교육과정의 의미와 가치에 대해 소통하는 기회를 가져야 할 것이다.

4. 교수–학습의 유형

교수–학습 모형은 직접 교수 모형, 문제해결학습 모형, 탐구학습, 협력학습, 프로젝트학습 등 다양한 유형이 있다(한국교육과정학회, 2017).

1) 직접 교수 모형

직접 교수 모형은 행동주의에 기초를 두며 학습내용과 과제해결에 대해 명시적이고 단계적으로 지도하는 방법이다. 교사 중심의 교수 모형이며 학습목표를 구체적으로 설정하고 학습해야 할 내용을 세분화하여 가르친다. 연습과 반복을 강조하며 전통적인 학문 기술, 사회적 기술, 언어기술, 운동기술 습득에 초점을 둔다. 기술, 기능, 개념을 지도하기 위해 고안된 교수 모형이다. 직접 교수 모형은 교사의 설명식 수업이 이루어지므로 교통표지판, 우리 동네의 다양한 기관, 올림픽 운동경기 종목 알아보기 등을 통해 지식과 정보를 알고 이해하도록 한다.

〈표 2-2〉 직접 교수 모형

단계	주요활동
설명하기	동기유발 학습문제 제시 학습의 필요성과 중요성 안내 세분화된 학습 방법과 절차 제시 지난 경험 회상
시범 보이기	학습내용의 적용 사례 및 예시 제시 방법과 절차에 대한 직접 시범 및 매체를 활용한 시범
질문하기	세부 단계별 질문하기 과제를 해결하는 데 필요한 지식, 전략, 과정에 대한 세부 질문 실시 학습내용 및 방법 재확인하기
활동하기	학습한 지식과 전략을 적용 반복 연습

2) 문제해결학습 모형

문제해결학습 모형은 생활 속의 다양한 문제상황을 해결하기 위한 학습자 중심 학습 모형이다. 문제해결학습 모형은 문제확인, 문제해결방법 찾기, 문제해결하기, 일반화하기의 과정을 거쳐 이루어진다. '달팽이를 잘 키우는 방법은 무엇일까', '바깥놀이를 할 때 댐 만들기를 하려면 어떻게 하면 될까', '토끼와 거북이 동화에서 토끼가 달리기 경주 중 잠을 자지 않도록 하기 위해서는 어떻게 하면 될까' 등 일상생활과 놀이상황에서 발생하는 문제를 해결하거나 가상상황에서의 해결방안 등을 모색해 볼 수 있다.

이 방법은 문제해결과정에서 학습자의 탐구능력을 중요하게 여기며 학습한 내용을 실제상황에 적용하도록 돕는다. 이 방법은 학습내용과 절차가 간결하여 학습자의 수준을 높일 필요가 있을 때 적용할 수 있다. 교사는 학습자에게 문제가 무엇인지 인식시키고 해결방안을 스스로 탐구하고 찾을 수 있도록 돕는다. 교사는 직접적 개입보다는 학습자의 자발적인 탐구활동을 최대한 강조한다.

〈표 2-3〉 문제해결학습 모형

단계	주요활동
문제 확인하기	동기유발 해결해야 할 문제 확인 문제의 명료화
문제해결방법 찾기	문제해결을 위한 가설 설정 문제해결 계획 및 자료수집
문제해결하기	가설 검증 적절한 문제해결 시도
일반화하기	문제해결을 다른 문제에 적용

탄소를 줄이는 방법에는 무엇이 있을까?

1. 우리 교실에서 탄소가 발생하는 곳을 찾아본다.

탄소라는 말을 들어본 경험이 있니?
탄소는 언제 많이 만들어질까?
탄소는 지구가 뜨거워지는 주요 원인이라고 해요.

2. 탄소를 줄일 수 있는 방법을 알아본다.

탄소를 줄이기 위한 방법에는 무엇이 있을까?

음식을 먹을 수 있는 만큼 먹기
물을 아껴 사용하기
놀잇감을 소중히 다루기
종이를 아껴 사용하기
전기 아껴 쓰기
가까운 거리 걸어 다니기

3. 탄소를 줄일 수 있는 행동을 실천한다.

탄소를 줄이기 위해 할 수 있는 일에는 무엇이 있니?
어떤 방법을 가장 먼저 실천해 보고 싶니?

4. 활동을 하며 느낀 점을 공유한다.

탄소를 줄이기 위해 할 수 있는 일을 직접 해보니 어떤 느낌이 들었니?
가족들과 함께 실천하고 싶은 약속에는 무엇이 있니?

3) 탐구학습

탐구학습은 학습자가 주어진 사실로부터 원리를 찾아내는 과정으로 문제의 탐색, 가설설정, 가설검증, 일반화의 단계를 통해 이루어진다고 하였다. 학습자가 제기한 문제에 대해 가설을 설정하고 실험하고 데이터를 수집하며 가설을 검정하고 결론을 내리는 과정이다(서울대학교 교육연구소, 1995). 지식획득 과정에 참여하는 적극적인 태도를 기르는 탐구학습은 학문중심 교육과정이 대두되면서 방법상의 원리로 체계화되었다. 지식은 사고에 의해 학습되는 것이 좋으며 교육은 이미 조직된 지식을 전달하는 것이 아니라 지식을 탐구하고 조직하는 학습과정이 중요하다고 보았다. 탐구학습의 기원은 소크라테스의 대화법, 루소의 아동중심 사상, Dewey의 반성적 사고, Bruner의 발견학습의 영향을 받았으며 유아의 자연탐구과정에서 수과학적 기술 및 태도로 탐구학습이 이루어진다.

물에 뜨는 물체와 가라앉는 물체에는 무엇이 있을까?

단계	내용
탐색 및 문제 파악	물에 뜨는 것과 물에 가라앉는 것이 있다는 문제 파악
자료제시	다양한 자료를 제시하여 자료를 살펴보며 특성을 탐색
관찰 및 탐색	물에 뜨거나 가라앉는 물건을 물속에 넣어 관찰하고 탐색
개념 발견	물에 뜨는 물건과 가라앉는 물건의 공통점 발견
적용 및 응용	페트병으로 배를 만들어 물에 띄우기 놀이 진행

4) 협력학습

협력학습은 소집단이 함께 협력하여 학습하는 방법으로, 학습자는 지식을 수용하는 존재가 아닌 함께 상호작용하며 문제를 해결하는 능동적인 역할을 한다. 학습과정에 모두가 참여하며 배려와 나눔을 통해 함께 성장하는 수업이다. 개인의 경쟁보다는 집단 내에서 공동의 목표 성취를 위해 격려하고 도와주면서 배움을 실천하는 방법이다(한국교육과정학회, 2017).

(1) 효과적인 협력학습의 조건

① 긍정적 상호의존성이다. 협동학습은 개인의 성공이 아니라 동료와 협력하여 도움을 주고받아야 한다. 서로 도움이 되는 관계를 형성해야 한다.
② 면대면 촉진적 상호작용이다. 학습을 서로 도와주고 나누며 격려하며 얼굴과 얼굴을 마주 보며 자신이 알고 있는 것을 설명하고 가르쳐 준다.
③ 개별적 책무성이다. 과제가 잘 이루어지기 위해서는 책임감을 인식하고 참여하는 것이다. 개별적 책무성이 부족한 경우 집단 활동에 참여하지 않고 다른 학생의 성취를 공유하는 '무임승차(free-rider effect)'를 하거나 자신의 노력이 다른 학습자에게 돌아간다고 인식하여 참여를 저조하게 하는 '봉 효과(sucker effect)'의 문제가 발생할 수 있다.
④ 사회적 기술이 필요하다. 학습자들은 학습 과정에서 갈등관리, 의사결정, 리더십 등을 통해 학습자끼리 협력한다.
⑤ 집단 과정화이다. 협력학습이 잘 이루어지기 위해서는 구성원끼리의 피드백과 학습과정에 대한 토론 및 평가가 이루어져야 한다.

(2) 협력학습의 효과

협력학습은 인지적 측면, 정의적 측면, 상호작용 측면에서 효과가 있다.

첫째, 유아의 학업성취 능력이 증진된다. 경쟁적 학습이 아닌 협력학습을 통해 함께 배움과 성장을 이룰 수 있다.

둘째, 공동으로 과제를 해결하는 과정에서 도움을 주고받는 과정에서 사회적 기술을 습득하고 긍정적 관계를 형성할 수 있으며, 자아존중감, 자기통제,

학습동기를 높일 수 있다. 학습과정에서 한 명의 소외 없이 협력적 활동 및 놀이에 참여하여 협업하는 힘을 기른다.

셋째, 유아의 언어능력을 증진한다. 능동적인 의사소통을 통하여 말하기, 듣기, 읽기, 쓰기 능력이 증진되며 충분한 의사소통을 통해 언어적 복잡성도 이해할 수 있다.

(3) 협력학습의 유형

협력학습은 짝학습법, 공동학습모형, 직소모형, 집단조사법, 학생 팀 성취 학습모형, 팀대항 협동학습모형으로 유형화될 수 있다.

〈표 2-4〉 협력학습의 유형

유형	내용
짝학습법	• 2명이 한 그룹이 되어 서로 가르쳐 주는 방법 • 짝을 지어주고 학습전략계획을 수립한 뒤 도움을 제공함
공동학습모형	• 4~5명이 한 그룹으로 구성하여 역할을 분담하여 주어진 과제를 해결하는 방법 • 문제상황과 학습내용을 제시하면 결과물을 작성하여 교사에게 제출
직소모형	• 전문가 집단모형이라고 하며 소집단 각 구성원이 주어진 문제의 주요지식을 습득하여 다른 구성원에게 가르쳐 주는 방법 • 몇 개의 소집단을 구성한 뒤, 학습자료와 정보를 소집단에 제공하며 학습할 내용 중 일부를 학습하여 집단 구성원에게 가르치거나 설명하며 함께 문제해결실시
집단조사법	• 탐구학습을 위해 소집단 협동학습 구조를 도입 • 문제확인–가설설정–자료분석–결론도출–일반화의 과정을 거쳐 진행됨 • 교사는 탐구과정에 어려움을 겪는 경우 조언 및 격려를 제공
학생 팀 성취 학습모형	• 소집단 내부에서는 협동을, 팀 사이의 비경쟁적인 학습상황을 강조 • 팀을 구성한 뒤, 개인시험을 통해 출발점을 파악하고 학생은 협동학습을 통해 구성원 간의 내용이해를 하며 개인시험을 통해 개인별 향상점수를 간출하고 팀 점수를 계산하여 팀별 보상 실시
팀대항 협동학습	• 소집단 내부에서는 협동을, 팀 사이의 경쟁적인 학습상황을 강조 • 개인별 시험을 통해 팀별 경쟁을 강조함

출처: 한국교육과정학회(2017). 수정보완.

'커다란 순무' 동극 역할 정하기 및 소품 만들기

1. **동극을 하기 위해 준비해야 할 것들에 대해 이야기를 나눈다.**
   우리가 동극을 하기 위해서 준비해야 할 것들은 무엇이 있을까요?
   친구들이 말해준 것처럼 역할도 정해야 하고, 준비물도 필요해요. 동극을 할 때 지켜야 하는 규칙도 필요하네요.

2. **동극 활동에 필요한 역할을 정한다.**
   '커다란 순무'에 어떤 등장인물들이 나왔나요?
   할아버지, 할머니, 손녀, 강아지, 고양이, 생쥐가 등장인물이었어요.
   어떤 방법으로 역할을 정할 수 있을까요?
   각자 원하는 역할을 말해볼까요?
   만약 역할이 겹치면 왜 그 역할을 맡고 싶은지 이야기해 보자.

3. **동극에 필요한 준비물에 대해 이야기를 나눈다.**
   동극을 할 때 어떤 것들이 필요할까요?
   배역이 누구인지 알 수 있는 머리띠가 필요해요.
   배경과 무대는 어떻게 꾸미면 좋을까요?

4. **모둠별로 동극에 필요한 소품을 만든다.**
   모둠별로 동극에 필요한 소품을 만들어 보기로 해요.

(4) 협력학습의 유의점

첫째, 철저한 사전 준비를 통해 효과가 나타날 수 있도록 지원한다. 학습내용을 미리 선정하고 집단보상과 개별보상의 구조를 조직한다.

둘째, 협동의 필요성과 중요성에 대해 인식하고 공감하도록 한다.

셋째, 소집단을 구성하여 학습을 하기 때문에 팀 이름 정하기, 그룹 인터뷰 등을 통해 긍정적 관계 형성이 이루어지도록 한다.

넷째, 협동과정에 대한 모니터링을 실시하여 과제분담이 합리적인지 학생 스스로 활동과정에 대해 평가하고 반성해보도록 한다.

5) 프로젝트 학습

프로젝트 학습은 프로젝트를 통해 학습을 하는 것을 의미한다. Dewey의 실험학교, Stimson의 홈프로젝트를 시작으로 Kilpatrick의 프로젝트법으로 체계화되었으며 레지오 에밀리아 교육과 Katz와 Chard의 프로젝트 접근법으로 발전되었다. 프로젝트 학습은 유아교육을 중심으로 전개되어 왔으며 과제에 대한 협동심, 탐구·협의·표현 능력을 증진하고 교과에서 배운 지식과 기능을 통합하는 특성이 있는 교수방법이다.

(1) 프로젝트 학습의 특징

프로젝트 학습은 3가지 특성이 있다(김대현, 왕경순, 이경화, 이은화, 1999; 지옥정, 1995).

첫째, 학습자가 학습의 과정을 주도한다. 학습자는 학습과정에서 의사결정권을 가지며 주도적인 참여를 강조한다. 연령, 능력, 경험, 학습주제, 학습환경 등 학습자의 특성을 고려하여 운영하는 것이 좋다.

둘째, 주제와 문제에 대한 탐구활동 및 학습결과에 대한 표현활동을 강조한다. 프로젝트 학습에서의 탐구활동은 내용 조사하기, 견학하기, 실험하기, 지역사회전문가 면담하기 등을 통해 이루어지며 토의, 분류, 정리하기의 과정을 거친다. 표현활동은 언어, 숫자, 그림, 신체 등의 표상형식을 통하여 그림, 책, 구성물을 만들고 발표하기, 전시하기, 극 활동을 통해 학부모, 지역사회와 학습결과를 공유한다.

셋째, 프로젝트 학습은 만들어가는 교육과정과 연결된다. 학습자의 주도성을 바탕으로 탐구 및 표현활동을 실시하며 다양한 방식으로 학습이 전개되며 계속 변한다.

프로젝트 학습의 효과를 살펴보면, 유아의 학습동기와 학습참여도를 향상할 수 있다. 비판적 사고, 협력, 소통 등의 사회적 협동능력을 증진한다. 학습을 의미 있는 맥락으로 만들며 지역사회 자원을 활용할 수 있다.

(2) 프로젝트 학습 과정

프로젝트 학습은 준비하기, 주제 결정하기, 활동 계획하기, 탐구 및 표현하기, 마무리하기, 평가하기로 구성되며 순환성과 역동성을 가진다.

단계	내용
준비하기	• 교사 및 교사회의를 통해 프로젝트 학습을 결정하기 • 주제, 주제망, 자원 목록, 잠정적인 활동 작성하기
주제 결정하기	• 교사와 유아가 함께 주제를 결정하기 • 주제와 관련된 유아의 이전 경험을 이끌어내고 주제망 작성하기
활동 계획하기	• 팀을 구성하여 학습내용을 결정하기 • 학습활동에 필요한 자원 목록 작성 및 자원확보 계획 구체화하기
탐구 및 표현하기	• 탐구하기, 협의하기, 표현하기가 동시에 일어남 – 탐구활동: 문헌조사, 견학 활동, 실험, 자원 인사 면담 – 협의하기: 구성원의 생각을 수렴하고 개별적 반성, 토론 및 토의 – 표현하기: 언어, 숫자, 소리, 그림, 신체 등으로 탐구과정 표현
마무리하기	• 탐구하기, 협의하기, 표현하기 결과를 만들고 성과 공유하기 • 언어, 숫자, 그림, 신체 등의 표상 형식으로 자료 구성하기 • 그림, 책, 구성물을 만들고 발표하기, 전시하기, 극 활동 실시
평가하기	• 형성평가와 총괄평가 실시 – 형성평가: 학습과정의 전체 목표, 요소별 활동 전개과정을 파악 – 총괄평가: 작품분석, 일화분석, 면담, 성찰지 등 다양한 방법으로 학습 성과를 조사하여 학습 전반에 대한 판단

생각해 봅시다!

1. 유아가 즐겁게 놀이하며 스스로 배울 수 있도록 교사가 지원하는 과정에서 발생할 수 있는 교수–학습 관련 교사의 어려움은 무엇인지 토의해 봅시다.
2. 교수–학습 모형은 직접 교수 모형, 문제해결학습 모형, 탐구학습, 협력학습, 프로젝트학습 등 다양한 유형이 있다. 유아교육현장에서 어떤 유형이 가장 많이 적용될 것이라고 예상되는지 토의해 봅시다.

참고문헌

교육부, 보건복지부(2019a). 누리과정 해설서. 세종: 교육부, 보건복지부.

교육부, 보건복지부(2019b). 놀이실행자료. 세종: 교육부, 보건복지부.

구병두, 최종진, 김부국, 김상안, 차승봉, 박균달, 정의식, 김경민, 이범석, 이경철, 구희진 (2016). 교육과정. 서울: 양서원.

김대현(2017). 교육과정의 이해. 서울: 학지사.

김대현, 왕경순, 이경화, 이은화(1999). 프로젝트 학습의 운영. 서울: 학지사.

서울대학교 교육연구소(1995). 교육학용어사전. 서울: 하우동설.

지옥정(1995). 프로젝트 접근법: 교사를 위한 실행지침. 서울: 창지사.

한국교육과정학회(2017). 교육과정학 용어대사전. 서울: 학지사.

홍후조(2016). 알기 쉬운 교육과정. 서울: 학지사.

PART

2

유아교과교육의 실제

유아는 일상의 놀이 과정에서 선천적 호기심을 발휘하여 학습한다. 이때 교사는 전문성을 가지고 유아의 학습과 성장을 촉진하며 전인적 발달을 이루도록 지원해야 한다. 2부 유아교과교육의 실제에서는 유아언어교육, 유아사회교육, 유아문학교육, 유아과학교육, 유아미술교육, 유아음악교육, 유아수학교육, 유아동작교육으로 교과를 나눠 소개하였다. 먼저, 각 교과의 개념과 목표를 살펴보고 세부적인 내용을 안내하여 유아교육에서 다루어져야 하는 내용을 파악하였다. 이후 실제적 활동의 예를 통해 현장에 쉽게 적용할 수 있도록 하였고, 교사의 지원 방법을 제시하여 상호작용과 교육환경 구성에 도움을 주고자 하였다. 더불어 유아의 전인적 발달을 위한 통합적 교육환경을 제시하여 교과 간 통합이 이루어지도록 하였다.

Chapter

03

유아언어교육

학습목표

1. 유아언어교육의 개념과 목표를 이해하고, 표준보육과정 및 개정 누리과정에 제시된 의사소통 영역의 목표를 설명할 수 있다.
2. 의사소통 영역의 3가지 내용범주에 따른 내용 이해를 「2019 개정 누리과정」 해설서에 제시된 것을 근거로 설명할 수 있다.
3. 유아언어교육의 교수-학습 방법의 특징을 분석할 수 있다.
4. 유아언어교육을 위한 교사의 지원을 물리적 환경, 상호작용, 가정과 연계활동 차원에서 제시할 수 있다.

1. 유아언어교육의 개념 및 목표

언어는 인간이 살아가는 데 있어 필수적인 수단 중 하나로 '자신을 표현하거나 의사소통하기 위해 소리를 체계적이고 관습적으로 사용하는 것'이다(Crystal, 1995). 유아 또한 자신의 의견을 전달하고 표현하는 데 언어를 사용한다. 언어의 사전적 의미를 살펴보면 언어란 생각, 느낌 따위를 나타내거나 전달하는 데에 쓰는 음성이 문자 따위의 수단 또 그 음성이나 문자 따위의 사회 관습적인 체계(국립국어원 표준국어대사전, 2024)라고 정의할 수 있다. 언어는 지식과 결부되어 그 지식과 경험을 후세에 전달하는 가장 중요한 매개체가 되며 모든 학습의 기초가 되는 도구적 성격이 있다(서소정 외, 2017). 더불어 언어는 타인과의 관계를 맺는 사회생활의 기본이 된다(성안나, 2020). 이러한 언어발달은 전 생애에 걸쳐 이루어지며 영유아기는 언어발달의 결정적인 시기로 언어능력의 기초가 형성되는 시기이므로 언어교육이 필요하다고 볼 수 있다.

언어교육의 사전적 의미를 보면 언어교육이란 언어생활을 원활하게 유지하기 위하여 필요한 각종 언어 기능을 습득하는 것을 목표로 하는 교육으로, 말하기, 듣기, 쓰기, 읽기 따위를 통하여 언어의 바른 사용법을 가르치고, 모국어 교육 외에 외국어 교육도 포함한다(국립국어원 표준국어대사전, 2024). 따라서, 유아언어교육이란 유아가 일상 가운데 언어활동을 잘할 수 있도록 도와주는 모든 의도적인 노력이라 할 수 있다. 인간의 언어능력이 선천적인가 후천적인가에 대한 주장은 다양하지만 언어발달에 있어 유아기를 매우 중요한 시기로 보는 견해는 일치한다. 언어교육은 단지 글을 읽고 쓰는 기술의 습득이 아닌 다양한 상황에서 타인의 말이나 글을 깊이 경청하고 그 의미를 찾아내며 자신의 생각을 효과적으로 전달하고 상호 간의 이해와 협조의 맥락에서 이루어져야 하는 체계적이고 폭넓은 교육이어야 한다(정수현, 2022). 따라서 유아기 동안 언어교육을 통하여 유아가 말하고 듣고 쓰고 읽기를 통해 내 생각을 전달하고, 또 타인의 생각을 경청하는 태도를 형성하여 올바른 의사소통 능력을 기를 수 있도록 도와주어야 한다.

언어의 구성 측면을 보면 크게 음성언어와 문자언어로 이루어져 있다. 음성으로 글자를 나타내는 음성언어와 말을 글자로 적는 문자언어는 상호지원하면서 동시에 발달해나간다(안선희 외, 2021). 특히 음성언어인 듣기와 말하기 문자언어로 구분되는 읽기와 쓰기라는 문해성을 갖게 하는 기초가 되며 서로 상관관계를 형성하며 통합적으로 발달을 이루어간다(Morow, 2012). 유아 역시 음성언어와 문자언어가 함께 발달할 수 있도록 언어교육이 진행되어야 한다. 언어는 모든 학습에 필요한 기초학습능력으로써 중요할 뿐만 아니라 점진적으로 발달해가기 때문에 체계적이고 지속적인 언어교육이 필요하다.

우리나라의 유아교육에서 언어 교과와 관련된 목표는 표준보육과정과 2019 개정 누리과정의 의사소통 영역에서 살펴볼 수 있는데 구체적인 목표는 〈표 3-1〉과 같다(교육부, 보건복지부, 2019; 보건복지부, 2020).

〈표 3-1〉 표준보육과정 및 개정 누리과정의 의사소통 영역 목표

교육과정	대상연령	의사소통 영역 목표
표준보육 과정	0~1세	의사소통 능력의 기초를 형성한다. ① 일상생활에서 듣기와 말하기를 즐긴다. ② 읽기와 쓰기에 관련된 관심을 가진다. ③ 책과 이야기에 관심을 가진다.
	2세	의사소통 능력과 상상력의 기초를 기른다. ① 일상생활에서 듣기와 말하기를 즐긴다. ② 읽기와 쓰기에 관심을 가진다. ③ 책과 이야기에 재미를 느낀다.
개정 누리과정	3~5세	일상생활에 필요한 의사소통 능력과 상상력을 기른다. ① 일상생활에서 듣고 말하기를 즐긴다. ② 읽기와 쓰기에 관심을 가진다. ③ 책이나 이야기를 통해 상상하기를 즐긴다.

2. 유아언어교육의 내용

유아는 언어를 통해 다양한 생각과 경험들을 표현하고, 의사소통을 통해 주변에 대한 정보를 얻고 지식을 만들어간다. 따라서 언어교육은 자신의 생각 또는 경험을 말하고, 듣고, 쓰고, 읽기를 통해 언어적으로 표현할 수 있도록 도와주는 교육이므로 이와 관련된 내용이 포함되어야 한다.

언어교육과 관련된 만 0~2세 「제4차 표준보육과정」과 만 3~5세 「2019 개정 누리과정」 내 의사소통 영역의 내용범주는 크게 3가지로 선정되었고, 각 구체적인 내용은 〈표 3-2〉와 같다.

〈표 3-2〉 표준보육과정과 개정 누리과정 내 의사소통 영역 내용

연령	내용범주	내용
0~1세	듣기와 말하기	표정, 몸짓, 말과 주변의 소리에 관심을 갖고 듣는다.
		상대방의 이야기를 들으면서 말소리를 낸다.
		표정, 몸짓, 말소리로 의사를 표현한다.
	읽기와 쓰기에 관심 가지기	주변의 그림과 상징에 관심을 가진다.
		끼적이기에 관심을 가진다.
	책과 이야기 즐기기	책에 관심을 가진다.
		이야기에 관심을 가진다.
2세	듣기와 말하기	표정, 몸짓, 말에 관심을 갖고 듣는다.
		상대방의 이야기를 듣고 말한다.
		표정, 몸짓, 단어로 의사를 표현한다.
		자신의 요구와 느낌을 말한다.
	읽기와 쓰기에 관심 가지기	주변의 그림과 상징, 글자에 관심을 가진다.
		끼적이며 표현하기를 즐긴다.
	책과 이야기 즐기기	책에 관심을 가지고 상상한다.
		말놀이와 이야기에 재미를 느낀다.

3~5세	듣기와 말하기	말이나 이야기를 관심 있게 듣는다.
		자신의 경험, 느낌, 생각을 말한다.
		상황에 적절한 단어를 사용하여 말한다.
		상대방이 하는 이야기를 듣고 관련해서 말한다.
		바른 태도로 듣고 말한다.
		고운 말을 사용한다.
	읽기와 쓰기에 관심 가지기	말과 글의 관계에 관심을 가진다.
		주변의 상징, 글자 등의 읽기에 관심을 가진다.
		자신의 생각을 글자와 비슷한 형태로 표현한다.
	책과 이야기 즐기기	책에 관심을 가지고 상상하기를 즐긴다.
		동화, 동시에서 말의 재미를 느낀다.
		말놀이와 이야기 짓기를 즐긴다.

의사소통 영역의 3가지 내용범주에 따른 내용 이해를「2019 개정 누리과정」해설서에 제시된 것을 근거로 살펴보면 다음과 같다(교육부, 2019).

(1) 듣기와 말하기

① 말이나 이야기를 관심 있게 듣는다.

유아가 다른 사람이 하는 말과 흥미로운 주제, 익숙한 경험이 담긴 이야기에 관심을 가지며 듣는 내용이다.

② 자신의 경험, 느낌, 생각을 말한다.

유아가 상대방에게 자신의 경험, 느낌, 생각을 자유롭게 말하는 내용이다.

③ 상황에 적절한 단어를 사용하여 말한다.

유아가 때와 장소, 대상과 상황을 고려하여 적절한 단어와 문장을 선택하여 말하는 내용이다.

④ 상대방이 하는 이야기를 듣고 관련해서 말한다.

유아가 다른 사람이 이야기하는 내용을 듣고 말하는 사람의 생각, 의도, 감정을 고려하여 말하는 내용이다.

⑤ 바른 태도로 듣고 말한다.

유아가 말하는 사람에게 주의를 기울이며 듣는 내용이다. 말을 끝까지 듣고, 자신의 의견을 말하는 내용이다.

⑥ 고운 말을 사용한다.

유아가 일상생활에서 자주 쓰는 유행어, 속어, 신조어, 상대방을 비난하는 말을 사용하지 않고, 우리말을 바르게 사용하는 내용이다.

유아 경험의 실제

유아가 친구들에게 동물원에 놀러 갔던 이야기를 신나고 재미있게 들려준다. 유아는 "나는 호랑이다. 어흥!" 하며 눈을 크게 뜨고, 목소리를 굵고 거칠게 한다. 이어 원숭이에 대한 이야기를 할 때는 가늘고 날카로운 음성으로 바꿔 말한다. 옆에서 이야기를 듣던 유아들이 원숭이 동작과 목소리를 흉내 내며 웃는다.

출처: 「2019 개정 누리과정」 해설서. p. 75.

(2) 읽기와 쓰기에 관심 가지기

① 말과 글의 관계에 관심을 가진다.

유아가 일상에서 말이 글로, 글이 말로 옮겨지는 것에 관심을 갖는 내용이다.

② 주변의 상징, 글자 등의 읽기에 관심을 가진다.

유아가 일상에서 자주 보는 상징(표지판, 그림문자 등)이나 글자 읽기에 관심을 가지는 내용이다. 유아가 상징이나 글자에는 사람들의 생각과 감정, 정보가 담겨 있다는 것을 이해하는 내용이다.

③ 자신의 생각을 글자와 비슷한 형태로 표현한다.

유아가 자신의 생각이나 말을 끼적거리거나 글자와 비슷한 선이나 모양, 글자와 비슷한 형태로 표현하는 내용이다.

유아 경험의 실제

유아가 교실 입구의 비상구 표시등을 가리키며 "저것 봐! 사람이 초록 색깔이야. 이렇게 하고 있어." 하며 비상구 사람의 모습을 흉내 낸다. 함께 이야기를 나누던 유아는 "나 저거 알아. 저거는 불날 때 저쪽으로 빨리 피하라는 말이야."라고 말한다.

출처: 「2019 개정 누리과정」 해설서. p. 77.

(3) 책과 이야기 즐기기

① 책에 관심을 가지고 상상하기를 즐긴다.

유아가 책에 흥미를 가지며 책 보는 것을 즐기고 상상하는 즐거움을 경험하는 내용이다.

② 동화, 동시에서 말의 재미를 느낀다.

유아가 동화와 동시를 자주 들으며 우리말의 재미와 아름다움을 느끼는 내용이다.

③ 말놀이와 이야기 짓기를 즐긴다.

유아가 끝말잇기, 수수께끼, 스무고개 등 다양한 말놀이를 즐기는 내용이다. 자신의 경험, 생각, 상상을 기초로 새로운 이야기를 만드는 과정을 즐기는 내용이다.

유아 경험의 실제

솔비: 어떤 아이가~ 엄~~청 엄청 부잣집에 살고 있었는데↗, 그 집은… 엄~청 밥도↘ 많고↗ ~ 장난감도 ↘ 많고↗ 돈도↘ 많고↗ 쌀도 많고↗ 가구도 엄청 좋은 거고~

지호: 변기통도↘ 많고↗~ 바가지도↘ 많고↗~

아이들: 하하하하

솔비: 근데 방이… 만~개가 되는 거야.

정훈: 옛날 집인데도?

솔비: (속삭이며) 옛날 집 아니야. 근데 그 옆에는 엄~~~청 가난한 집이 있었어. 쌀도 한 개도↘ 없고 집에 방도 하나도 ↘ 없고~ 아예 집에~ 코딱지 한 개도 없는 거야.

출처: 「2019 개정 누리과정」 해설서. p. 79.

3. 유아언어교육의 교수–학습 방법

유아언어교육은 듣기, 말하기, 읽기, 쓰기가 유아의 생활과 흥미, 경험과 통합되고 동시에 각 교과와 통합되어야 한다(서소정 외, 2017). 동시에 유아의 발달에 적합한 언어교육이 수행되어야 하며, 교사는 유아가 생활과 놀이 가운데 흥미를 느끼며 접근할 수 있도록 도와야 한다. 유아중심과 놀이를 통한 흥미중심을 기초로 발달에 적합한 언어교육의 교수–학습 방법은 다음과 같다.

첫째, 놀이를 통한 언어교육이다. 놀이는 유아의 사회, 정서, 인지, 신체의 전인발달을 촉진하는 데 중요 역할을 하므로 유아교육의 필수요소가 된다(이순복, 김래은, 김정희, 박지영, 석은조, 2020). 특히 유아는 놀이하면서 또래와의 상호작용을 활발히 하며, 발달과 학습에 중요한 역할을 한다. 교사는 놀이를 통해 듣기, 말하기, 읽기, 쓰기를 학습할 수 있는 내용과 연습할 수 있는 실제 기회를 제공하여 유아의 문해력 발달에 도움을 주게 된다(이대균, 김주영, 임지영, 박지선, 2020).

둘째, 경험을 통한 언어교육이다(정수현, 2022). 유아는 자신이 직접 경험하고, 의미 있는 것에 관심을 가진다. 교사는 주변 환경에 대해서 탐색하고 도전하도록 격려하고, 호기심과 궁금증을 유발하고, 문제해결 과정을 경험할 수 있는 환경을 제공해주어 유아의 언어발달을 촉진할 수 있다.

셋째, 구두언어를 통한 언어교육이다. 유아와 친밀하게 상호작용하는 가운데 교사의 언어사용은 유아의 언어발달에 영향을 주며, 언어 모델을 제공한다. 교사는 유아들이 사고하고 어휘를 확장할 수 있도록 상황에 적절한 질문과 격려를 해야 한다.

넷째, 이야기와 문학을 통한 언어교육이다. 유아는 이야기를 통해 접한 어휘들을 활용하여 동화 속 상황과 유사한 실제 상황에 자신의 의견을 적용하고 자신의 감정이나 상황을 표현하는 방법이 풍부해질 수 있다(홍세영, 2021). 또한 교사는 유아가 책을 읽는 경험이 즐거운 경험임을 알려주고, 책과 이야기에 흥미를 가지고, 언어가 주는 재미와 상상을 충분히 즐길 수 있도록 지원해야 한다(이대균 외, 2020).

종합하면, 유아가 자유롭게 말하고 표현할 수 있는 일상생활과 다양한 교과와 자발적인 놀이를 통해 언어가 경험될 수 있게 한다. 또한 교사는 유아가 자신의 의사를 효과적으로 전달하도록 다양한 언어적 표현으로 격려하고 확장해주는 것이 필요하다.

4. 유아언어교육 활동의 실제

다음은 경기도에 위치한 흥덕IT밸리직장어린이집에서 "자연그림책을 활용한 바깥놀이"라는 주제로 진행된 활동의 사례를 제시하고자 한다.

"초록지구가 좋아요.
밖에 나가서 놀아요!"
바깥세상에서 배움을 얻어요.

1) 프로그램의 개요

(1) 필요성 및 목적

오늘날 우리 사회는 산업화, 도시화의 영향과 자연환경과 인간의 상호관련성에 대한 이해 부족으로 우리가 살고 있는 환경의 중요성을 인식하지 못한 채 쾌적한 환경을 보전하고 가꾸어 가는 일을 소홀히 해 왔다. 환경문제는 전 세계적인 관심으로 부각되고 있지만 우리들은 그 문제를 성공적으로 해결하지 못하고 있다. 그 이유는 환경문제를 인식하지 못하거나 혹은 인식하고 있더라도 환경문제가 우리들에게 얼마나 영향을 미치는지에 대한 인식이 부족하기 때문이다. 그러므로 환경에 관한 건전하고 바른 태도를 길러주는 환경교육은 21세기에 가장 필요하고 중요한 교육이라고 해도 과언이 아닐 것이다.

유아기에 이루어지는 환경교육은 유아의 제 발달영역에도 많은 영향을 미친다. 환경교육은 유아가 그를 둘러싸고 있는 환경에 얼마나 잘 적응하고 독립적으로 기능하는지에 관한 적응 행동의 형성이나 아름다움을 느끼고 인식할 수 있는 심미적 능력의 발달과 정신적 가치의 학습에도 도움을 줄 뿐만 아니라(Cohen, 1994) 인지발달, 의사소통능력의 발달, 감각운동 발달, 사회정서적 발달 등에 많은 영향을 미친다고 하였다(Adams, 1991; Wilson, 1995).

본 어린이집은 유아환경교육의 한 방법으로 유아의 생활 주변에서 쉽게 접근할 수 있는 매체인 환경동화를 활용하여 통합교육활동을 실시함으로써 유아의 환경보전 실천을 하고자 한다. 자유놀이 시간에 유아가 "바깥놀이 언제 가요?"라고 자주 묻는다. 문득 교사의 의도가 담긴 계획된 활동 속에서 진정한 자유로움과 재미를 느낄 수 없어 나타나는 반응이 아닐까? 하는 생각이 들었다. 매일 한 시간씩 있는 바깥놀이 시간은 유아들에게 항상 기다려지고 기대하는 시간이다. 그러다 보니 바깥놀이 시간은 유아들에게 항상 짧다고 느껴지게 되고 교사는 계획된 놀이를 실행하려다 보니 유아들이 만족하지 못하는 것 아닐까? 하는 생각이 들었다. 이에 진정한 놀이는 무엇인가? 다시 한번 생각해보고 유아들이 원하는 바깥에서 할 수 있는 놀이에 대해 생각해보았다.

먼저 놀이 진행배경과 과정, 놀이에서 나타난 어려움과 해결과정을 논의하기 시작하였고 바깥놀이 시에 유아들이 주체가 되어 자발적이고 자율적인 놀이가 이루어질 수 있도록 유아중심에 맞는 지원을 해주고자 본 프로그램을 계획하게 되었다. 프로그램을 계획하면서 자율성을 기반으로 유아가 중심이 되어 바깥놀이가 살아나는 과정을 함께 실천해나가는 것을 중점으로 삼았다. 본 프로그램을 통해 바깥놀이 속에서 유아가 자유롭고 주도적인 놀이를 함으로써 즐거움과 배움을 얻을 수 있도록 계획을 세우고 프로그램을 실시하였다.

본 프로그램은 자연과 관련된 동화책을 제시한 뒤 바깥놀이, 예술경험, 신체활동, 주제 상상놀이 등 다양한 활동을 함께 계획하고 준비해보며 유아 스스로 활동을 선택하고 바깥놀이에 주도적으로 참여할 수 있도록 한 활동이다.

(2) 추진과정

단계	내용	세부내용
1단계	놀이중심 교육과정 인식 및 요구파악	• 유아관찰을 통한 놀이 요구 파악 • 교사회의를 통한 놀이중심 인식과 요구 파악
2단계	프로그램 계획 수립	• 놀이중심 프로그램에 관한 필요성과 목적 수립 • 프로그램 운영 및 계획 수립
3단계	프로그램 실행	• 프로그램 실행 • 교사 자체 교육, 자율 동료장학 실시 • 활동 사진 전시 및 놀이 콘테스트 진행
4단계	프로그램 평가	• 프로그램 개선 사항 보안 및 2023년 프로그램 계획 반영

2) 프로그램 실제

(1) "밖에 나가서 놀아요!"- 바깥세상에서 배움을 얻어요. 연간계획안

주제: 자연그림책을 활용한 바깥놀이							
교육목표	그림책에 나온 자연물을 찾아보고 자유롭게 놀이하기 그림책에 나온 자연물을 산책하며 활용하여 놀이하기						
월	그림책	주	활동내용	월	그림책	주	활동내용
6월	돌멩이도 춤을 추어요 	1주	- 돌멩이도 춤을 추어요(그림책을 듣고 어디서 돌멩이를 보았는지 이야기하기)	9월	또 누구게? 	1주	- 또 누구게? (그림책을 듣고 나뭇잎 뒤에 어떤 동물들이 숨어 있는지 찾아요)
		2주	- 돌멩이를 밟아요(그림책에서 본 모양을 만들어보고 밟으며 촉감을 느껴봐요)			2주	- 알록달록 나뭇잎(산책하며 나뭇잎 찾아 같은 색끼리 모아 봐요)
						3주	- 내가 나뭇잎이 되었어요(나뭇잎이 되어 신체로 표현해봐요)
	냠냠 플라스틱 	3주	- 산기슭에 살고 있는 버섯 친구들(그림책 속에 있는 버섯들을 탐구해요) - 환경 캠페인(산책하며 플라스틱, 비닐 쓰레기를 주워요)		무엇일까? 	4주	- 무엇일까? (그림책을 듣고 구멍에는 어떤 것이 살고 있는지 이야기해요)
		4주	- 플라스틱의 변신(플라스틱으로 멋진 작품을 만들어요) * 가정연계활동(책과 함께 생각 쑥쑥 독서활동)			5주	- 산책하며 구멍을 찾아봐요(산책하며 구멍을 찾아보고 누가 살고 있는지 이야기해요) * 가정연계활동(책과 함께 생각 쑥쑥 독서활동)
7월	물웅덩이로 참방! 	1주	- 물웅덩이로 참방!(그림책을 들어보고 비 오는 날의 경험을 이야기해요)	10월	영치기 영차 	1주	- 영치기 영차(그림책을 듣고 개미가 한 일을 이야기해요)
		2주	- 참방참방 물웅덩이 놀이(비 온 다음 날 물웅덩이 놀이를 해보아요)			2주	- 영치기 영차 낙엽을 옮겨요(산책을 나가 개미가 되어 낙엽을 한 곳에 옮겨요)
	참방참방 비 오는 날 	3주	- 비 오는 날(동화 속 다양한 색깔 우산에 대해 이야기해요)		페파는 지구를 사랑해요 	3주	- 지구야 아프지 마(지구를 위해 할 수 있는 일을 찾아 실천해보아요)
		4주	- 우산으로 다양한 모양을 만들어요(형형색색 우산으로 집을 만들어봐요) - 나만의 투명우산(투명우산을 알록달록 꾸며보아요) * 가정연계활동(책과 함께 생각 쑥쑥 독서활동)			4주	- 텃밭에 채소를 키워요(텃밭에서 채소를 가꾸어요) * 가정연계활동(책과 함께 생각 쑥쑥 독서활동)
8월	작은 어부와 커다란 그물 	1주	- 물고기가 좋아! (그림책을 듣고 물고기의 종류를 말해요)	11월	왜 나무가 없으면 살 수 없어? 	1주	- 나무랑 친구가 되어요(산책하며 나뭇가지로 집을 만들어요)
		2주	- 우리 동네 연못(산책하며 연못 속을 구경해요)			2주	- 나무가 주는 열매요리(사과로 맛있는 타르트를 만들어요)
	룰라와 바다 몬스터 	3주	- 사라질 위기에 처한 바다를 구해요(그림책 속 위기에 처한 바다를 구하는 방법을 이야기해요)		언제나 환영해 	3주	- 북극곰의 집을 찾아줘(그림책을 듣고 이야기를 나누어요)
		4주	- 친구와 물총놀이(산책하며 친구들과 물총놀이를 해요) * 가정연계활동(책과 함께 생각 쑥쑥 독서활동)			4주	- 북극곰 얼음 게임(점점 작아지는 얼음판 위에서 게임을 해요) * 가정연계활동(책과 함께 생각 쑥쑥 독서활동)

(2) 프로그램 활동 계획안/실행일지

① 냠냠 플라스틱

<table>
<tr><td>활동명</td><td colspan="3">냠냠 플라스틱</td></tr>
<tr><td>목표</td><td colspan="3">그림책을 읽고 그림책에 나온 버섯을 탐색해보고 산책하며 이야기를 나눈다.
그림책에 나온 버섯이 살기 좋은 환경을 생각해보고 환경캠페인을 해본다.</td></tr>
<tr><td>대상</td><td>만 3, 4세(그린나래반)</td><td>일시</td><td>2021. 6. 20 ~</td></tr>
<tr><td>준비물</td><td colspan="3">'냠냠 플라스틱' 그림책</td></tr>
<tr><td>활동내용</td><td colspan="3">[도입] 그림책을 듣고 동화 내용에 대해 이야기 나누기
① 그림책을 보여주고 표지 속 그림을 보며 이야기를 나눈다.
② 그림책을 읽고 버섯이 비닐봉지를 먹은 이유에 대해 이야기를 나눈다.

[전개] 버섯을 관찰하며 버섯이 자라는 곳 탐색하기
① 다양한 버섯의 생김새를 살펴보며 관찰해본다.
② 바깥놀이 시간 산책하며 그림책 속 버섯이 자라고 있는 곳을 찾아본다.
③ 버섯이 살기 좋은 환경에 대해 생각해보며 이야기를 나눈다.

[마무리] 환경 캠페인 쓰레기를 주워요
① 그림책 속 버섯이 살기 좋은 환경에 대해 이야기를 나누어본다.
② 산책하며 쓰레기를 주워보며 길거리를 깨끗하게 만들어본다.

[확장] 플라스틱으로 멋진 작품을 만들어요.
① 플라스틱으로 나만의 멋진 작품을 만들어본다.</td></tr>
<tr><td>가정연계 활동</td><td colspan="3">– 책과 함께 생각 쑥쑥 독서활동(내가 관찰한 버섯 그림 그리기)</td></tr>
<tr><td>활동사진</td><td colspan="3">
〈동화 속에 나온 버섯을 관찰해요〉

〈버섯은 숲과 나무를 좋아해요〉</td></tr>
</table>

	 〈환경캠페인–쓰레기를 주워요〉	 〈냠냠 비닐 먹는 플라스틱 로봇〉
평가	유아들과 '냠냠 플라스틱' 동화를 듣고 동화 속 내용에 대해 이야기를 나누어 보았다. 유아들이 동화 속 다양한 생김새의 버섯에 대해 관심을 가지고 버섯의 종류에 대해 궁금해하였다. 그래서 실물자료로 직접 버섯이 자라는 과정을 살펴보고 버섯의 종류에 관한 자료를 제공해주고 탐색해보았다. 유아들이 버섯이 자라는 과정에 흥미를 느끼고 다양한 생김새에 호기심을 보이며 탐구하는 모습을 볼 수 있었다. 그리고 바깥놀이 시간에 산책하며 버섯이 사는 곳을 찾아보고 버섯이 살기 좋은 환경을 만들려면 어떻게 해야 하는지 이야기도 나누어볼 수 있었다. 동화 속 비닐봉지를 싫어하는 버섯들을 생각해보며 공원을 산책하며 쓰레기를 주워보았다. 유아들이 쓰레기를 주우며 "냠냠 플라스틱"이라고 말하며 동화 속 내용을 기억하는 모습이었다. 비닐과 플라스틱을 먹는 버섯들의 내용에 많은 흥미를 느껴 확장 활동으로 플라스틱으로 비닐을 먹는 로봇을 만들어보았다. 유아들이 플라스틱 컵과 뚜껑을 활용하여 색종이로 꾸며주고 제공해준 비닐조각을 먹는 모습을 보이며 즐겁게 놀이를 하였다. 이번 활동을 통해 유아들이 깨끗한 환경의 중요성을 알고 비닐과 플라스틱은 지구를 아프게 한다는 것에 대해 알아볼 수 있는 좋은 기회가 되었다.	

② 돌멩이도 춤을 추어요

<table>
<tr><td>활동명</td><td colspan="3">돌멩이도 춤을 추어요</td></tr>
<tr><td>목표</td><td colspan="3">그림책을 읽고 그림책에 나온 자연물을 산책하며 찾아보고 이야기해본다.
그림책에 나온 자연물을 산책하며 활용하여 놀이해본다.</td></tr>
<tr><td>대상</td><td>만 3, 4세(그린나래반)</td><td>일시</td><td>2021. 6. 20 ~ 7. 02</td></tr>
<tr><td>준비물</td><td colspan="3">'돌멩이도 춤을 추어요' 그림책</td></tr>
<tr><td>활동내용</td><td colspan="3">[도입] 그림책을 듣고 돌멩이를 보았던 경험에 대해 이야기 나누기
① 그림책을 보면서 표지 속 돌멩이를 보며 이야기를 나눈다.
② 동화책을 읽고 동화 속 내용을 이해하고 기억나는 장면을 이야기를 나눈다.

[전개] 그림책에서 본 돌멩이를 찾아 놀이하기
① 바깥놀이 시간 산책하며 그림책 속 돌멩이를 찾아본다.
② 찾은 돌멩이로 그림책 속 돌멩이 가족, 돌멩이 담, 돌멩이 줄서기 등을 만들어보며 놀이한다.
③ 돌멩이로 만든 구성물을 찾아본다.

[마무리] 활동에 대해 이야기 나누기
① 기억에 남는 장면이나 재밌었던 놀이에 대해 이야기를 나눈다.</td></tr>
<tr><td>가정연계 활동</td><td colspan="3">- 마법 돌멩이를 찾아 소원을 빌어요.</td></tr>
<tr><td>활동사진</td><td colspan="3">
〈동화 속 돌멩이를 찾아요〉

〈돌멩이를 모아 모양을 만들어요〉</td></tr>
</table>

<table>
<tr><td rowspan="2">평가</td><td>
〈마법 돌멩이를 찾아요〉

〈돌멩이로 만든 구성물을 찾아요〉</td></tr>
<tr><td>유아들과 함께 돌멩이 관련 동화책을 읽어보았다. 유아들이 동화책 속 다양한 돌멩이를 살펴보며 각각 다른 무늬와 색깔, 크기 등을 비교하며 이야기를 나누었다. 그리고 바깥놀이 시간에 동화책 속 돌멩이를 찾아 탐색해보는 시간을 가졌다. 유아들이 동화책 속 “돌멩이 가족이에요”, “아기 돌멩이예요”라고 말하며 다양한 돌멩이를 찾아 놀이하는데 무척 흥미를 보였다. 그리고 “이거 돌멩이로 만든 거 아니에요?”라고 질문하여 우리 주변 속 돌멩이로 만든 구성물에도 관심을 보이기 시작하였다. 그래서 다 함께 돌멩이로 만든 돌의자와 돌길을 찾아보기 놀이도 해보았다. 특히 동화책 속 반짝반짝 빛나는 마법 돌멩이에 많은 흥미를 보여 연계활동으로 왜 마법 돌멩이일까? 이야기도 나누어보고 소원을 빌어보자고 제안하였더니 유아가 마법 돌멩이를 찾아보고 “바다 가게 해주세요”라고 말하며 소원도 생각하며 말해보는 시간도 가질 수 있었다. 이번 활동을 통해 유아들이 돌멩이를 이용한 다양한 놀이를 즐겨볼 수 있었고 관심을 가질 수 있는 기회가 되었다.</td></tr>
</table>

③ 물웅덩이로 참방

<table>
<tr><td>활동명</td><td colspan="3">물웅덩이로 참방</td></tr>
<tr><td>목표</td><td colspan="3">그림책을 읽고 그림책에 나온 물웅덩이를 탐색해보고 산책하며 이야기를 나눈다.
비 내리는 풍경을 감상해보며 물웅덩이 놀이를 해본다.</td></tr>
<tr><td>대상</td><td>만 3, 4세(그린나래반)</td><td>일시</td><td>2021. 7. 04 ~ 7. 15</td></tr>
<tr><td>준비물</td><td colspan="3">‘물웅덩이로 참방’ 그림책</td></tr>
<tr><td>활동내용</td><td colspan="3">[도입] 그림책을 듣고 동화 내용에 대해 이야기 나누기
① 그림책을 보여주고 표지 속 그림을 보며 이야기를 나눈다.
② 그림책을 읽고 비 경험을 이야기를 나눈다.

[전개] 비 내리는 풍경을 감상하며 빗길을 걸어요
① 산책하며 비 내리는 풍경을 감상해본다.
② 빗소리를 들어보고 말로 표현해본다.
③ 비가 올 때 할 수 있는 놀이를 생각하고 이야기를 나누어본다.</td></tr>
</table>

	[마무리] 산책하며 물웅덩이를 찾아 놀이해요. ① 그림책 속 물웅덩이를 찾아본다. ② 크고 작은 물웅덩이를 찾아보고 발을 구르며 놀이해본다.
가정연계 활동	– 책과 함께 생각 쑥쑥 독서활동(빗방울 그림 그리기)
활동사진	 〈비 내리는 풍경을 감상해요〉  〈빗길을 걸어요〉  〈물웅덩이를 찾아요〉  〈물웅덩이에서 발을 구르며 놀이해요〉
평가	유아들과 동화책을 읽고 동화 속 비 내리는 장면에 대해 이야기를 나누어보았다. 유아들이 동화 속 이야기 중에서 물웅덩이로 놀이하는 것에 흥미를 보이며 재미있어하였다. 그래서 우리도 함께 우산을 쓰고 나가서 물웅덩이를 찾아보기로 하였다. 바깥놀이 시간에 우산을 쓰고 장화를 신고 산책하며 빗길 풍경을 감상해보았다. 그리고 크고 작은 물웅덩이를 찾아보았다. 유아들이 큰 물웅덩이를 찾아 참방참방 발을 구르며 놀이를 해보았다. 유아들이 발을 구르며 즐거워하였다. 유아들이 바깥놀이 시간에 비가 오면 나가지 못한다고 생각하였지만 이번 활동을 통해 비가 내릴 때 할 수 있는 놀이 물웅덩이 찾기, 빗길 걷기, 발 구르며 빗물 놀이하기 등 다양한 놀이가 있다는 것을 알고 경험해볼 수 있었다.

④ 참방참방 비 오는 날

활동명	참방참방 비 오는 날		
목표	그림책을 읽고 그림책에 나온 다양한 색깔 우산에 대해 이야기를 나눈다. 투명우산을 자유롭게 꾸며보고 여러 가지 우산으로 집을 구성해본다.		
대상	만 3, 4세(그린나래반)	일시	2021. 7. 18 ~ 7. 29
준비물	'참방참방 비 오는 날' 그림책		
활동내용	[도입] 그림책을 듣고 동화 내용에 대해 이야기 나누기 ① 그림책을 보여주고 표지 속 그림을 보며 이야기를 나눈다. ② 그림책을 읽고 다양한 우산에 대해 이야기를 나눈다. [전개] 우산을 쓰고 산책하며 우산으로 다양한 모양을 만들어본다. ① 산책하며 비 내리는 풍경을 감상해본다. ② 여러 가지 우산으로 다양한 모양을 만들어본다. ③ 우산으로 집을 구성해본다. [마무리] 나만의 투명우산을 만들어본다. ① 친구들과 협동하여 투명우산을 자유롭게 꾸며본다. ② 그리기 도구와 다양한 스티커로 꾸며본다. [확장] ① 꾸민 우산으로 친구들과 빗방울 놀이를 해본다.		
가정연계 활동	– 책과 함께 생각 쑥쑥 독서활동(우산 그림 그리기)		
활동사진	  〈알록달록 우산 집을 만들어요〉		

	 〈투명우산을 알록달록 꾸며요〉 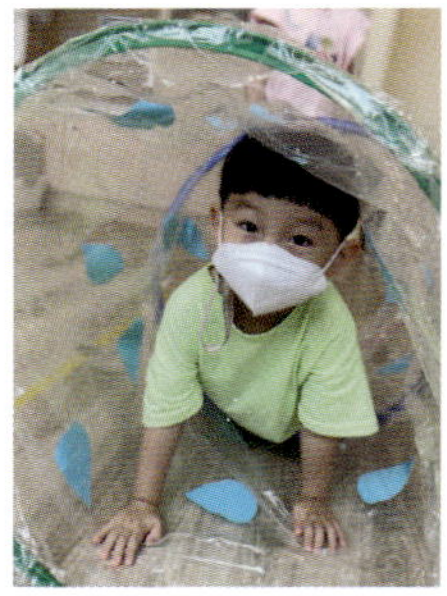 〈빗방울 터널을 지나가 보아요〉
평가	유아들과 동화책을 읽고 동화 속 내용에 대해 이야기를 나누어보았다. 유아들이 동화 속 알록달록 다양한 우산에 대해 관심을 보였다. 자신이 가지고 있는 우산에 관해 이야기도 나누어 비 오는 날 다 함께 우산을 쓰고 산책을 가보기로 하였다. 유아들과 바깥놀이 시간에 우산을 쓰고 빗길을 걸으면서 친구와 함께 모여 우산으로 다양한 모양을 만들어보았다. 직선을 만들어보기도 하고 동그란 모양을 만들기도 하고 유아들이 우산을 모여 "우산 집이다"라고 말하며 집을 구성해보기도 하였다. 유아들이 우산을 쓰고 산책하는 것을 좋아하여 비가 오면 우산을 쓰고 나가자고 표현하기도 하였다. 그리고 투명우산을 친구들과 협동하여 자유롭게 꾸며보고 실내에서도 내가 꾸민 투명우산으로 집을 구성하여 놀이하는 모습을 볼 수 있었다. 유아들의 흥미도가 높아 확장활동으로 우산을 쓰고 백업으로 빗방울을 표현하여 놀이도 해보고 빗방울 터널을 지나가며 놀이를 해보면서 날씨와 관련된 다양한 활동을 할 수 있어 좋았다.

3) 프로그램 결과

(1) 유아의 변화

주도적이고 창의적인 놀이 모습	그림책과 바깥놀이에 집중하는 모습	능동적인 상호작용 태도 향상
프로그램 진행 결과 유아는 기존의 교사 주도의 놀이 활동에서 벗어나 유아 주도의 놀이 활동을 경험하며 언어, 비언어적 표현이 다양해졌고 주변 자연과 환경에 더 관심을 갖고 탐색하고 놀이를 제안하게 되었다. 또한 자연물 놀이에서 나아가 환경까지 생각하며 환경을 지키는 방법에도 유아들이 관심을 가질 수 있었다.	그림책과 관련되어 놀이를 해보면서 유아가 스스로 그림책을 찾아본 후 자신이 제안하고 선택한 놀이를 시작하고 자신만의 방법을 존중받아 놀이를 진행하자 놀이에 더 몰입하는 모습을 보였다. 놀이의 주도권을 찾아 누리면서 자신감이 생기고 즐거움을 느끼며 자연스럽게 놀이에 깊게 빠져들었고 놀이 지속성 또한 길어졌다.	유아의 놀이를 존중하다 보니 유아와 유아, 교사와 유아 간 소통이 활발하게 어우러졌다. 또한 또래와 소통하는 기회도 많아졌으며 더 재미있게 놀이하기 위해 양보하고 배려하며 자신과 다른 의견을 수용하고 조절하는 경험도 할 수 있었다.

(2) 교사의 변화

교사의 전문성 향상	교사중심 놀이과정에서 유아중심 놀이과정으로 변화
놀이를 바라보는 사고를 확장하고 교사 간 지원전략을 공유할 수 있었다. 이는 놀이를 통한 배움을 실현시키며 교사의 놀이지원 기술능력이 향상하는 계기가 되었다. 또한 교사의 자율성이 강조되는 개정 누리과정에 맞춰 놀이의 의미와 기록작업 교육을 진행하며 교사의 전문성을 고취시킬 수 있었다.	매번 계획된 바깥놀이 활동을 중심으로 놀이가 이루어지다가 유아들이 직접 제안한 놀이를 해보면서 흥미도와 몰입도가 굉장히 높아졌으며 놀이 속에서 유아들의 흥미와 관심을 지속적으로 관찰하고 그 안에서 발견한 배움을 지원하는 유아중심 놀이과정으로 변화하는 계기가 되었다. 또한 어린이집 내 놀이 공유가 일어나며 다양한 관점에서 유아의 지원내용을 고민하고 준비하고 지원하는 진정한 의미의 놀이를 이뤄낼 수 있었다.

(3) 교실의 변화

유아의 흥미를 반영한 놀이영역 재구성	의미 있는 놀이자료 제공
그림책을 연계한 바깥놀이 활동을 하면서 유아들의 그림책에 관심도가 높아지면서 더 많은 책을 수용할 수 있는 책꽂이를 재구성하였고 카세트 외에 동화 듣기 자료를 제공하여 유아들이 자유롭게 책을 듣고 볼 수 있도록 재구성하였다.	바깥놀이 시간에 유아들이 놀이에 사용되었던 버섯, 돌멩이, 흙 등의 자연물을 영역에 배치하여 지원해줌으로써 유아들이 교실 안에서도 놀이가 연계되고 놀이의 지속성을 높여주었다. 유아들은 제공된 자연물로 창의적으로 놀이 방식을 찾아냈고 교사는 그들의 놀이를 인정하며 자유롭게 탐색할 수 있도록 기다려줄 수 있었다.

(4) 부모의 변화

놀이에 대한 인식 개선 및 어린이집에 대한 신뢰감 향상	교사의 전문성에 대한 인정
놀이에 대한 학부모의 인식이 개선되도록 놀이의 중요성이 담긴 놀이 안내문을 키즈노트로 공유하였다. 또한 유아들의 놀이를 키즈노트 개별 알림장, 월간계획서를 통해 가정과 공유함으로써 자연스럽게 학부모는 "왜 어린이집에서 놀기만 하나요?"라는 의심을 버리고 "놀이가 중요했구나"라고 생각을 전환시키며 어린이집에 대한 신뢰감을 갖는 계기가 되었다.	가정과 연계활동으로 독서활동을 실시하여 유아들이 즐겨보며 놀이했던 그림책을 가정에 함께 공유하고 가정에서 엄마 아빠와 함께 이야기를 나누고 활동해보면서 부모는 놀이를 통해 잠재력과 탐구심을 발휘하며, 협력적으로 함께 배우고 성장하는 유아들의 변화되는 모습을 느끼고 부모는 놀이를 통한 배움과 교사의 전문성을 인정할 수 있었다.

(5) 총평

프로그램을 진행하고 평가하면서 유아는 그림책을 본 후 자연스럽게 바깥놀이에 연계하여 창의적인 놀이를 생각하고 경험하며 점차 자신만의 놀이를 찾고 만들어 나가게 되었고, 교사는 교육 목표를 바라보는 시각에서 유아의 흥미에 따라 흘러가는 놀이 자체에 눈을 돌리게 되었다. 또한 학부모는 어린이집에서 일어나는 놀이에 대해 안내받고 자녀와 놀이에 대한 다양한 대화를 나누며 어린이집 생활에 더 긍정적으로 생각하며 경험하게 되었다.

출처: 홍덕IT밸리직장어린이집.

5. 유아언어교육을 위한 교사의 지원

유아언어교육을 위한 교사의 지원은 영유아의 생활을 기반으로 유아중심, 놀이중심으로 지원하는 것이 필요하다. 여기서는 물리적 환경 지원하기, 상호작용 지원하기, 가정과 연계활동 지원하기 등의 측면에서 제시한다.

1) 물리적 환경 지원하기

유아언어교육을 위한 교사의 물리적 환경 지원은 유아들이 언어에 대한 흥미와 관심을 일상 가운데 얻고 듣기, 말하기, 읽기, 쓰기를 놀이하면서 즐길 수 있는 환경으로 조성해야 한다. 언어영역은 융판 동화, 손가락 인형, 사진 자료, 녹음기 등의 말하기와 듣기를 위한 재료, 그림책, 단어 카드 등의 읽기 자료, 필기도구, 색연필, 사인펜, 연필, 지우개, 종이 등의 쓰기 자료를 제시해 주는 게 좋다. 더불어 언어영역은 밝고 아늑하면서 조용한 분위기를 느낄 수 있도록 한다. 이외에도 언어영역뿐 아니라 교실 전체를 언어적인 자극을 제공할 수 있게 구성하는 것이 필요하다.

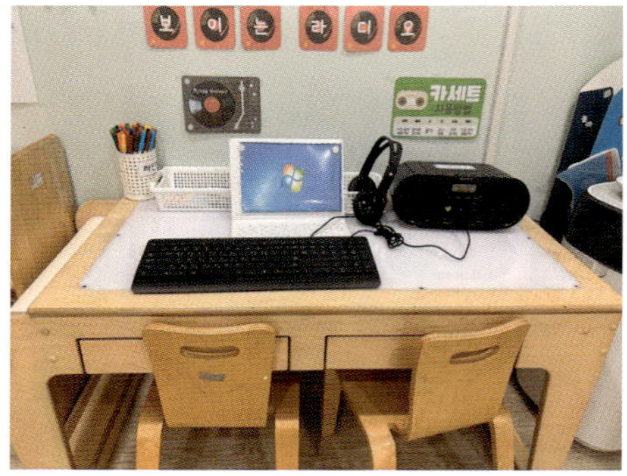

언어영역 환경구성

사진제공: 홍덕IT밸리직장어린이집. 구립참사랑어린이집.

2) 상호작용 지원하기

(1) 말하기 활동을 위한 교사의 지원

① 영유아에게 다양한 사람, 상황에서 말할 수 있는 기회를 최대화한다. 교실은 조용해야 한다는 생각을 버리고 상호작용이 활발한 역동적인 학급, 그 가운데 질서 있는 학급이 되도록 지도한다(정남미, 2017).

② 영유아의 발화에 적절하게 반응해 주고, 발문을 사용한다. 확장, 확대, 촉진 등의 교사의 민감한 반응이 필요하다(서소정 외, 2017). 확장(expansion)은 문법적으로 불완전한 문장을 완성된 문장으로 반응하는 것이다(예, 유아: "친구 밥 먹었어" → 교사 반응: "친구가 밥을 먹었어"). 확대(extension)는 의미적으로 문장을 넓혀 주는 것이다(예, 유아: "아빠 차 타" → 교사 반응: "아빠 차를 타고 싶구나"). 촉진은 유아의 말이 완전한 문장이 되기까지 질문을 하면서 언어자극을 주는 것이다(예, 교사: "친구가 왜 울고 있을까?" → 유아 반응: "엄마가 보고 싶어서요").

(2) 듣기 활동을 위한 교사의 지원

① TV, 비디오, 녹음기, 컴퓨터 등 각종 매체를 이용하거나 산책하면서 자연의 소리를 듣게 하는 등의 일상적인 소리에 주의를 기울이게 한다.

② 좋은 듣기 습관을 지닐 수 있도록 지도한다. 다른 사람의 말을 들을 때는 주의를 기울이고 끝까지 들어야 하며, 적절히 반응할 줄 알도록 한다. 이를 위해 교사가 모델링을 보인다.

③ 질문을 통해 영유아의 듣기 사고 과정을 촉진해야 한다. "○○는 어떤 간식을 좋아하니?", "○○이가 장난감을 망가뜨렸을 때 넌 기분이 어땠니?" 등과 같이 다양한 상황을 일과시간 중 자연스럽게 질문하여 집중하여 듣는 태도를 길러준다.

④ 소리 변별하기, 듣기 게임, 음악 듣기, 동화·동시 듣기 등 영유아의 발달 수준에 적합한 듣기 자료를 제공하고 효과적인 듣기 활동을 위한 환경을 제공한다.

(3) 읽기 활동을 위한 교사의 지원

① 영유아의 발달과 흥미를 고려하여 가능한 한 자주 책을 읽어준다. 영아에게 책을 읽어줄 때는 그림을 손가락으로 짚어 가며 읽어줌으로써 영아가 그림과 글을 연결하여 내용을 인식하도록 돕는다. 유아는 익숙한 글자를 구별하는 것이 가능하므로 책뿐만 아니라 광고지, 메뉴판, 브로슈어 등을 제공하여 익숙한 글자를 찾아보도록 유도하며, 유아에게 읽어주기를 지속적으로 한다.

② 실생활 속에서 사회적인 상호작용을 높인다. 산책하면서 간판 읽기, 과자 봉지에 쓰인 이름 읽기, 친구 이름 읽기 등 실제 상황에서 언어를 사용할 수 있게 한다(이차숙, 1995). 책을 읽을 때 제목을 읽고 그 내용을 미리 예측해 보며 줄거리와 얼마만큼 일치하는지, 줄거리와 유아 자신의 경험은 어떤 연관이 있는지 등의 언어적 상호작용을 실행한다(이하원 외,

2017).

③ 유아로 하여금 적절한 수준의 어휘력을 가질 수 있게 한다. 책을 읽어주며 중요하거나 새롭다고 생각되는 단어를 다른 말로 바꾸어 다시 말해주기, 그 의미를 사전적 정의로 풀어서 설명해주기, 질문을 사용하여 단어의 의미를 명료화하고 확장해 주기 등의 방법으로 지원한다.

(4) 쓰기 활동을 위한 교사의 지원

① 협동적 쓰기 지도로 영유아의 쓰기 활동에 도움을 준다. 교사가 영유아의 생각을 대신 적어주고, 영유아가 끼적이거나 쓸 때 도움을 준다면 영유아는 생각에 방해를 받지 않으면서 쓰기 활동을 경험할 수 있다.

② 비지시적이며 사고력을 높이는 쓰기 지도를 한다. 영유아는 언어를 총체적이고 기능적인 언어로 배우는 것이 효과적이므로, 유아가 생활 속에서 스스로 쓰기 활동을 하며 쓰기에 필요한 기술을 익힐 수 있는 분위기를 조성한다.

③ 개별차를 고려한 개별화된 쓰기 지도를 한다. 즉, 개별 영유아가 가진 언어능력과 흥미에 따른 개별 목표를 설정하고, 각 영유아만의 독특한 관점을 인정해 주며, 개성적인 문장 구성이나 문체 사용이 표현되도록 격려한다.

3) 가정과 연계활동 지원하기

유아교육기관은 가정에서 부모를 비롯한 가족들이 영유아의 언어지도가 가정생활 가운데 자연스럽게 이루어질 수 있도록 부모교육을 실행하는 등의 돕는 역할을 해야 한다. 듣기, 말하기, 읽기, 쓰기 지원을 위한 가정과의 연계 가능한 활동을 구체적으로 살펴보면 〈표 3-3〉과 같다.

〈표 3-3〉 언어지도를 위한 가정과의 연계활동

듣기 지원	말하기 지원	읽기 지원	쓰기 지원
• 그림책, 동시 등을 충분히 읽어 주고 내용에 대해 함께 이야기를 나눈다. • 그림책과 동시의 선정은 기관에서 진행되는 주제 활동과 아동의 흥미에 맞는 것으로 하여 가정에 제공할 수 있다. • 부모는 자녀와의 상호작용 시 자녀의 말을 주의 깊게 듣고, 적절히 반응하는 태도를 보여 모델링 역할을 한다. 예로, 자녀가 이야기할 때 눈을 마주치며 집중하여 듣고, "우리 ○○이가 기분이 좋구나", "우리 ○○가 하고 싶은 이야기가 많았구나" 식의 인정하는 부모의 태도를 보인다.	• 부모가 일상생활에서 바른 말하기의 모델역할을 한다. 연령별 말하기 발달 특성에 대해 오리엔테이션을 하고, 자녀의 발화에 관심을 가지고 관찰하여 자녀 특성에 맞게 기다릴 수 있도록 한다. • 수용적인 분위기의 환경을 지원한다. 부모상담, 알림장 등의 정보공유 방법을 활용하여 자녀에게 질문을 하고 스스로 답을 찾도록 격려해 줌으로써 탐구심을 키워주는 부모의 언어적 자극이 중요함을 공유한다. • 함께 시장 가기, 동물원 견학, 도서관 방문, 스포츠 활동 등 다양한 활동에 참여하여 이야기 소재가 풍부하도록 지원한다.	• 자녀의 연령별 발달 특성을 고려한 적절한 읽기 지도를 한다. 영아의 경우 친숙한 책에 대한 반복 읽기를 해준다. 유아의 경우 친숙한 글자에 대한 읽기가 가능해지며, 다양한 정보와 새로운 어휘 습득에 관심을 보이므로 아는 글자 찾기 게임, 동화·동시·동극을 즐겁게 공유한다. • 읽기는 글을 통한 소통이기에 부모는 생활 속에서 큰 글자를 찾아 읽어주거나 그림책을 자주 읽어주면서 글에 대한 호기심을 높이면서 의미 있는 상호작용을 한다.	• 쓰기는 글을 통한 의사소통으로 글자의 표기가 아닌 자녀의 의미 있는 표현으로 이해한다. 부모는 영아기부터 바른 표기를 위해 많은 시간을 투자하는데 이는 비효과적이며, 쓰기에 대한 흥미를 잃게 만들 수 있다. • 가정에서 쓰기 활동이 자연스럽게 많이 일어날 수 있게 실제 생활에서 풍부한 쓰기 기회를 제공한다. • 기관과 함께하는 쓰기 활동에 적극 참여한다. 예로, 교사가 작성한 알림장은 글을 통해 부모에게 전달되며, 부모 또한 글을 작성해서 교사에게 피드백한다. 유아는 이 과정에서 글의 역할을 자연스럽게 경험한다. 부모와 함께 NIE 활동, 우리 가족 소개하기, 부모님께 편지 쓰기, 스승의 날 감사 편지 쓰기 등의 활동으로 기관과 연계한다.

출처: 서소정 외(2017). 재구성.

생각해 봅시다!

1. 인간의 언어능력이 선천적인가 후천적인가에 대한 주장을 이론적 근거를 기초로 토론해 봅시다.
2. 유아교육현장에서 실행되고 있는 언어교육의 다양한 사례를 찾아보고, 이 가운데 교사의 역할을 분석해 봅시다.

참고문헌

교육부(2019). 2019 개정 누리과정 해설서. 세종: 교육부.

보건복지부(2020). 제4차 어린이집 표준보육과정 해설서. 세종: 보건복지부.

서소정, 문혁준, 김민희, 김정희, 이종신, 강인숙(2017). **아동언어지도**. 서울: 창지사.

성안나(2020). 유아 언어교육 관련 연구동향 분석 : 2012년 ~ 2019년 학술지 발표 논문을 중심으로. **교육발전**, 40(1), 87-108.

안선희, 문혁준, 김연하, 김정희, 임연진, 한세영(2021). **영유아발달**. 서울: 창지사.

이대균, 김주영, 임지영, 박지선(2020). **영유아 언어교육**(3판). 경기: 공동체.

이순복, 김래은, 김정희, 박지영, 석은조(2020). **놀이지도**. 경기: 양성원.

이차숙(1995). 효과적인 문식성을 위한 이론적 탐색. **유아교육연구**, 15(2), 135-152.

이하원, 박희숙, 원선아(2017). **언어지도**. 서울: 창지사.

정남미(2017). **유아언어교육**(3판 증보). 서울: 창지사.

정수현(2022). 2019 개정 누리과정 중심으로 놀이중심 유아언어교육에 대한 교사의 인식과 실행. 전북대학교 교육대학원 석사학위논문.

홍세영(2021). 연어적 접근 방식을 활용한 유아 영어 동화교육 프로그램 개발. 공주대학교 대학원 박사학위논문.

Crystal, D. (1995). *The Cambridge encyclopedia of English language*. Cambridge: Cambridge University Press.

Morow, L. M. (2012). *Literacy Development in the Early Years*. **영유아 문해발달과 교육**(권민균 역). 경기: 아카데미프레스(원저 2011년 출판).

Chapter

04

유아사회교육

학습목표

1. 유아사회교육에 대한 개념과 목표를 설정할 수 있다.
2. 표준보육과정과 개정 누리과정 내 사회관계 영역의 내용을 제시할 수 있다.
3. 유아사회교육 활동의 선정 조건과 교수-학습활동의 유형을 나열하고, 관련된 활동실제를 살펴볼 수 있다.
4. 물리적 환경, 상호작용, 지역사회 연계활동 등 유아사회교육을 위한 교사의 지원전략을 설명할 수 있다.

1. 유아사회교육의 개념 및 목표

인간은 환경에 대한 탐구와 관찰을 통해 정보를 습득하고 주위 환경에서 의미 있는 관계를 찾으며 현재의 지식에 새로운 정보를 통합해 가는 학습 과정을 밟아간다. 유아는 태어나면서부터 혼자가 아닌 가장 가까운 양육자로부터 시작해서 타인과 관계를 맺으면서 사회적 관계를 형성해나간다. 이러한 사회적 관계를 통해 유아는 다양한 사회적 기술, 지식 태도 및 가치관을 습득하면서 사회적인 존재로 성장해 간다(최기영 외, 2008). 이 과정에서 공식적, 비공식적인 사회교육은 유아들에게 개인의 지식과 가치를 신장시키는 경험을 제공한다.

사회교육의 사전적 의미를 보면 "일반 민중에게 사회인으로서 필요한 교육을 실시하는 조직적인 활동. 가정과 학교 이외의 도서관, 동물원, 강연회 및 신문, 잡지 따위를 통하여 이루어진다"(국립국어원 표준국어대사전, 2024). 일반적으로 '사회교육'이라는 용어는 '사회 교과'라는 교과목 명칭 혹은 '사회과의 과목을 교육한다'는 의미로 사용된다. '사회과학'은 심리학, 사회학, 지리학, 역사학, 경제학, 정치학, 법학, 인류학, 생태학 등을 포함하는 교과목으로, 유아사회교육은 유아교육과정 전반에 걸친 통합된 교과로 운영된다(강은주 외, 2023).

유아기는 사회적 관계의 기초가 형성되는 시기이며 출생부터 8세까지는 개인적 자아 발달뿐 아니라 사회적 관계 안에서의 사회적 자아의 발달이 이루어지는 중요한 시기이다. 이 시기의 유아는 자신이 속한 사회 속에서 부모와 유아, 유아와 유아 그리고 교사와 유아의 상호작용을 통해 그들이 속한 가족, 지역사회, 국가 그리고 세계 안에서 익혀야 할 삶의 태도와 가치, 사회적 기술을 배우게 된다. 따라서 유아기에 있어 사회교육은 매우 중요한 역할을 하는데, 사회교육을 통해 유아는 사회화뿐 아니라 사회에 대한 지식을 구성해감으로써 사회 속에서 유아가 상호작용하는 능력을 형성하게 된다(Melendez, Beck,

& Fletcher, 2000).

정리해보면, 유아사회교육이란 유아가 사회적 문제를 해결할 수 있는 능력을 기르고 가치판단과 의사결정을 하여 민주사회의 구성원이 되도록 하는 교육으로 유아가 생활하는 사회에 대한 이해를 기초로 사회과학의 다양한 지식을 수용하여 실생활에 적용할 수 있는 능력을 기르는 것이라 정의할 수 있다. 즉, 유아교육기관에서 이루어지는 유아사회교육이란 유아의 바람직한 사회성을 지원하며 더불어 살아가는 데 필요한 사회적 지식, 기술 및 가치와 태도를 길러주어 민주시민의 자질과 바람직한 자아실현을 할 수 있도록 돕는 교과이다.

유아사회교육의 목표는 학자에 따라서 인지적 목표와 정의적 목표로 설명하기도 하며 지식, 태도, 기술의 세 가지 측면으로 분류하여 제시하기도 한다(이은화, 김영옥, 2000). 즉, 유아사회교육의 주된 목표를 태도, 지식 및 기술을 습득하는 사회과학적 접근과 사회적 맥락에서 의사결정 과정을 습득하는 반성적 탐구에 있다고 하면서 단순히 유아를 위한 기초 생활 훈련이나 사회성 발달만을 의미하는 것이 아님을 제안한다. 모든 인간은 사회 속에서 가치 있는 존재임을 인식하기, 올바른 의사결정을 돕기, 원활한 인간관계를 맺기, 사회의 구성원으로서 사회적 기술 및 문제들을 익히기 등을 유아사회교육의 중요한 방향으로 제안하고 있다(이경실, 2011). 따라서, 유아사회교육의 목표는 독특한 개인으로서의 발달뿐 아니라 지역사회의 구성원, 나아가 세계의 일원으로서 살아갈 수 있는 능력을 기르는 것이다. 궁극적으로 민주 시민의 자질을 육성하는 교육의 영역이라 할 수 있다.

우리나라의 유아교육에서 사회 교과와 관련된 목표는 〈표 4-1〉에 제시한 바와 같이 표준보육과정과 2019 개정 누리과정의 사회관계 영역에서 살펴볼 수 있다(교육부, 보건복지부, 2019; 보건복지부, 2020).

〈표 4-1〉 표준보육과정 및 개정 누리과정의 사회관계 영역 목표

교육과정	대상연령	사회관계 영역 목표
표준보육과정	0~1세	나를 인식하고, 친숙한 사람과 관계를 맺는다. ① 나를 고유한 존재로 안다. ② 안정적인 애착을 형성하고, 또래, 교사와 함께 지낸다.
	2세	나를 알고, 다른 사람과 더불어 생활하는 경험을 한다. ① 나를 알고 긍정적으로 여긴다. ② 다른 사람과 즐겁게 지내기 위한 태도를 기른다.
개정 누리과정	3~5세	자신을 존중하고 더불어 생활하는 태도를 가진다. ① 자신을 이해하고 존중한다. ② 다른 사람과 사이좋게 지낸다. ③ 우리가 사는 사회와 다양한 문화에 관심을 가진다.

2. 유아사회교육의 내용

유아는 사회 속에서 다양한 경험을 축적해가는데, 사회교육을 받을 때에 보다 사회구성원으로서 가치 있는 지식과 태도를 형성할 수 있다. Seefeldt (2005)는 유아사회교육의 내용으로 사회과학지식 영역의 역사, 지리, 경제의 주요 개념을 제시한다. 이은화와 김영옥(2000)은 사회교육의 내용을 크게 '사회화'와 '사회과학'으로 분류하고 있다.

여기서는 사회교육과 관련된 만 0~2세 「제4차 표준보육과정」과 만 3~5세 「2019 개정 누리과정」 내 사회관계 영역의 내용범주에 따른 구체적인 내용을 〈표 4-2〉를 통해 살펴보고자 한다.

〈표 4-2〉 **표준보육과정과 개정 누리과정 내 사회관계 영역 내용**

연령	내용범주	내용
0~1세	나를 알고 존중하기	• 나를 인식한다. • 나의 욕구와 감정을 나타낸다. • 나와 친숙한 것을 안다.
	더불어 생활하기	• 안정적인 애착을 형성한다. • 또래에게 관심을 가진다. • 다른 사람의 감정과 행동에 관심을 가진다. • 반에서 편안하게 지낸다.
2세	나를 알고 존중하기	• 나와 다른 사람을 구별한다. • 나의 감정을 표현한다. • 내가 좋아하는 것을 한다.
	더불어 생활하기	• 가족에게 관심을 가진다. • 또래와 함께 놀이한다. • 다른 사람의 감정과 행동에 반응한다. • 반에서의 규칙과 약속을 알고 지킨다.
3~5세	나를 알고 존중하기	• 나를 알고 소중히 여긴다. • 나의 감정을 알고 상황에 맞게 표현한다. • 내가 할 수 있는 것을 스스로 한다.
	더불어 생활하기	• 가족의 의미를 알고 화목하게 지낸다. • 친구와 서로 도우며 사이좋게 지낸다. • 친구와의 갈등을 긍정적인 방법으로 해결한다. • 서로 다른 감정, 생각, 행동을 존중한다. • 친구와 어른께 예의 바르게 행동한다. • 약속과 규칙의 필요성을 알고 지킨다.
	사회에 관심 가지기	• 내가 살고 있는 곳에 대해 궁금한 것을 알아본다. • 우리나라에 대해 자부심을 가진다. • 다양한 문화에 관심을 가진다.

사회관계 영역의 3가지 내용범주에 따른 내용 이해를「2019 개정 누리과정」해설서에 제시된 것을 근거로 살펴보면 다음과 같다(교육부, 2019).

(1) 나를 알고 존중하기

① 나를 알고 소중히 여긴다.

유아가 자신을 나타내는 나이, 성별, 모습 등에 대해 알고, 자신을 소중히 여기며 가치 있는 존재로 느끼는 내용이다.

② 나의 감정을 알고 상황에 맞게 표현한다.

유아가 자신의 감정에 대해 알고 다양한 상황에서 자신의 감정을 적절하게 표현하는 내용이다.

③ 내가 할 수 있는 것을 스스로 한다.

유아가 자신이 할 수 있는 일을 알고 자신감을 가지며 자율적으로 실천해 가는 내용이다.

유아 경험의 실제

유아가 등원하자마자 선생님에게 오늘 자신이 도우미인 것을 확인하며 말한다. "저는 도우미 하는 날이 좋아요. 저는 화분에 물 주는 것도 잘하고, 친구들에게 간식을 나눠 주는 것도 잘할 수 있어요."라고 말한다. 선생님이 "그럼 오늘의 도우미는 제일 먼저 무엇을 할 생각이야?"라고 웃으며 묻자, "화분에 물 주러 가야지"라고 말하며 물을 뜨러 화장실 쪽으로 간다.

출처: 「2019 개정 누리과정」 해설서. p. 84.

(2) 더불어 생활하기

① 가족의 의미를 알고 화목하게 지낸다.

유아가 자신의 가족 구성원을 알고, 가족과 함께 생활하며, 가족은 서로 돕고 살아간다는 것을 경험하는 내용이다. 가족의 구성원이 다양함을 이해하고 존중하는 내용이다.

② 친구와 서로 도우며 사이좋게 지낸다.

유아가 친구들과 함께 놀이하는 즐거움을 느끼고 친구와 서로 도우며 배려하고 협력하며 더불어 살아가는 내용이다.

③ 친구와의 갈등을 긍정적인 방법으로 해결한다.

유아가 친구와 갈등이 생겼을 때 자신의 감정과 생각을 제대로 표현하고, 배려, 양보, 타협 등을 통해 해결하는 내용이다.

④ 서로 다른 감정, 생각, 행동을 존중한다.

유아가 다른 사람들의 감정, 생각, 행동에 관심을 갖고 감정, 생각, 행동이 서로 다를 수 있음을 이해하고 존중하는 내용이다.

⑤ 친구와 어른께 예의 바르게 행동한다.

유아가 친구와 어른께 배려, 존중, 공경하는 마음을 담아 예절을 실천하는 내용이다.

⑥ 약속과 규칙의 필요성을 알고 지킨다.

유아가 다른 사람과 더불어 살아가기 위해 필요한 약속과 규칙이 있음을 이해하는 내용이다. 상황에 따라 필요한 약속과 규칙을 의논하여 정하고 지키는 내용이다.

유아 경험의 실제

4세 유아는 가족과 지냈던 일에 대해 그림을 그리며 웃으면서 말한다. "엄마, 아빠랑 캠핑 갔는데 정말 재미있었어요. 아빠가 밥하고 고기를 구웠고, 엄마는 식탁을 차렸어요. 저는 물컵을 꺼냈어요. 밥을 다 먹고 나서, 같이 공놀이도 하면서 놀았어요."

출처: 「2019 개정 누리과정」 해설서. p. 85.

(3) 사회에 관심 가지기

① 내가 살고 있는 곳에 대해 궁금한 것을 알아본다.

유아가 자주 접하는 가까운 주변 지역과 이웃에 대해 관심을 가지고, 궁금한 것을 알아보며, 지역 구성원으로서 유대감과 소속감을 느끼는 내용이다.

② 우리나라에 대해 자부심을 가진다.

유아가 우리나라의 전통에 친숙해지고, 우리나라의 상징, 언어, 문화 등을 경험하면서, 우리나라에 대해 자랑스러운 마음을 가지는 내용이다.

③ 다양한 문화에 관심을 가진다.

유아가 다른 나라의 다양한 문화와 생활양식에 대해 관심을 가지고, 문화의 다양성을 이해하며 존중하는 내용이다.

유아 경험의 실제	
유아들이 함께 블록으로 동네를 만든다. 유아들은 도서관을 만들면서 이야기를 나눈다. "여기는 도서관! 우리 도서관 가봤지? 우리 동네에 도서관이 있으니까 좋다. 그치?", "응, 선생님한테 내일 또 도서관 가자고 말씀드리자."	 출처: 「2019 개정 누리과정」 해설서. p. 88.

3. 유아사회교육의 교수-학습 방법

1) 유아사회교육의 활동 선정 조건

① 유아에게 의미 있는 학습이 될 수 있어야 한다.

자신을 존중하고 다른 사람과 더불어 생활하는 태도를 기르기 위한 내용으로서 유아 주변에서 일어나는 생활을 이해할 수 있으며 호기심을 가지고 자발적으로 탐색하고 유아들이 사회적 지식, 기술, 태도를 형성할 수 있도록 한다.

② 유아의 흥미, 욕구, 필요를 고려한 사회활동의 선정이 중요하다.

사회활동을 선정할 때 유아의 흥미를 고려하는 것이 중요하다. 유아의 흥미를 고려한 사회활동을 고려할 때 유아는 자기 자신뿐 아니라 자신이 사는 세계의 역사, 지리, 경제, 문화에 대한 것 등에 호기심을 느끼며 배워갈 수 있게 된다(박혜경 외, 2014). 유아의 학습욕구와 필요는 자신의 세상 속에서 직접 상호작용하면서 시작되며, 직접 경험, 놀이, 자발적인 활동에서 시작된다.

③ 생활 주제와의 관련성을 고려하여 통합적인 접근이 되도록 해야 한다.

유아에게 의미 있는 사회교육이 되기 위해서는 유아의 가정, 유치원, 지역사회 등과 관련된 문화적 배경, 개인의 경험이 반영되어야 한다. 사회교육은 지식과 기술, 태도 및 가치의 발달이 분리될 수 없다. 사회교육은 언어학습을 포함하며, 수학과 과학적 개념을 적용하기도 한다. 또한 미술, 음악 등을 통해 표현되기도 한다(이경실, 2011).

2) 유아사회교육 교수-학습 활동 유형

유아사회교육의 통합적 운영을 위한 교수-학습 활동으로는 자기표현(행동적, 조형적, 언어적 표현 등), 모델의 제시와 동기부여, 감정이입 및 역할 담당(타인에 대한 감정 배려, 타인의 입장 되어보기 등), 토의와 탐구(자신의 생각 표현, 적절한 대안 찾기, 바람직한 방향으로 문제 해결하기, 분류, 설명, 추리, 결과, 예측, 가정 및 일반화 등), 가치명료화 및 분석(자신의 가치 확인, 가치 사이의 갈등 해결, 가치에 부합되는 행동하기 등), 문제해결과 의사결정과정(선택적 대안 제시 등), 행사 참여하기(입학식, 생일축하, 부모참여수업, 방학식, 운동회, 성탄절 등), 협동의 경험(일과를 함께 계획해 보기, 협동 작품 완성하기 등)을 사용할 수 있다(이경실, 2011). 무엇보다 유아사회교육은 다양한 일과 활동 속에서도 이루어지며 여러 흥미영역과 통합되어 계획될 수 있다. 대표적으로 견학과 극놀이, 토의하기 방법을 제시하면 다음과 같다.

(1) 견학(현장학습)

견학(field trip)은 유아가 유아교육기관에서 직접 경험할 수 없는 정보들을 지역사회나 공공기관 및 자연 등의 현장에 직접 참여하여 감각을 통해 느끼고 경험하는 능동적인 학습으로, 유아로 하여금 주변의 물리적 세계를 탐색하는 기회를 주며, 유아에게 사회현상을 바르게 이해하고 사회 구성원으로서 살아가는 데 필요한 지식, 가치, 태도를 형성하도록 돕는 효과적인 방법이다(문혁준 외, 2016).

견학지도 시 유의점

① 차를 타고 견학 가는 경우 유아에게 차량 이용 시 지켜야 하는 예절에 대해 안내하고 운전사에게 탑승 인원, 견학 일정, 목적지를 알린다.
② 견학지에 도착해서 인원을 점검하고, 안전에만 과도하게 집중한 통제보다는 유아가 관심 있는 것을 다양한 방법으로 스스로 관찰·탐색한 후 조사·기록·채집·질문할 수 있도록 여유 있는 시간을 제공한다.
③ 간간히 휴식을 취하면서 사후 활동에 활용할 자료가 있다면 견학 장소에서 수집한 자료를 담도록 미리 가방 등을 준비하고 사진을 찍거나 기록을 남긴다.
④ 안전사고나 미아사고가 일어나지 않도록 유아를 관찰하고 인솔한다.

(2) 극놀이(dramatic play)

또래와 함께 극놀이를 하는 동안 자기중심적인 사고에서 벗어나 타인들을 이해하는 타인 조망수용능력을 발달시키며, 언어적 의사 교환을 통해 표현력과 의사소통 능력도 신장된다(이순복 외, 2020). 극놀이의 종류로는 일상생활이 소재가 되는 생활 극놀이, 엄마·아빠놀이나 가게놀이 등 역할을 모방하는 상상놀이, 백설공주 등 동화 속 이야기를 전개해 나가는 극화놀이 등이 있다.

극놀이를 위한 교사역할

① 역할놀이 영역과 쌓기 영역에 극놀이 소품, 재료, 의상, 필기류 등을 제공하고 공간확보를 한다.
② 극놀이를 위한 분위기를 조성한다. 동화감상하기, 그림자료 제시하기, 지역사회 자원인사 초청하기 등의 놀이 주제에 대한 아이디어를 공유하고 교사가 직접 놀이자로 참여하거나 놀이제안, 놀이촉진을 할 수 있다.
③ 놀이시간을 충분히 제공하고 놀이공간의 변화를 준다. 교실의 특정영역뿐 아니라 교실 밖, 실외 공간에서도 극놀이가 활발하게 일어나도록 지원한다.

(3) 토의하기

토의하기 시 유의점

① 유아가 자신의 느낌이나 생각을 자유로이 표현하게 지원한다.
② 유아가 생각할 시간적 여유를 갖는다.
③ 토의 주제에 따라 컴퓨터, 동영상 등 관련된 다양한 시청각 매체를 활용한다.
④ 의견이 대립될 경우 한 가지 입장만을 취하지 말고 객관적인 태도를 보인다.
⑤ 토의 주제와 관련된 정보를 제공하면서 토의의 촉진자 역할을 한다.
⑥ 토의 시 유아 간의 상호작용이 활발히 이루어지도록 격려, 지원한다.
⑦ 유아의 제안과 결정을 종합·정리해 준다.

4. 유아사회교육 활동의 실제

1) 플리마켓 활동 - 지역사회연계 활동 및 가정연계활동

활동개요	유아들이 사용했던 장난감 및 유아용품들을 직접 선별하여, 나만의 플리마켓을 열어 환경 보호를 위한 실천에 적극적인 동참의 기회가 되었다. 유아들이 만든 간판 및 물품의 이름 등을 선보이고, 지역사회주민들에게 물건을 판매하며 적극적으로 환경보호 실천을 하였다.

행 사 명	해피 흥덕 플리마켓	대 상	전체원아(만0세~만4세)
목 표	- 플리마켓의 의미에 대해 알아보고, 즐겁게 참여해본다.		
실시 일시	2022년 6월 10일 금요일 10시		
장 소	아티움 광장		
준 비 물	교사(어린이집)	플리마켓, 현수막, 포스터, 물품, 장바구니, 돗자리	
	영유아(개별)	5월 9일~20일까지 플리마켓 물품 지원받기(장난감, 영유아 옷, 육아용품, 책 등),원복입고 등원	
참여인원	전체 원아		

활동내용 – 사전활동

* **동화 듣고 이야기 나누기(하랑,도담)**
- 시장, 마트 관련 동화 듣기

* **포스터 만들기(해솔)**
- 플리마켓 의미에 대해 알아보고 포스터 만들어본다.

* **꼴라쥬 현수막 만들기(그린나래)**
- 플리마켓 의미에 대해 알아본다.
- 잡지를 활용한 꼴라쥬 활동하여 현수막을 꾸며본다.

활동내용 – 본활동

✿ 본 활동 시간표
- 안쓰는 물건을 사고 파는 플리마켓 놀이에 참여해본다.

플리마켓	
시간	
10:00~10:30	그린나래
10:40~11:20	하랑,도담
11:20~12:00	해솔
12:00~15:00	홍보용 플리마켓
16:00~16:30	플리마켓 정리하기

✿ 본 활동

내용	활동방법	참여대상
영유아 플리마켓	- 그린나래반 유아들은 가게주인이 되어 물건을 파는 경험을 해본다. - 쿠폰과 장바구니를 가지고 플리마켓을 구경해본다. - 원하는 물품을 골라 쿠폰 개수대로 사서 교환을 한다.	전체 원아
홍보용 플리마켓	- 어린이집 홍보 브로셔와 선물을 나눠드린다.	원장님, 최성원, 노예지

활동내용 – 사후활동

- 플리마켓에서 산 물품을 활용한 사진을 가정에서 받아 함께 이야기를 나누어본다.
- 부모님과 마트 또는 전통시장 가보기

활동사진

출처: 흥덕IT밸리직장어린이집.

2) 탄소중립 실천 캠페인

<table>
<tr><td>활동개요</td><td colspan="3">유아들이 산책하면서 만나게 되는 자연물들을 지키기 위해서와 지구의 환경을 지키기 위한 실천 캠페인을 진행하였다. 어린이집에서의 유아들의 탄소중립 실천 사항과 부모님의 직장에서, 가정에서, 보육교직원의 실천 사항을 세부적으로 정하여 실행해 보았다.</td></tr>
<tr><td>포스터</td><td>
</td><td>
</td><td>
</td></tr>
<tr><td>활동사진</td><td colspan="3"></td></tr>
</table>

출처: 흥덕IT밸리직장어린이집.

3) 공간의 변화를 통해 놀이를 지원한 사례: 이어지고 이어지는 길

〈공간의 변화를 통해 놀이를 지원한 사례: 이어지고 이어지는 길〉

주제	내용
놀이의 배경	우리 동네는 고가도로, 사거리, 좁은 골목까지 다양한 길들이 복잡하게 얽혀 있다. 5세 민들레반 유아들은 교실 한 켠에 있는 지역의 지도를 자세히 살펴보고, 지도 속 우리 마을과 길에 대해 궁금해하며 다양한 방법으로 놀이를 시작하였다. 교사는 유아들이 생각하는 '길'이 놀이로 어떻게 펼쳐질지 기대하며 열린 공간과 재료를 제공하였다. 
놀이의 흐름에 따른 교사의 고민과 교육적 지원	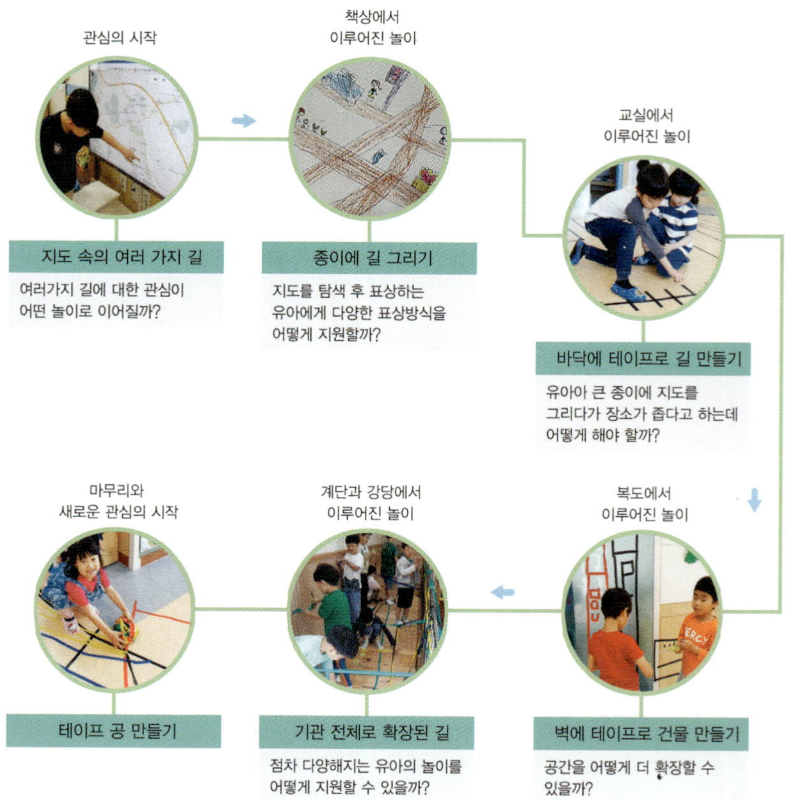

관심의 시작 '지도 속의 여러 가지 길'

지도를 살펴보던 유아들은 다양한 길에 대해 관심을 갖기 시작하였다.
실내놀이시간 중 근처의 병원까지 가는 가장 빠른 길과 느린 길에 대해 논쟁이 오갔다. 교사는 인터넷을 활용하여 유아가 지도를 자세히 볼 수 있도록 지원하였다.
"병원까지 가려면 어떻게 해야 하는지 알아?"
"난 다섯 가지 방법을 알지."
"어떻게 가는 게 제일 빠른데?"
"고속도로로 가면 빨리 갈 수 있어."
"그러면 너무 멀리 돌아가잖아?"
"아니야. 외곽순환고속도로는 막힐 수도 있어."

교사의 놀이 지원 실제	편성 및 교수-학습
교사는 유아의 길에 대한 지속적인 흥미를 관찰하고 함께 상호작용하였다.	상호작용 (관찰하기)
교사는 가장 빠른 길을 찾기 위한 유아의 논쟁과 관심을 존중하고 새로운 놀이로 확장할 방법을 고민하였다.	

놀이 '종이에 길 그리기'

"우리 동네 길은 달팽이 같아."
"길은 서로 언젠가는 만나게 되어 있어."
"큰길도 있고 작은 길도 있어."
"차가 다니는 길, 지하철이 다니는 길, 사람이 다니는 길이 있어."
"지하철 길은 서로 이어져 있어. 그리고 3호선과 2호선이 만나는 곳도 있어.
거기서 갈아탈 수 있는 거지."
"지도에 색깔이 있는 길은 특별한 길이야.
고속도로도 있고 지하철도 있어."

교사의 놀이 지원 실제	편성 및 교수-학습
일반도로와 관련된 표상뿐 아니라 다른 종류의 길(지하철, 고속도로 등)에 대한 표상도 이루어지는 것을 관찰하였다.	상호작용 (관찰하기)
길을 더 큰 종이에 그리기를 원하는 유아들의 의견에 따라 교사는 큰 종이를 제공하여 유아가 함께 의견을 나누며 길을 그릴 수 있도록 하였다.	자료의 변화 (유아가 발견한 자료 지원)

놀이 '바닥에 테이프로 길 만들기'

점점 더 큰 종이를 요청하던 유아는 교실 안에 큰 종이를 놓을 공간이 부족함을 이야기하였다.
복도에 그림을 그리던 유아는 바닥에 그림을 그리고 싶어 하였다.
유아들과 교사는 자료실에서 바닥에 그리기 적절한 그리기 도구를 찾다가 유아들이 테이프로 바닥에 길 만들기를 원하여 해보기로 하였다.
유아들은 복도에서 테이프로 길 만들기를 시작하였다.
"테이프는 그냥 붙였다 떼기만 하면 되잖아요!"

교사의 놀이 지원 실제	편성 및 교수-학습
교사는 유아가 복도에서 큰 종이에 길 그리기, 테이프로 길 만들기를 하며 자유롭게 놀이할 수 있도록 지원하였다.	공간의 변화 (교실 밖으로 확장)
교사와 유아들이 바닥에 그리고 지우기 적합한 자료를 찾으러 자료실에 갔을 때, 유아가 그리기 도구 대신 선택한 테이프를 놀이자료로 제공하였다.	자료의 변화 (유아가 발견한 자료 지원)

출처: 교육부, 보건복지부(2019). 2019 개정 누리과정 놀이실행자료. pp. 99-104.

5. 유아사회교육을 위한 교사의 지원

유아사회교육을 위한 교사의 지원은 영유아의 생활을 기반으로 유아중심, 놀이중심으로 지원하는 것이 필요하다. 여기서는 물리적 환경 지원하기, 상호작용 지원하기, 지역사회와 연계활동 지원하기 등의 측면에서 제시한다.

1) 물리적 환경 지원하기

유아사회교육을 위한 교사의 물리적 환경 지원은 유아들이 자신을 비롯한 가족과 또래, 우리 사회, 우리나라, 세계 여러 나라에 대한 관심과 흥미를 높이고 자신뿐 아니라 속한 집단에 대해 긍정적인 정체성과 자부심을 형성할 수 있는 환경으로 조성해야 한다. 개별 놀이뿐 아니라 또래 집단과의 다양한 놀이를 통해 약속과 규칙을 지키고 다양한 문화를 이해할 수 있는 내용이 담긴 영역구성과 다양한 놀잇감, 교구 교재를 제시하는 것이 필요하다. 생활 주제와 관련된 극놀이 소품은 다음과 같다.

- 미용실 놀이: 의자, 헤어드라이어, 거울, 고데기, 가운, 염색약, 빗, 샴푸병, 수도시설, 매니큐어, 가발 등
- 우체국 놀이: 우체통, 필기류, 우체국 사진, 우편물 가방, 우체부 모자, 택배상자, 편지, 저울, 놀이용 돈, 스티커, 컴퓨터, 번호표 등
- 도서관 놀이: 책꽂이, 다양한 책, 책 대여 책상, 컴퓨터 등
- 경찰관 놀이: 경찰봉, 모자, 계급장, 경찰복, 신분증, 방망이, 교통신호판, 수갑, 열쇠, 경찰차 등
- 병원놀이: 의사·간호사 가운, 주사기, 청진기, 체온계, 약병, 인형, 전화기, 컴퓨터 등
- 가게놀이: 선반용 가구, 모형 과일과 야채, 생선, 놀이용 돈, 바코드 계산기, 가격표, 전단지, 과일을 담을 수 있는 용기나 비닐봉투 등
- 소방서 놀이: 호스, 소방수 모자·옷, 모형 사다리, 모형 소화기, 소방관 사진 등

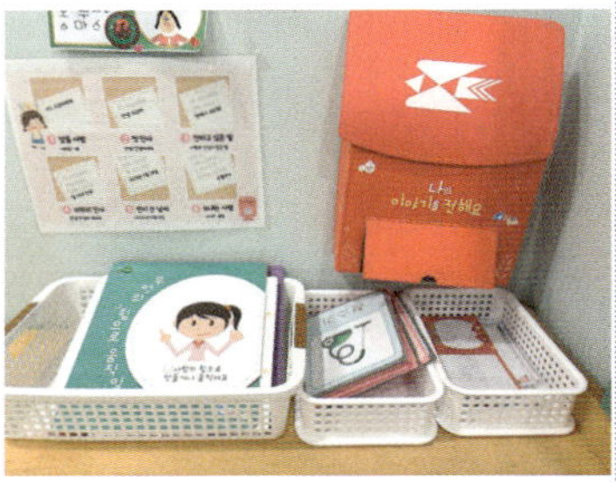
편지 쓰기

다양한 직업 유니폼

우리 가족 퍼즐

세계의 친구들

겨울놀이

역할놀이

채소가게 퍼즐

과일가게 퍼즐

겨울 음식(호떡, 떡볶이)놀이

사진제공: 홍덕IT밸리직장어린이집. 구립참사랑어린이집.

2) 상호작용 지원하기

① 비지시적이고 긍정적인 언어적 상호작용의 기회를 지원한다. 유아들은 관심과 흥미 있는 것, 느낀 감정 등에 대해 교사와 대화할 기회를 원한다. 이러한 기회를 통한 교사와의 바람직한 언어적 상호작용은 유아의 사고와 학습 수준을 향상시켜 준다. 교사의 비지시적인 언어적 상호작용

은 유아의 행동에 생각할 기회를 주고 스스로 자신의 행동을 조절할 수 있는 기회를 준다. 반면, 일방적인 지시하기, 많은 개념을 한꺼번에 주입하는 식으로 설명하는 것은 부적절하다고 본다.

② 구체적인 환경과의 직접적인 상호작용 기회를 제공한다. 유아는 주변 환경을 오감각을 활용하여 직접 탐색, 조작하고 놀이하면서 새로운 개념을 학습하고 주변 세계에 대한 탐구력, 이해가 높아진다. 이러한 과정에서 유아들은 주변 환경을 스스로 통제해 나가면서 성취감을 맛볼 수 있다.

③ 유아의 사회성 발달을 촉진할 수 있는 다양한 전략을 사용한다. 교사는 유아의 감정에 대한 존중감 표현하기, 유아의 의견을 긍정적으로 표현하기, 충동 조절을 돕기, 친사회적 성향 강화하기, 사건에 대처하도록 돕기, 상황에 따른 규칙 상기시키기 등의 방법으로 유아의 사회성 발달을 도울 수 있다(문혁준 외, 2016). 이 가운데 교사의 행동은 유아의 모델이 됨을 인지해야 한다.

3) 지역사회와 연계활동 지원하기

지역사회는 유아가 생활하면서 친근하게 마주치는 공간과 자원 등을 포함하고 있는데, 지역사회 구성원으로서 살아가는 데 필요한 긍정적인 가치와 태도 및 지식을 습득할 수 있다. 지역사회 환경 가운데 물리적 환경은 공원이나 도서관, 공연장, 산책코스, 미장원, 재래시장 등 상업화된 건물이나 공간 등과 같다. 인적 자원은 물리적 환경을 활용하거나 관리하는 사람들을 포함하여 다양한 역할을 지역사회 내에서 수행하는 사람들을 포함한다. 유아교육기관에서 지역의 인사와 시설의 활용은 이들을 직접 기관에 초청하거나 시설을 방문하여 고유한 역할이나 역사 등을 듣고 경험하는 것이 있다. 또한 다양한 직업을 체험해보거나 관련된 정보를 습득하면서 사회학습의 경험을 넓힐 수 있고, 자신의 현재 역할과 미래에 대한 계획을 세울 수 있다.

지역사회 인사로 초대될 수 있는 사람은 치과의사, 소방관 등 특정 분야의 전문가이거나 요리사, 미용사, 카센터 기술자 등 직업을 대표하는 사람들과 할머니, 할아버지 등과 같이 과거 역사적 사실을 직접 경험한 사람, 구연동화나 음악연주가 등 특별한 취미나 재능이 있는 사람, 다문화 가정의 외국이 모국인 사람 등 각기 다양한 분야에서 일하거나 경험이 있는 사람들이 있다. 지역사회 구성원들로 유아에게 깊은 관심을 가진 사람이면 누구나 가능하다. 특히 학부모 중에서 특별한 능력이나 유아의 흥미와 연관 있는 사람, 교육적인 자원을 적극적으로 활용할 수 있다.

생각해 봅시다!

1. 영유아(0~5세)의 언어, 행동 등을 관찰하여 사회성이 연령별로 어떤 특징으로 발달되어 가는지 분석해 봅시다.
2. 유아사회교육에 도움이 되는 인적 자원, 물리적 자원 등을 주변에서 찾아 교육적 가치를 정리하여 봅시다.

참고문헌

강은주, 김선아, 김정희, 백인경, 안혜진, 이지영, 이혜정, 장은희, 정희정, 조성웅, 최영해 (2023). 2019 개정 누리과정의 놀이 중심 유아교과교육론. 경기: 어가.

교육부(2019). 2019 개정 누리과정 해설서. 세종: 교육부.

교육부, 보건복지부(2019). 2019 개정 누리과정 놀이실행자료. 세종: 교육부, 보건복지부.

문혁준, 이희경, 권희경, 김정희, 김혜연, 이성복, 강인숙(2016). 유아사회교육. 서울: 창지사.

박혜경, 방은정, 심은희, 원계선, 윤복희, 장영미, 조인경, 최일선(2014). 유아교사를 위한 유아 교과교육론. 서울: 교육아카데미.

보건복지부(2020). 제4차 어린이집 표준보육과정 해설서. 세종: 보건복지부.

이경실(2011). 유아사회교육의 목표와 내용, 수업 운영에 대한 교수와 유치원 교사의 인식. 이화여자대학교 대학원 박사학위논문.

이순복, 김래은, 김정희, 박지영, 석은조(2020). 놀이지도. 경기: 양성원.

이은화, 김영옥(2000). 유아사회교육. 서울: 양서원.

최기영, 우수경, 양진희, 이학선, 이인원(2008). 유아사회교육. 경기: 교문사.

Melandez, W. R., Beck, V., & Flectcher, M. (2000). *Teaching social studies in early education*. New York: Delmar.

Seefeldt, C. (2005). *Social studies for the preschool/primary child* (7th ed.). New Jersey: Merrill Prentice Hall.

Chapter

05

유아문학교육

학습목표

1. 유아문학교육의 개념과 목표를 이해하고 유아문학교육의 내용을 설명할 수 있다.
2. 유아문학교육의 교수–학습 방법을 나열하고 유아문학교육 활동의 실제를 제시할 수 있다.
3. 유아 발달 특성을 기초로 한 유아문학교육의 교사 지원 방안을 서술할 수 있다.

유아를 대상으로 하는 문학교육은 교사가 책을 읽어주거나 개별적으로 동화책을 보는 것 외에 다양한 매체를 활용한 폭넓은 문학활동으로 전개되어야 한다. 작품 감상, 동화·동시 짓기, 동극하기 등의 유아문학교육은 유아의 의사소통 능력뿐 아니라 창의성, 인성, 사회성, 창의성 등의 다양한 영역의 발달을 지원할 수 있다. 그러므로 교사는 유아의 전인적인 성장을 돕기 위해 양질의 문학작품을 풍부하게 접할 수 있도록 해야 한다.

본 장에서는 유아문학교육의 개념과 목표를 이해하고 유아문학교육의 내용을 파악하고자 한다. 또한 유아문학교육의 교수-학습 방법을 파악하여 유아문학교육 활동의 실제를 경험해보고 교사의 지원 방법을 살펴보고자 한다.

1. 유아문학교육의 개념 및 목표

문학은 표현예술의 한 부분으로, 작가의 상상력과 창의성에 기초하여 언어라는 매체를 활용해 아름답게 표현하는 것이다. 그동안 유아문학이라는 용어는 아동문학 또는 유아를 위한 문학 등과 함께 사용되었으며, 일반적으로 유아문학을 아동문학의 대상 중 유아를 위한 문학으로 지칭하고 있다.

아동문학가인 이원수(2001)는 아동문학을 시인과 작가가 아동이 이해할 수 있는 내용과 형식으로 제작한 동화, 동극, 동시, 소년소설 등의 문학작품으로 정의하였으며, 서덜랜드(Sutherland)는 아동이 즐길 수 있는 고도의 예술적, 문학적 기준을 만족시키는 책으로 보았다(Sutherland, 1997). 또한 아동문학은 아동 외에도 순수한 시절인 동심으로 돌아가고자 하는 어른에게 읽힐 목적으로 창조된 동요, 동화, 동시, 아동소설 등의 장르를 총칭한다(석용원, 1982).

유아문학은 '유아'와 '문학'이 결합된 용어이다. 유아의 동심이 담겨 있는 작품으로 유아의 발달적 특성과 예술적, 문화적 표현 및 형식을 갖추고 있다. 김현희와 박상희(2016)는 유아문학을 유아를 위한 문학으로 예술적, 문학적 기준을 만족시키는 형식과 내용을 가지며 유아의 욕구를 충족시켜주는 책이라고 하였다. 여러 학자의 정의를 바탕으로 유아문학의 정의를 내리면 다음과 같다. 유아문학은 유아가 읽고 즐기는 것을 목적으로 창작된 문학이며, 유아의 발달적 특성을 고려하여 예술적, 문학적 기준에 따라 만들어진 작품이라고 할 수 있다.

유아는 좋은 문학작품을 통해 긍정적 자아를 형성하고 주변 세계에 대해 올바르게 이해하며 현실을 넓게 인식하는 태도 및 기술을 갖춘다. 문학작품은 유아에게 지식과 정보를 제공하고 다양한 삶을 간접적으로 느끼게 하여 정서적인 풍요로움을 경험하게 한다. 또한 문학작품을 통해 기쁨, 위안을 얻게 되고 희로애락(喜怒哀樂)과 권선징악(勸善懲惡)을 이해하게 된다.

문학을 통해 유아는 즐거움뿐만 아니라 언어 발달, 정서적 안정, 도덕적 기준 형성, 긍정적 독서 태도, 심미적 감상, 상상력 등을 기를 수 있다(Cullinan, Galda, 2002). 또한 유아는 문학을 통해 흥미로운 내용을 재미있게 접하며 바르게 독서하는 방법을 이해하고, 책을 읽는 습관을 형성할 수 있다. 이러한 과정에서 언어적 표현의 아름다움을 느끼며 문해 능력이 향상되고, 현실적인 문제들이 해결되는 과정에서 기본적 욕구의 충족과 함께 정서 발달이 이루어진다.

유아기 문학의 중요성

- 재미있고 흥미로운 이야기와 그림의 아름다움을 통해 책을 읽는 즐거움을 느끼게 된다.
- 문학 속 세계는 유아의 일상에서 어느 정도 벗어나 있으므로 심리적 긴장 상태가 이완된다.
- 책을 읽고 이야기 나누는 과정에서 자연스럽게 어휘가 습득되고 언어 능력의 발달을 돕는다.
- 문학작품을 감상하는 과정에서 심미감과 상상력을 기른다.
- 책 속의 다양한 인물을 경험하며 도덕적 판단 능력을 높이고 도덕적 추론 능력을 증진한다.
- 글과 그림을 종합적이고 통합적으로 감상하는 능력을 기를 수 있다.

유아문학교육의 목표는 세 가지 측면으로 설명할 수 있다. 첫 번째로, 의사소통으로서 문학교육이다. 먼저 책 속의 세계와의 의사소통이다. 유아는 문학교육을 통해 책 속에서 나타나는 다양한 문화에 대해 소통하게 된다. 이때 교사는 유아가 책의 배경, 주제, 가치, 등장인물의 행동 등에 대해 어떻게 느끼고 생각하고 있는지 표현할 수 있도록 하는 기회를 다양하게 제공해야 한다. 이 과정에서 유아는 다양한 문화를 자연스럽게 전달받고 새로운 문화를 창조하며 개방성을 가질 수 있다. 다음으로 또래와의 의사소통이다. 유아는 작품을 읽고 또래와 공유하는 과정에서 책에 대한 느낌과 생각을 나누며 작품에 대해 새롭게 해석하거나 창의적으로 구성할 수 있게 된다. 이때 교사는 유아의 문학적 반응이 또래에게 긍정적인 영향을 미치는 관계를 형성할 수 있도록 해야 하며, 유아 간 자유로운 상호작용이 이루어질 수 있는 분위기를 만들어줘야 한다.

두 번째로, 생활로서의 문학교육이다. 문학작품은 유아의 일상생활과 뗄 수 없는 경험이며 놀이가 되므로 문학적 경험이 확장될 수 있도록 일상생활에서 자주 재현하여 문학적 의미를 찾도록 해야 한다. 그러므로 교사는 유아에게 정해진 시간에만 책을 읽어주는 것이 아닌 일상생활에서 수시로 문학작품을 접하게 하거나 자연스럽게 마주할 기회를 제공하여 문학작품의 내용과 장면에 대해서 소통하도록 해야 한다.

세 번째로, 성장으로서의 문학교육이다. 유아는 문학 공간이라는 상상의 공간에서 등장인물들과 서로 소통하며 기뻐하고 슬퍼하게 된다. 등장인물이 겪는 고난과 역경을 함께 헤쳐 나아가며 문제에 맞서고 갈등을 해결한다. 또한 현실에서는 채워지지 않았던 욕구를 충족시키게 되면서 정서적으로 성장하게 된다. 따라서 교사는 유아의 자율성과 주도성이 성장하는 것에 도움이 되는 내용의 책을 선정해줘야 하며, 책을 읽고 자신의 의견과 생각을 자유롭게 나누며 성장할 수 있도록 하는 교실 분위기를 만들어야 한다.

국가수준 교육과정인 개정 누리과정과 표준보육과정의 의사소통 영역 교육

목표는 다음과 같다(교육부, 보건복지부, 2019; 보건복지부, 2020). 표준보육과정의 0~1세 의사소통 영역의 목표는 "의사소통 능력의 기초를 형성한다."이며 2세는 "의사소통 능력과 상상력의 기초를 기른다."이다. 개정 누리과정의 의사소통 영역 목표는 "일상생활에 필요한 의사소통 능력과 상상력을 기른다."이다. 국가수준 교육과정에서 문학교육은 영유아가 책과 이야기에 관심을 갖고 자유롭게 표현하며 재미와 상상을 즐길 수 있도록 지원하는 것에 목표를 둔다.

〈표 5-1〉 **개정 누리과정 및 표준보육과정의 '의사소통' 영역 목표**

교육과정	대상연령	의사소통 영역 목표
표준보육과정	0~1세	의사소통 능력의 기초를 형성한다. ① 일상생활에서 듣기와 말하기를 즐긴다. ② 읽기와 쓰기에 관련된 관심을 가진다. ③ 책과 이야기에 관심을 가진다.
	2세	의사소통 능력과 상상력의 기초를 기른다. ① 일상생활에서 듣기와 말하기를 즐긴다. ② 읽기와 쓰기에 관심을 가진다. ③ 책과 이야기에 재미를 느낀다.
개정 누리과정	3~5세	일상생활에 필요한 의사소통 능력과 상상력을 기른다. ① 일상생활에서 듣고 말하기를 즐긴다. ② 읽기와 쓰기에 관심을 가진다. ③ 책이나 이야기를 통해 상상하기를 즐긴다.

2. 유아문학교육의 내용

우리나라 국가수준 교육과정인 개정 누리과정 및 표준보육과정의 의사소통 영역에서 문학교육의 내용을 찾아볼 수 있다. 표준보육과정의 의사소통 영역 내용은 듣기와 말하기, 읽기와 쓰기에 관심 가지기, 책과 이야기 즐기기이며, 개정 누리과정의 의사소통 영역 내용은 듣기와 말하기, 읽기와 쓰기에 관심 가지기, 책과 이야기 즐기기이다(교육부, 보건복지부, 2019; 보건복지부, 2020). 이 중 문학교육과 관련된 내용은 다음과 같다.

〈표 5-2〉 표준보육과정 0~1세 의사소통 영역의 문학교육 관련 내용

교육과정	내용범주	내용
표준보육과정	듣기와 말하기	• 표정, 몸짓, 말과 주변의 소리에 관심을 갖고 듣는다. • 상대방의 이야기를 들으면서 말소리를 낸다. • 표정, 몸짓, 말소리로 의사를 표현한다.
	읽기와 쓰기에 관심 가지기	• 주변의 그림과 상징에 관심을 가진다. • 끼적이기에 관심을 가진다.
	책과 이야기 즐기기	• 책에 관심을 가진다. • 이야기에 관심을 가진다.

〈표 5-3〉 표준보육과정 2세 의사소통 영역의 문학교육 관련 내용

교육과정	내용범주	내용
표준보육과정	듣기와 말하기	• 표정, 몸짓, 말에 관심을 갖고 듣는다. • 상대방의 이야기를 듣고 말한다. • 표정, 몸짓, 단어로 의사를 표현한다. • 자신의 요구와 느낌을 말한다.
	읽기와 쓰기에 관심 가지기	• 주변의 그림과 상징, 글자에 관심을 가진다. • 끼적이며 표현하기를 즐긴다.
	책과 이야기 즐기기	• 책에 관심을 가지고 상상한다. • 말놀이와 이야기에 재미를 느낀다.

〈표 5-4〉 개정 누리과정 의사소통 영역의 문학교육 관련 내용

교육과정	내용범주	내용
개정 누리과정	듣기와 말하기	• 말이나 이야기를 관심 있게 듣는다. • 자신의 경험, 느낌, 생각을 말한다. • 상황에 적절한 단어를 사용하여 말한다. • 상대방이 하는 이야기를 듣고 관련해서 말한다. • 바른 태도로 듣고 말한다. • 고운 말을 사용한다.
	읽기와 쓰기에 관심 가지기	• 말과 글의 관계에 관심을 가진다. • 주변의 상징, 글자 등의 읽기에 관심을 가진다. • 자신의 생각을 글자와 비슷한 형태로 표현한다.
	책과 이야기 즐기기	• 책에 관심을 가지고 상상하기를 즐긴다. • 동화, 동시에서 말의 재미를 느낀다. • 말놀이와 이야기 짓기를 즐긴다.

개정 누리과정과 표준보육과정의 의사소통 영역을 기초로 문학교육의 내용을 동시, 전래동요, 전기, 전래동화, 창작동화로 정리해 제시하고자 한다(김민진, 2022; 유인임, 2009).

교사가 유아문학의 종류를 이해하는 것은 유아에게 양질의 문학교육을 제공하기 위해 갖춰야 하는 역량이다. 유아가 다양한 장르의 문학을 접하는 것은 각각의 장르를 통해 얻는 유익함을 넘어 전인적인 성장을 도울 수 있다.

이야기가 있는 글과 그림으로 꾸며진 그림책은 유아문학에서 독보적 위치를 자치하고 있다. 유아를 위한 그림책은 모든 문학의 장르를 포괄적으로 표현할 수 있다는 점에서 긍정적이다. 그림책 속 아름답게 채색된 그림은 글을 읽지 못하는 유아에게도 흥미와 상상력을 높이고 다감각적 경험을 제공해준다.

1) 동시

(1) 동시의 정의 및 특성

문학의 한 장르인 시는 자연과 인생에 대해 일어나는 감흥과 생각을 함축적이며 운율적 언어로 표현한 글이다(Russell, 2009). 어린이를 대상으로 하는 동시는 흥미롭고 시적인 언어로 표현되며, 유아는 삶에서 느껴지는 실제적 감정을 충실하게 반영하는 동시를 좋아한다. 그러므로 좋은 동시를 접하는 유아는 스스로 내면을 솔직히 들여다보게 되고 기쁨, 행복, 슬픔, 흥미 등과 같은 진실된 감정을 다루면서 자신에 대한 깊이 이해하게 된다.

운율은 시에 사용되는 음성적 형식으로 음의 강약, 고저, 장단 또는 시어에서 느껴지는 가락과 유음의 반복으로 이루어지며 재미, 감동과 같은 효과를 낸다. 동시 속 반복되는 소리는 유아에게 음악적 즐거움을 느끼게 하고 말소리에 흥미를 갖게 한다. 또한 표현하고자 하는 대상을 다른 것에 빗대어 나타내는 비유적 표현은 친숙한 사물을 신선한 시각으로 경험하고 느낄 수 있도록 돕는다. 이때 유아는 일상생활에서 익숙했던 것을 새롭게 바라보는 경험을 하며 통찰력을 기르게 된다.

(2) 동시의 교육적 가치

동시의 운율과 함축성은 다양한 교육적 가치를 가진다. 음악적 요소인 운율은 어휘의 반복과 리듬과 같은 음악성을 부여하면서 감각적인 즐거움을 제공한다. 또한 교사, 양육자, 동화구연자 등의 목소리를 통해 듣기의 즐거움을 경험하는 유아는 정서적 안정감을 느끼게 된다. 더불어 동시의 풍부한 언어적 표현은 상상력을 자극하고 감정을 자연스럽게 표현하게 하며 언어의 아름다움을 경험하게 한다.

동시 속 시적 표현, 의성어, 의태어 등은 유아가 동시를 읽거나 들을 때 동시의 내용을 머릿속에서 이미지화하도록 돕고 상상력을 자극한다. 또한 동시는 비유와 상징적 표현이 포함되어 있어 창의적 사고 발달을 자극하고 일상생활을 새로운 시각에서 보도록 돕는다. 유아는 짧은 동시를 몇 번 반복하면 외울 수 있게 되는데 자신이 외운 동시를 낭송하는 경험은 자신감과 성취감을 느끼게 한다.

2) 전래동요

(1) 전래동요의 정의 및 특성

전래동요는 전승문학의 한 장르로 구전동요로 불리기도 한다. 예로부터 전해 내려온 어린이들의 노래인 전래동요는 자연발생적으로 생기고 구전되어 지은이를 알 수 없다. 전래동요의 다수는 과거 조상들이 놀이하며 부르는 노래였고 보고 느낀 것이면 무엇이든 소재로 선정되었다. 그러므로 전래동요에는 조상들의 경험과 정서가 함께 담겼다고 볼 수 있다. 세대를 거쳐 전해 내려

오는 과정에서 단순히 전달되거나, 시대상과 생활 경험이 담긴 노랫말과 리듬으로 수정되기도 하였다.

(2) 전래동요의 교육적 가치

전래동요는 대부분 리듬과 운율을 기초로 하여 반복되는 후렴구를 가진다. 이러한 특징은 유아에게 청각적 즐거움을 주고 쉽게 따라 부르도록 유도한다. 또한 전래동요는 해학적인 표현과 현대에서 잘 사용하지 않는 어휘를 배울 수 있게 한다. 예를 들어 전래동요 '두껍아 두껍아'는 '두껍아 두껍아'가 반복되며 쉽게 외우고 따라 할 수 있으며, '쇠스랑'과 '뚤레뚤레'와 같은 어휘가 포함되어 있어 풍부한 언어적 표현을 경험할 수 있다.

두껍아 두껍아

두껍아 두껍아 헌 집 줄게 새집 다오
두껍아 두껍아 물 길어 오너라 너희 집 지어줄게
두껍아 두껍아 너희 집에 불났다
쇠스랑 가지고 뚤레뚤레 오너라

이처럼 우리의 문화가 담겨 있는 전래동요는 민족 고유의 문화와 삶의 모습이 녹아들어 있다. 유아는 나라와 부모, 형제, 동식물에 대한 사랑과 조상들의 놀이와 생활 등을 담고 있는 전래동요를 부르며 자연스럽게 우리 문화를 느끼고 배우게 된다. 또한 전래동요는 조상들이 또래와 함께 놀이하면서 불렀던 노래이므로 유아도 자연스럽게 또래와 어울려 노래하는 경험을 가질 수 있다. 이러한 상호작용을 통해 유아는 집단놀이의 기회가 생기고 더불어 생활하는 방법을 익혀 사회성 발달을 도모한다.

3) 전기

(1) 전기의 정의 및 특성

전기는 실존 인물의 행적을 기록한 문학으로, 주인공의 생애 또는 한 부분을 다루며 대체로 윤리적이며 교훈적인 주제를 가진다. 전기는 허구적 이야기와는 다른 즐거움을 제공하므로 유아에게 문학적인 감동을 전할 수 있다. 유아는 발달의 특성상 자신과 그림책 속 등장인물을 동일시하는 모습을 보이므로 실존 인물이 자신의 어려움을 이겨내고 목표를 이루거나 꿈을 찾아가는 과정을 통해 희망과 용기를 갖게 된다. 전기에서 다루는 위인은 왕과 학자들뿐 아니라 음악가, 운동선수, 인권운동가 등 다양하게 확대되고 있다.

(2) 전기의 교육적 가치

유아를 대상으로 하는 전기는 다양한 역사와 문화 안에서 실존한 인물들의 이야기를 유아가 이해할 수 있는 수준에서 쓰인 책이다. 유아는 전기를 통해 시대적 흐름과 역사적 사실에 대한 정보를 친근하게 받아들이게 된다. 또한 사회적으로 바람직하다고 여겨지는 가치를 자연스럽게 배울 수 있고 실존 인물이 꿈을 이루는 과정을 함께 하며 깊이 있고 생생하게 느끼고 용기를 갖게 된다.

위인들의 생애를 다룬 전기는 유아의 반편견 교육에 효과적이다. 유아는 위인들이 인종차별, 장애, 성차별 등으로 인한 어려움을 극복하고 훌륭한 사람으로 성장하는 과정을 이해하고 나 또한 삶에서 만나게 되는 모든 사람을 존중해야 함을 배우게 된다.

4) 전래동화

(1) 전래동화의 정의 및 특성

전래동화는 구전문학으로 유아를 위해 만들어진 것은 아닐지라도 유아가 즐길 수 있는 환상적인 세계를 다루거나 초자연적인 이야기를 통해 교훈을 준다. 전래동화는 입에서 입으로 전해지는 과정에서 세부적인 내용이 변화되었기 때문에 많은 사람이 함께 만들어간 동화라 할 수 있다. 전래동화 대부분은 '옛날 옛날에'로 시작해 '행복하게 살았습니다'로 마무리 맺는다는 특징을 가지며 시간과 공간을 초월한 이야기로 구성된다. 이야기의 구성이 간단하고 짧아 유아가 쉽게 빠질 수 있는 구조이며 권선징악과 인과응보의 내용을 담고 있다.

전래동화는 특성에 따라 시대와 공간을 초월한 환상적 이야기인 민담, 초월적 능력을 소유한 신과 영웅의 이야기인 신화, 동물을 의인화한 짧은 이야기 안에 교훈을 담고 있는 우화, 특정 시대, 지역, 인물과 관련되어 초자연적인 현상을 체험하는 개인의 이야기인 전설 등으로 나뉜다.

(2) 전래동화의 교육적 가치

유아가 전래동화 안에서 마주하게 되는 초현실적 세계는 현실적 제약을 벗어나 풍부한 상상을 할 수 있게 한다. 『흥부전』(김병규 글·유승범 그림/알라딘북스) 속 커다란 박에서 나온 쌀, 돈, 비단, 새집 등은 유아의 상상력을 자극하여 사고력 발달의 기반이 된다.

재미있는 전래동화를 듣는 과정에서 효, 우애, 겸손, 배려, 친절, 사랑 등과 같은 도덕적 규범을 자연스럽게 배우게 된다. 동물을 의인화하여 교훈을 주고자 했던 『아기 돼지 삼 형제』(이지수 글·박신구 그림/애플비북스)는 유아가 사회 구성원으로서 배워야 하는 근면함과 성실함을 자연스럽게 익히게 한다.

[그림 5-1] 전래동화의 종류

전래동화 속 주인공이 시련과 어려움을 이겨내는 과정에서 자신의 노력뿐 아니라 마법과 같은 초현실적인 도움을 받는 공상·환상적인 이야기가 등장한다. 이때 유아는 주인공이 문제를 해결하고 행복하게 되는 과정을 보면서 카타르시스를 경험하고 선한 행동을 하는 사람은 결국 복을 받는다는 것을 알게 되어 자신 또한 포기하지 않는 용기를 가지게 된다.

5) 창작동화

(1) 창작동화의 정의 및 특성

창작동화는 작가가 의도를 가지고 스토리를 만들어낸 동화로 환상동화와 생활동화 등이 있다. 환상동화는 작가의 상상력에 의해 창작된 것으로 현실과는 다른 소재와 대상, 사건이 중심이 되어 마술적이며 초자연적인 요소가 강하다. 생활동화는 유아의 일상적 경험을 사실적으로 쓴 동화로 자신과 또래의 주변 생활 이야기를 다룬다.

환상동화 속에서 인간처럼 행동하는 동·식물, 사물 등은 유아에 발달 과정에 맞춘 물활론적 사고와 연관되므로 유아에게 더욱 매력적인 장르가 된다. 생활동화의 주인공은 입체적이며 다면적 성격을 가진 또래 유아이다. 그러므로 유아는 동화를 들으면서 자신의 이야기를 하는 것 같다고 느끼며 공감대를 형성하기 쉽고 감정이입하고 나의 모습을 거울과 같이 비춰보며 심리적 위안을 얻을 수 있다.

(2) 창작동화의 교육적 가치

유아는 창작동화를 통해 작가가 전달하고자 하는 삶의 가치를 배울 수 있다. 창작동화의 이야기 소재는 유아가 삶을 살면서 겪는 다양한 문제와 갈등을 다루고 있으므로 자연스럽게 유아가 삶을 살아가는 데 필요한 지혜와 지식을 형성하도록 돕는다.

환상동화는 낯선 세계 속의 이야기를 통해 상상의 세계를 펼칠 수 있도록 한다. 현실적인 부분에서 벗어나 있는 허구의 이야기는 유아가 환상의 세계에서 모험을 즐기고 기쁨과 정서적인 만족감을 얻으며 스스로 삶의 가치를 발견해나가도록 돕는다. 생활동화는 유아의 삶과 밀접한 주제를 다루므로 작품에 대한 이해가 쉽다. 만약 주인공과 자신이 유사한 문제상황을 겪고 있다면 이야기에 더욱 몰입하게 되고 대처능력과 더불어 문제해결능력을 기를 수 있다. 그러므로 교사가 이야기의 주제를 유아의 발달, 심리 변화에 따라 적절하게 선택하는 것이 중요하다.

3. 유아문학교육의 교수-학습 방법

1) 유아문학의 성격을 기초로 한 교수-학습 방법

유아문학교육은 유아가 문학작품을 통해 의사소통 능력을 높이고, 다양한 정서 및 감정을 경험함으로써 전인적 성장을 이루기 위한 교과 영역이다. 유아가 문학을 통해 가치 있는 삶을 이해하고 내면화할 수 있도록 하는 것이 중요하다. 이은경(2007)은 유아문학이 가지는 고유한 성격을 기초로 한 교수-학습 방법을 다음과 같이 제시하였다.

① 유아 발달의 개인차를 존중한다.

유아는 발달의 개인차를 가진다. 특히 정서 · 행동 등을 표현하는 방법에서 개별적 차이가 존재한다. 그러므로 교사는 유아들이 같은 문학작품을 접하더라도 발달의 개인차에 따라 문학작품에 보이는 반응이 달라질 수 있다는 사실을 이해해야 한다. 또한 유아들이 보이는 다양한 반응을 존중하는 마음을 가져야 한다.

[그림 5-2] 책을 읽는 유아

② 작품을 전체적으로 감상하도록 돕는다.

유아가 문학작품을 감상할 때 작품의 줄거리뿐 아니라 분위기, 배경, 등장인물의 성격 등에 관심을 가질 수 있도록 해야 한다. 이는 유아의 종합적인 사고가 발달할 수 있도록 하며 논리적 사고력 증진으로 이어진다. 작품 속 숨겨진 이야기와 교훈 등을 탐구하는 것은 유아의 비판적 사고력을 높이는 것에 도움이 된다.

③ 심미적인 반응을 이끈다.

교사는 유아가 문학작품을 읽은 뒤 심미적 반응을 보이도록 유도해야 한다. 심미적 반응은 작품이 가진 정보와 내용을 이해하도록 하고 더 나아가 감동적인 부분을 자유롭게 느끼고 표현할 수 있기 때문이다. 더불어 유아는 다양한 정서와 감정을 표현하는 과정에서 심리적 안정감을 느끼게 된다.

④ 창의적 사고를 적극적으로 장려한다.

유아가 작품의 이야기를 다른 방향으로 상상하여 전개하거나 등장인물의 행동을 대치하여 떠올려보는 작업은 유아의 창의적 사고를 자극한다. 또한 이야기의 중간을 생략하거나 결말을 바꿔보는 엉뚱한 생각을 다양하게 하도록 안내하는 것은 상상력과 창의성을 높인다.

⑤ 문학작품을 읽고 다양한 활동을 하게 한다.

문학작품과 관련된 다양한 활동은 유아에게 즐거움을 준다. 한 가지 작품을 읽고 듣고 나눈 후에 극놀이로 재구성하거나 배경을 바꾸어 표현해보기도 하고 등장인물의 재미있었던 행동을 직접 표현해볼 수도 있다. 또 유아는 문학작품을 신체적인 표현으로 나타낼 때 작품의 내용을 더 잘 이해할 수 있다. 유아는 이처럼 새롭고 다양한 창작품을 만들어내는 과정에서 새로운 즐거움과 기쁨을 느낀다.

⑥ 교사가 먼저 문학작품에 관심을 나타내야 한다.

유아는 교사의 모든 행동을 무의식중에 학습할 수 있다. 그러므로 교사는 자신이 유아에게 모방의 대상이 된다는 것을 알고 문학작품을 대하는 태도를 바르게 해야 한다. 교사가 먼저 문학작품에 흥미와 관심을 보여야 하며, 작품을 경험한 뒤에는 유아 앞에서 자연스럽게 작품에 대한 긍정적인 반응을 보여야 한다. 또한 교사는 문학작품에 대한 편견과 고정관념에서 벗어나 개방된 사고를 해야 한다.

⑦ 문화적 환경을 만들어야 한다.

유아교육기관의 풍요로운 문화적 환경구성은 유아가 문학작품을 쉽게 접하게 한다. 교실에 독서를 할 수 있는 코너를 마련하고 다양한 책을 구비해 놓아야 하며 녹음기, 쓰기활동 자료, 카세트 등 문학적 반응을 이끌 수 있는 다양한 자료를 준비해 책을 읽고 싶은 마음이 들도록 해야 한다. 이러한 세심한 배려는 유아의 다양한 문학적 반응을 이끌고 이후 책 읽기를 좋아하는 성인으로 자랄 수 있도록 돕는다.

⑧ 유아의 문학적 반응을 공동작업으로 이끈다.

교사는 유아가 문학적 반응을 보일 때 이를 활용한 공동작업으로 이끌어 다른 유아와 협동 작업할 수 있도록 해야 한다. 이러한 소집단 활동은 유아가 사회적 기술을 익히고 서로에 대해 많은 것을 알아갈 수 있도록 하는 상호작용의 기회가 된다. 또한 협동으로 하는 공동작업을 통해 타인을 존중하고 배려하는 친사회적 행동을 학습하게 된다.

2) 유아의 문학적 사고를 위한 유아문학교육

유아의 문학적 사고를 위한 교수-학습 방법은 말하기활동, 짓기활동, 예술활동으로 분류하여 제시할 수 있다.

(1) 말하기활동

교사는 말하기활동을 통해 유아가 문학작품의 내용을 이해하고 나름의 의미를 찾아갈 수 있도록 도와줘야 한다. 간략한 줄거리를 가진 문학작품을 읽은 유아에게 육하원칙에 따라 이야기해보도록 하며 새로운 의미를 창조할 수 있도록 하는 것은 논리적 사고의 발달을 돕는다. 더불어 또래에게 자신이 읽은 문학작품에 대해 말하는 활동은 책의 내용이나 구성을 조금 더 명료하게 정리하여 이해하게 한다. 이때 등장인물에 대해 평가하거나 묘사해볼 수 있다.

동시에 제목을 붙여보고 행과 연을 추가하는 활동은 동시의 내용을 이해하는 것을 기초로 통합적으로 사고하는 능력을 높인다. 또한 동화의 느낌을 나누고 추가적인 이야기를 꾸며보는 활동은 표현력 발달에 도움이 된다.

교사의 상호작용

- 유아가 다른 유아에게 자신이 읽은 이야기를 들려주도록 유도한다.
- 친구에게 그림책의 이야기를 들려주는 유아를 격려한다.
- 동시와 동화의 느낌을 나누며 다양한 감정을 느껴보도록 돕는다.
- 등장인물이 한 행동 중 가장 인상 깊었던 일은 무엇이며 왜 그렇게 생각하는지 이야기 나눈다.

(2) 짓기활동

유아 스스로 주제를 선택하여 창의적인 내용의 글을 쓰고 그림으로 그릴 수 있도록 해야 한다. 유아가 글을 유창하게 쓰지 못할지라도 발달 수준에 따라 긁적거리기, 스스로 창안한 글자로 쓰기 등으로 표현하도록 해야 한다. 교사는 유아 나름의 표현 방법을 수용하고 격려하며 창조적인 활동을 하도록 유도해야 한다.

새로운 주제로 이야기를 짓는 것을 어려워하는 유아에게는 문학작품 속 주인공을 바꾸어 글을 짓거나 결말을 새롭게 창작해볼 수 있도록 하는 것도 좋다. 이는 유아 스스로 개인적인 만족을 얻게 되어 심도 있는 문학활동을 하는 동기가 된다.

교사의 상호작용

- 유아가 선택한 주제로 글을 쓰거나 글을 쓰기 어려운 유아는 그림으로 표현하게 한다.
- 유아의 삶이 들어간 이야기를 창안하도록 유도한다.
- 주인공과 작가에게 하고 싶은 말을 떠올려보며 다양한 방식으로 표현하도록 격려한다.

(3) 예술활동

유아는 문학활동을 통해 느낌과 생각이 떠올랐을 때 표현하고자 하는 욕구를 가진다. 또한 예술적인 방법인 오리고 붙이고 색칠하는 과정을 즐거워한다. 그러므로 유아가 직접 그림을 그리고 글을 써넣어 그림책을 만들어보거나 신문과 잡지에서 사진이나 그림을 오려 책을 만들어보는 활동은 유아의 통합적 사고를 발달시킬 수 있다. 이때 교사는 유아에게 확산적 질문을 하며 상상력을 자극해야 한다.

문학작품을 극으로 꾸밀 수 있도록 하는 재료인 막대인형과 손인형을 만들어보거나 무대를 꾸며보도록 하는 것도 좋다. 소품을 제작하는 활동에 참여하는 것은 유아가 문학작품에 갖는 관심을 높이고 문제해결능력을 기르게 한다.

교사의 상호작용

- 유아가 원하는 모양의 그림책을 만들어볼 수 있도록 하고 글은 유아가 직접 적거나 교사가 적어줄 수 있다.
- 문학작품을 극으로 꾸밀 때 필요한 것을 직접 설계해볼 수 있게 한다.
- 유아가 협력하여 무대를 꾸미고 극놀이를 하도록 격려한다.

4. 유아문학교육 활동의 실제

<table>
<tr><td colspan="2">활동명</td><td>봄 동시 짓기</td></tr>
<tr><td colspan="2">활동 목표</td><td>생각과 느낌을 시적으로 표현할 수 있다.
자신이 쓴 시를 낭송하는 것에 즐겁게 참여한다.</td></tr>
<tr><td colspan="2">활동 자료</td><td>종이, 연필, 사인펜, 색연필 등</td></tr>
<tr><td rowspan="2">활동 방법</td><td>도입</td><td>• 봄에 대해 나눈다.
– 봄이 되면 자연은 어떻게 변화할까요?
– 봄을 느낄 수 있는 말은 무엇이 있을까요?
• 봄과 관련된 함축적 표현 단어를 활용해 이야기를 나눈다.

– 이 사진들을 보면 생각나는 말이 있나요?
– 봄을 느끼는 다른 방법은 무엇이 있을까요?
(예: 봄 관련 책보기, 씨앗과 봄꽃 관찰하기)
– 봄과 관련된 단어들을 떠올려봅시다.</td></tr>
<tr><td>전개</td><td>• 동시 짓는 방법을 탐색한다.
– 동시는 어떻게 짓는 것일까요?
– 친구들이 알고 있는 동시가 있을까요?
• 동시의 운율과 리듬을 익힐 수 있도록 반복한다.
– 반복되는 표현을 찾을 수 있나요?
• 봄과 관련된 동시를 짓는다.
– 동시를 짓는 다양한 방법을 알아볼까요?

• **기존 동시 변형하기**
– 제목과 동시의 단어 바꾸기
– 동시의 원래 형식에 따라 행 또는 연 첨가하기</td></tr>
</table>

		• 동시 창작하기 – 자연을 관찰하고 느낌 이야기하기 – 동시의 원래 형식에 따라 행 또는 연 첨가하기 – 음악을 듣고 언어로 표현하기 – 주제에 대해 나누고 동시 짓기 – 봄을 주제로 동시를 지어볼까요? • 유아의 생각과 느낌을 활용해 동시를 만들어본다. • 동시를 적은 종이를 꾸며본다.
	마무리	• 동시를 낭송한다. – 친구들에게 시를 낭송할 때 어땠나요? – 친구가 지은 시를 감상하니 어떤 점이 좋았나요? – 직접 시를 지어 보니 어떤 느낌이 들었나요?
평가		• 생각과 느낌을 시적으로 표현할 수 있는가? • 자신이 쓴 시를 낭송하며 즐거움을 느꼈는가?
활동 결과물		 봄 관련 책 보기  봄 동시 짓기

구분		내용
활동명		『무지개 물고기』 뒷이야기 짓기
활동 목표		그림책의 내용을 이해한다. 작가의 사고 과정을 경험하고 창의적으로 작품을 만들어본다.
활동 자료		『무지개 물고기』 동화책, 종이, 사인펜, 색연필 등
활동 방법	도입	• 동화책을 탐색한다.  『무지개 물고기』(마르쿠스 피스터 글·그림/시공주니어) – 책 표지를 보고 어떤 내용일지 말할 수 있어요? – 제목이 왜 '무지개 물고기'일까요? – 무지개 물고기는 어떤 친구일까요? • 동화책을 읽어준다.
	전개	• 동화를 듣고 느낀 감정을 이야기 나눈다. – 동화를 듣고 어떤 생각이 들었나요? – 무지개 물고기가 친구가 없었던 이유는 무엇일까요? – 무지개 물고기는 어떻게 다시 친구와 친하게 지낼 수 있었을까요? – 이 다음에 어떤 일이 일어날까요? – 동화에 뒷이야기는 어떻게 될까요? – 만약 내가 작가라면 동화의 뒷이야기를 어떻게 짓고 싶나요? • 동화의 뒷이야기를 적어본다. – 자신이 상상한 동화의 뒷이야기를 적어볼까요? – 동화의 앞표지를 다시 만든다면 어떻게 하면 좋을까요? – 어떤 방법으로 그림을 그릴까요?
	마무리	• 뒷이야기 책을 발표한다. – 완성한 작품을 친구에게 이야기해줄까요? – 친구의 이야기를 듣고 어떤 느낌이 들었나요? – 다른 친구가 지은 이야기와 내 이야기가 다른 점은 무엇일까요? – 활동하면서 어떤 점이 재밌었나요?
평가		• 그림책의 내용을 적절하게 이해할 수 있는가? • 작가의 사고 과정을 경험하여 창조적으로 표현할 수 있는가?

활동 결과물	 작품의 이어질 장면 그리기	 나만의 책 표지 만들기

5. 유아문학교육을 위한 교사의 지원

1) 유아문학교육을 위한 교사의 역할

유아가 주도적으로 문학적인 경험을 하는 과정에서 교사는 다양한 역할을 해야 한다. 교사는 유아가 문학적 반응을 보일 때 수동적으로 따라가기보다 적극적인 교육적 지원과 제안을 해야 한다. 교사의 역할과 교육적 방향은 문학교육의 성패를 좌우한다. 교사는 단순히 문학적인 지식과 작품을 전달하는 전달자가 아닌 유아가 문학적 경험을 풍부히 하면서 문학을 즐기고 문학 속 다양한 삶을 이해할 수 있도록 해야 한다.

유아문학교육을 위한 교사의 자세

- 교사가 문학교육에 접근하는 방법에 따라 유아문학교육의 방향 및 효과가 달라짐을 이해해야 한다.
- 유아교육문학의 첫 번째 가치는 즐거운 문학적 경험이라는 것을 인식해야 한다.
- 교사는 책, 동시, 동화, 이야기 등 유아를 위한 문학작품에 대해 폭넓은 지식을 가지고 있어야 한다.
- 유아의 개인차와 다양성을 소중히 여겨야 한다.
- 유아에게 단순히 문학작품을 소개하고 끝나서는 안 되고 스스로 경험하고 내면화하도록 도와야 한다.
- 교사는 다양한 활동 자료와 전략을 활용하여 유아가 문학에 관심을 가지도록 해야 한다.

2) 문학적 환경구성

유아교육기관의 문학적 환경은 독서영역과 언어영역뿐 아니라 자유놀이의 모든 영역에서 이루어질 수 있다. 이처럼 유아가 직접적으로 문학적인 공간이라고 인식하지 않는 곳에서도 문학적인 경험을 하게 된다. 유아는 실내의 역할영역, 블록영역 등에서도 문학적 경험을 하게 되며 실외 놀이 장소인 나무그늘 아래와 등·하원 버스 안에서도 이루어질 수 있다. 유아의 문학적 환경을 구성하는 방법을 살펴보면 다음과 같다.

(1) 독서영역

독서영역은 자연광이 들어오는 장소에 위치해야 하며 블라인드나 커튼으로 빛을 조절해주는 곳이어야 한다. 날씨가 흐린 날에는 간접조명을 사용하도록 준비해준다. 또한 교실의 출입문 근처나 블록, 음률영역과 같이 소음이 자주 발생하는 영역과 분리하여 소음이 많이 나지 않는 영역 옆에 위치하도록 해야 한다. 쿠션, 커튼 등으로 안락하며 편안한 분위기를 조성해주며 다양한 크기와 모양의 책꽂이를 준비하여 호기심을 유발하는 것도 좋다.

[그림 5-3] 독서영역

(2) 책 전시

책 전시에서 가장 중요한 점은 유아가 흥미를 느끼는 책에 편안하게 접근하도록 하는 것이다. 책은 유아의 눈높이에 맞춰 전시해야 하고 책을 꺼내기 어렵지 않도록 배치해야 한다. 책의 내용은 유아의 연령과 발달, 생활주제, 계절 등을 연계하는 것이 바람직하며 전래동화, 창작동화, 전기, 동시 책, 정보 서적 등 다양하게 구성되어야 한다. 또한 재질이 다양한 책, 입체적인 책, 외국어로 쓴 책, 교사가 만든 책 등을 포함하는 것이 좋고 유아의 흥미를 관찰하여 주기적으로 교체해주는 것이 좋다. 교사는 손상된 책이 발견되면 방치하지 않고 재빠르게 바꾸어야 하며, 손상된 책은 복구하거나 수선하는 등의 적절한 조치가 필요하다.

[그림 5-4] 책 전시

(3) 확장활동

유아는 언어가 발달하면서 생각을 언어로 표현하는 것에 즐거움을 느낀다. 유아가 문학작품을 경험한 뒤에 자신이 경험했던 책의 내용을 극놀이로 재현해보는 것은 책에 대한 이해와 흥미를 높인다. 이때 교사는 유아가 자유롭게 활용할 수 있도록 그림책 속의 등장인물 손인형과 막대인형을 준비해주고 인형극을 할 수 있는 틀을 제공해줘야 한다. 또한 유아는 책의 내용과 느낌을 적거나 그리는 방식으로 확장활동을 할 수 있다. 활동의 결과물이 있다면 전시하는 공간을 마련함으로써 만족감과 성취감을 느끼게 해야 한다.

(4) 다른 영역과 관련된 문학적 환경

교사는 유아가 타 영역의 자료와 활동 안에서 문학적 경험이 가능하게 하거나 다른 영역에까지 확장된 놀이를 할 수 있도록 해야 한다. 이는 책 읽기 영역뿐 아니라 과학, 미술, 음악 등 다양한 영역과 통합적 활동을 할 수 있도록 해야 한다는 것을 의미한다. 예를 들어 음률영역에 『모차르트의 마술피리』(엔 가티 글·피터 말론 그림/미래엠앤비) 음악 동화를 배치하여 음악감상과 독서를 함께 하도록 하거나, 과학영역에서 『초록빛 커다란 나무는 어떻게 높이 자랐나요』(레베카 E. 허쉬 글·미아 포사다 그림/풀과바람)와 같은 식물관찰 관련 책을 제시하여 정보를 제공하거나 흥미를 높여야 한다. 또한 언어영역에 주인공에게 편지 쓰기 활동을 할 수 있는 자료를 준비해주거나 블록영역에서 이야기 속 주인공이 살았던 장소를 만들어볼 수 있도록 하는 것도 좋다.

[그림 5-5] 문학적 환경 마련을 위한 책 예시

생각해 봅시다!

1. 유아기 문학의 중요성을 나열해보고 문학교육의 교육적 가치를 분석해 봅시다.
2. 문학적 환경구성을 위한 교사의 역할을 토의해 봅시다.

참고문헌

교육부, 보건복지부(2019). 2019 개정 누리과정 해설서. 세종: 교육부, 보건복지부.

김민진(2022). **유아문학교육**. 경기: 정민사.

김현희, 박상희(2016). **유아문학: 이론과 적용**. 서울: 학지사.

보건복지부(2020). 제4차 어린이집 표준보육과정 해설서. 세종: 보건복지부.

석용원(1982). **아동문학원론**. 서울: 학연사.

유인임(2009). **유아교과교육론**. 서울: 학지사.

이은경(2007). **유아문학교육**. 서울: 21세기사.

이원수(2001). **아동문학 입문**. 서울: 한길사.

Cullinan, B. E., & Galda, L. (2002). *Literature and the Child* (5th ed.). Belmont: Wadsworth.

Russell, B. (2009). *Literature for children: A short introduction* (6th ed.). Boston, MA: Allyn&Bacon.

Sutherland, Z. (1997). *Children and books* (9th ed.). New York: Addison-Wesley Educational Publishers Inc.

Chapter

06

유아과학교육

학습목표

1. 유아과학교육의 개념과 목표를 제시하고 유아과학교육의 내용을 나열할 수 있다.
2. 유아과학교육의 교수-학습 방법을 이해하고 이를 유아과학교육 활동의 실제에 적용할 수 있다.
3. 유아과학교육을 위한 교사의 지원 방안을 분석할 수 있다.

우리는 과학을 추상적이며 어려운 학문으로 인식하는 경우가 많다. 그러나 유아는 태어나면서부터 탐구하고 실험하는 것을 좋아하는 타고난 과학자라고 할 수 있다. 이처럼 유아는 주변 세계에 대해 호기심을 갖고 감각과 지각을 활용하여 탐구하는 것을 즐기므로 바람직한 과학교육을 통해 과학적 사고력을 높여줘야 한다. 또한 유아기 발달에 적합한 유아과학교육은 창의융합형 역량을 기르는 것에 도움이 된다.

본 장에서는 유아과학교육의 개념 및 목표와 내용을 제시하여 이해하고자 한다. 또한 유아과학교육의 교수-학습 방법을 탐구하여 유아과학교육 활동의 실제에 적용해보고 유아의 과학적 사고력 발달을 지원하기 위한 교사의 지원 방안을 살펴볼 것이다.

1. 유아과학교육의 개념 및 목표

21세기 과학과 기술이 발전하면서 과학은 인간의 생활에 떼려야 뗄 수 없는 일부가 되었으며 과학을 이해하고 활용하는 능력인 과학적 소양 신장은 삶의 질에 영향을 미친다. 과학은 자연의 세계를 발견하는 과정에서 얻어진 지식의 총체로서(Abruscato, 2000), 우리가 살아가고 있는 세계에 대해 의문과 호기심을 가지고 그 의문을 해결하기 위해 자료와 정보를 수집하여 원리와 법칙을 예측하고 알아가는 과정이다.

유아는 본능적으로 호기심을 가지고 태어나므로 끊임없이 탐구하고자 하며, 새로운 현상에 관심을 가지고 적극적으로 탐색하는 것을 즐거워한다. 실제로 돋보기를 들고 밖에 나간 유아를 생각해보면 개미, 지렁이, 나뭇잎, 꽃 등을 보면서 왕성한 호기심을 보이는 모습이 떠오른다. 이처럼 유아에게 과학은 호기심과 긍정적 태도를 개발하도록 하고 호기심을 통해 새로운 탐색을 하게 유도하여 과학적 정보를 얻게 한다.

유아가 살아가는 미래사회에서는 체계적인 과학교육을 통해 과학적 소양을 가진 과학적 교양인이 요구된다. 과학적 소양은 한 번에 함양할 수 없고 점진적 교육을 통해 이루어진다. 유아기부터 일상생활 가운데 자연스럽게 과학적으로 탐색하고 탐구하는 경험을 하며 점진적으로 형성된다. 그러므로 유아과학교육의 중요한 목적은 유아가 과학에 대한 긍정적인 태도를 갖고 탐색과 탐구과정에서 과학적 개념을 형성하는 것이다.

유아과학교육은 유아의 타고난 호기심을 격려하면서 자연 세계를 발견하고 탐구하여 배울 수 있도록 하는 기회를 제공해주는 것으로 유아가 과학적인 개념과 지식을 능동적으로 습득하도록 돕는 일이라고 정의할 수 있다. 유아과학교육은 과학의 원리와 개념을 직접적 교수 방법으로 가르치는 것이 아닌 유아의 발달적 수준과 타고난 호기심을 고려해 생활 속에서 다양하게 이루어지는 과학적인 경험을 제공하는 것이다. 또한 탐구하는 태도와 기술 등을 길러 유아가 능동적으로 문제를 해결하고 과학적인 개념을 형성할 수 있도록 안내하는 교육이다. 따라서 유아과학교육에서 중요한 점은 교사가 유아에게 직접적으로 과학지식을 가르치는 것보다 유아 스스로 탐구하려는 태도와 과정을 경험하도록 해야 한다는 것이다.

유아과학교육의 목표는 다음과 같다.

① 일상생활에서 접하게 되는 사물과 현상에 대해 유아의 호기심을 높인다. 호기심은 자발적으로 탐구하고자 하는 동기를 갖게 하고 과학적 활동에 대한 능동적 참여를 증진한다.

② 유아의 과학적 탐구 능력을 발달시킨다. 과학적 방법인 실험하기, 관찰하기, 추론하기, 비교하기 등은 과학활동 자체에 흥미를 느끼고 즐기며 과학적 지식을 습득할 수 있게 한다.

③ 사회적인 기능을 신장한다. 유아의 생활 속에서 이루어지는 과학활동은 소그룹 상호작용을 풍성하게 한다. 유아는 탐구과정에서 다른 사람의 도

움이 필요하다는 것을 이해하고 서로 협동하고 조화롭게 소통하는 기능을 발달시킨다.

④ 유아의 문제해결능력을 향상한다. 유아는 과학활동을 통해 창조적이고 논리적인 사고를 하게 되며 능동적으로 문제를 제기하고 해결해보며 자신의 과학지식을 생활 속에서 긍정적으로 활용할 수 있게 된다.

⑤ 정서적인 안정감을 준다. 유아는 개인적으로 특정 동물이나 자연현상과 어두움 등을 두려워할 수 있다. 이때 교사는 정보전달 및 관찰, 견학 등의 과학적 활동을 통해 환경에 적절하게 대처하도록 해야 한다. 더불어 과학적 지식과 경험을 기초로 건강과 안전, 생존을 위한 경계심을 가르쳐야 한다.

⑥ 유아의 비판적 사고 능력을 길러준다. 유아의 비판적 사고 능력은 객관적인 증거에 비춰보고 합리적으로 사고하며 논리적으로 분석할 때 발달한다. 그러므로 교사는 유아가 발상의 전환과 문제 제기가 가능하도록 개방적인 분위기를 조성해줘야 한다.

국가수준 교육과정인 개정 누리과정 및 표준보육과정의 자연탐구 영역 교육목표는 다음과 같다(교육부, 보건복지부, 2019; 보건복지부, 2020). 표준보육과정의 0~1세 자연탐구 영역의 목표는 "주변 환경과 자연에 관심을 가진다."이며 2세는 "주변 환경과 자연을 탐색하는 과정을 즐긴다."이다. 개정 누리과정의 자연탐구 영역 목표는 "탐구하는 과정을 즐기고, 자연과 더불어 살아가는 태도를 가진다."이다. 국가수준 교육과정에서 과학교육은 영유아가 주변 세계와 자연에 호기심을 갖고 탐구를 즐기며 생명을 소중히 여겨 자연과 함께 살아가는 방법을 실천하도록 돕는 것에 목표를 둔다.

〈표 6-1〉 개정 누리과정 및 표준보육과정의 '자연탐구' 영역 목표

교육과정	대상연령	자연탐구 영역 목표
표준보육과정	0~1세	주변 환경과 자연에 관심을 가진다. ① 일상에서 탐색을 즐긴다. ② 주변 환경을 탐색한다. ③ 생명과 자연에 관심을 가진다.
	2세	주변 환경과 자연을 탐색하는 과정을 즐긴다. ① 일상에서 탐색하는 과정을 즐긴다. ② 주변 환경에 관심을 가지고 탐색한다. ③ 생명과 자연에 관심을 가진다.
개정 누리과정	3~5세	탐구하는 과정을 즐기고, 자연과 더불어 살아가는 태도를 가진다. ① 일상에서 호기심을 가지고 탐구하는 과정을 즐긴다. ② 생활 속의 문제를 수학적, 과학적으로 탐구한다. ③ 생명과 자연을 존중한다.

2. 유아과학교육의 내용

과학교육의 내용은 개정 누리과정 및 표준보육과정의 자연탐구 영역에서 찾아볼 수 있다. 표준보육과정의 자연탐구 영역 내용은 탐구과정 즐기기, 생활 속에서 탐구하기, 자연과 더불어 살기이며, 개정 누리과정의 자연탐구 영역의 내용은 탐구과정 즐기기, 생활 속에서 탐구하기, 자연과 더불어 살기이다(교육부, 보건복지부, 2019; 보건복지부, 2020). 이 중 과학교육과 관련된 내용은 다음과 같다.

〈표 6-2〉 표준보육과정 0~1세 자연탐구 영역의 과학교육 관련 내용

교육과정	내용범주	내용
표준보육과정	탐구과정 즐기기	• 주변 세계와 자연에 대해 호기심을 가진다. • 사물과 자연 탐색하기를 즐긴다.
	생활 속에서 탐구하기	• 친숙한 물체를 감각으로 탐색한다. • 주변 공간과 모양을 탐색한다.
	자연과 더불어 살기	• 주변의 동식물에 관심을 가진다. • 날씨의 변화를 감각으로 느낀다.

〈표 6-3〉 표준보육과정 2세 자연탐구 영역의 과학교육 관련 내용

교육과정	내용범주	내용
표준보육과정	탐구과정 즐기기	• 주변 세계와 자연에 대해 호기심을 가진다. • 사물과 자연을 반복하여 탐색하기를 즐긴다.
	생활 속에서 탐구하기	• 친숙한 물체의 특성과 변화를 감각으로 탐색한다. • 주변 공간과 모양을 탐색한다. • 생활 도구에 관심을 가진다.
	자연과 더불어 살기	• 주변의 동식물에 관심을 가진다. • 날씨의 변화를 감각으로 느낀다.

〈표 6-4〉 개정 누리과정 자연탐구 영역의 과학교육 관련 내용

교육과정	내용범주	내용
개정 누리과정	탐구과정 즐기기	• 주변 세계와 자연에 대해 지속적으로 호기심을 가진다. • 궁금한 것을 탐구하는 과정에 즐겁게 참여한다. • 탐구과정에서 서로 다른 생각에 관심을 가진다.
	생활 속에서 탐구하기	• 물체의 특성과 변화를 여러 가지 방법으로 탐색한다. • 물체의 위치와 방향, 모양을 알고 구별한다. • 일상에서 길이, 무게 등의 속성을 비교한다. • 도구와 기계에 대해 관심을 가진다.
	자연과 더불어 살기	• 주변의 동식물에 관심을 가진다. • 생명과 자연환경을 소중히 여긴다. • 날씨와 계절의 변화를 생활과 관련짓는다.

과학교육의 내용은 주변의 모든 자연현상과 생활에서 발생하는 사건들이 포함된다. 과학교육을 위한 과학활동은 기초적 과학교육 체계로 영역별로 균형 있게 제공되어야 한다(나은숙 외, 2017). 국가수준 교육과정인 개정 누리과정과 표준보육과정의 자연탐구 영역을 토대로 한 과학교육의 내용은 물리학, 생명과학, 화학, 지구과학의 범주로 구분할 수 있다.

1) 물리학

유아를 둘러싼 물리적 세계에서 유아가 경험하고 탐구하는 물리학의 내용은 물체를 조작하고 움직여보는 것에서 시작된다. 유아는 물체의 움직임을 다루는 것을 통해 물리적 지식을 구성하게 되는데 물리학과 관련된 주제와 소재는 유아의 주변에 있는 일상생활 속에서 쉽게 발견된다. 또한 유아는 구르기, 던지기, 밀기, 불기, 균형 잡기, 차기 등을 통해 일상생활에서 여러 물리과학을 접하며 살아가고 있다.

[그림 6-1] 블록으로 균형 잡기

물리학에서 중요한 부분은 유아가 예측한 것들을 직접 해볼 수 있도록 하는 것이다. 이는 유아가 예측한 것을 실험활동으로 연계하여 사고기능을 통합하는 탐구과정을 경험하도록 하는 것이다. 따라서 교사는 유아가 흥미에 맞게 능동적으로 물체를 선택하고 조작하며 탐구할 수 있도록 바퀴, 자석, 공, 구슬, 기계, 도구 등 다양한 것들을 준비해줄 필요가 있다.

유아는 움직이는 물건에 쉽게 집중하며 흥미를 보인다. 예를 들어 유아교육 기관에서 쉽게 볼 수 있는 바퀴는 유아의 실험적 호기심을 자극하기 쉽다. 이때 교사는 다양한 모양과 무게를 가진 굴러가는 물체를 제공해준 뒤 어떤 물건이 잘 굴러가고 빠른 속도로 움직이는지 실험해보도록 해야 한다. 이는 유아 스스로 다양한 물체와 경사로를 탐구하고 예측하며 실험 결과를 관찰하는 과정에서 물리학의 개념과 과학적 태도를 형성하게 한다.

〈표 6-5〉 유아를 대상으로 하는 물리과학 주제와 관련된 과학적 개념

과학교육 내용 영역	과학적 주제	과학적 개념
물리학	도구와 기계	• 다양한 도구와 기계가 있다. • 도구와 기계는 우리의 생활을 편리하게 한다. • 도구와 기계를 안전하게 사용해야 한다. • 간단한 기계로 물건을 움직이게 할 수 있다. • 경사는 쉽게 물건을 위로 올라가도록 한다. • 지렛대는 물체를 들어 올릴 수 있다.
	바퀴	• 바퀴는 구르는 성질이 있다. • 바퀴는 물건을 쉽게 이동시킨다. • 바퀴는 축을 중심으로 하여 회전한다. • 바퀴는 경사, 재질에 따라 구르는 속도가 달라진다. • 바퀴는 일상생활에서 다양하게 활용된다.
	공기	• 공기는 거의 모든 장소에 있다. • 공기는 실제로 존재하고 공간을 차지하고 있다. • 움직이고 있는 공기는 물체를 누른다. • 차가운 공기는 아래로 뜨거운 공기는 위로 간다.
	소리	• 소리는 진동으로 발생한다. • 소리는 여러 물질을 통해 이동한다. • 소리의 크기는 진동의 크기에 따라 다르다. • 주변 소리는 독특한 각각의 음색을 가지고 있어 구별할 수 있다. • 소리는 우리의 일상생활 여러 곳에 이용된다.
	자석	• 자석은 여러 종류가 있다. • 자석에는 붙거나 붙지 않는 물체가 존재한다. • 자석은 양극이 있다. • 서로 같은 극은 밀어내고 다른 극은 당긴다. • 자석은 우리 생활에서 다양하게 이용된다.

출처: 신은수, 안경숙, 김은정, 안부금(2006). 재구성.

2) 생명과학

생명과학은 생태학적으로 접근하여 자연 세계에 대해 경이감과 존중감을 발달시키는 것에 초점을 맞춘 영역이다. 자연의 생물체뿐 아니라 무생물체까지 존중하고 사랑하는 마음을 가지며 생태학적 조망 수용 능력을 높이는 것이라고 할 수 있다. 더불어 자연에 대한 관찰을 강조하는데, 이는 자연 세계에 대해 민감하게 반응하며 경각심을 가지고 자각하는 것을 의미한다. 자연에 대한 관찰은 유아의 오감각을 이용해 자연 세계에 관심을 기울이도록 하는 것이다.

생명과학과 관련된 유아과학교육의 주제는 몸, 동·식물, 환경 등이다. 유아는 신체에 호기심을 가지고 건강한 신체 발달을 위한 방법에 관심을 보인다. 이때 신체와 관련된 과학적 지식은 유아의 건강과 관련된 걱정을 극복하거나 신체적 복지에 대한 책임감을 발달시키게 된다. 또한 동·식물 및 환경과 관련된 활동은 유아가 자연 세계가 가지고 있는 아름다움에 관심을 가지는 능력을 높인다.

예를 들어 식물 재배 활동을 통해 씨앗부터 열매 맺기까지의 과정을 관찰하도록 하는 것도 좋다. 생명력이 강한 종자를 선택해야 하며 독특한 향이 있거나 성장이 빠른 식물을 길러야 한다. 이때 교사는 유아가 단순히 식물에 대해 이해하고 기르는 수준을 넘어서 주의 깊은 관찰이 이루어질 수 있도록 해야 한다. 동물 기르기에 대한 관찰은 과학적 능력뿐 아니라 언어와 사회정서 발달에 긍정적인 영향을 줄 수 있다. 동물은 유아가 만질 수 있는 햄스터, 장수풍뎅이 등이나 유아에게 반응을 보일 수 있는 강아지, 토끼 등을 선택하는 것이 좋다. 유아는 동물을 돌보는 과정에서 자연을 아끼고 생명을 존중하는 마음을 가질 수 있다.

[그림 6-2] 동·식물 및 환경을 탐구하는 유아

교사는 유아가 자연 세계에 관심을 가지고 탐구해나가기 시작할 때 유아의 오감각을 활용해 관찰하고 기록하도록 안내할 필요가 있다. 돋보기, 망원경, 관찰 기록지 등을 제시해주어 탐구과정에 활용할 수 있도록 해야 한다.

〈표 6-6〉 유아를 대상으로 하는 생명과학 주제와 관련된 과학적 개념

과학교육 내용 영역	과학적 주제	과학적 개념
생물학 및 생태학	신체	• 사람은 독특한 성격과 발달의 개인차를 가진다. • 감각을 통해 학습한다. • 인간 신체 각 부분의 기능과 역할은 다르다. • 뼈는 인간의 몸을 지탱한다. • 근육은 숨을 쉬게 하고 움직이게 한다. • 튼튼하고 건강하게 살기 위해서는 음식이 필요하다.
	동물	• 동물의 종류는 다양하다. • 동물의 먹이는 종류에 따라 다르다. • 동물은 여러 방법으로 몸을 움직인다. • 동물은 성장하며 변화한다. • 동물이 살아가는 방법은 각기 다르다.
	식물	• 식물은 여러 종류가 있고 형태가 다르다. • 씨앗으로 새로운 식물을 만든다. • 식물은 뿌리, 줄기, 잎, 꽃 등으로 구성된다. • 식물이 잘 자라기 위해서는 빛, 물, 영양분 등이 필요하다. • 식물은 보통 뿌리부터 자란다.
	생존하지 못한 생물	• 공룡은 오래전에 살았던 동물이다. • 공룡은 다양한 종류가 있고 생김새가 각기 다르다. • 공룡은 살아가는 방식과 먹이가 각기 다르다. • 화석에서 공룡이 살았던 흔적을 볼 수 있다. • 생존과 멸종에 대해 알 수 있다.
	환경	• 인간과 환경은 상호작용을 한다. • 환경은 생물에게 중요한 역할을 한다. • 환경이 오염되면 생물에게 나쁜 영향을 미친다. • 아나바다 운동은 환경운동에 참여하는 것이다.

출처: 신은수, 안경숙, 김은정, 안부금(2006). 재구성.

3) 화학

화학은 유아의 행위보다 물체의 본질적 특성이나 열 또는 화학반응에 의한 변화를 관찰하며 경험한다. 유아의 주변을 살펴보면 다양한 화학적 변화를 경험할 수 있는 자원이 많다. 예를 들면, 요리하기, 열 가하기, 얼음 얼리기, 물에 녹이기 등에서 물체의 변화를 관찰할 수 있다. 유아가 좋아하는 밀가루 점토는 물과 밀가루가 혼합된 것이며 진흙 또한 물과 흙이 혼합된 것이다. 또한 팬케이크 가루와 액체인 물을 혼합해 팬케이크 반죽을 만들고 열을 가하면 고체인 팬케이크가 만들어지는 과정이 화학활동이 된다.

유아에게 화학을 교육할 때 물체 또는 물질이 변화하는 변형적 관점에 맞춰 접근하는 것이 좋다. 유아가 변형을 이해하게 되면 화학에 관심을 가지게 되고 과학적 사고가 촉진된다. 따라서 교사는 밀가루 놀이를 하는 유아가 단순히 밀가루 반죽으로 무엇을 만들고 있는지에만 관심을 두는 것이 아닌 유아가 직접 밀가루에 여러 물질을 넣어 반죽해보면서 화학의 핵심적인 부분인 물질의 변화과정을 능동적으로 경험할 수 있도록 하는 것이 좋다.

화학교육에서 교사는 변형의 결과물보다 과정에 더 중점을 두고 관찰하는 것이 필요하다. 유아에게 화학활동의 시작과 마무리만을 강조하기보다 물질의 성질과 변화과정에 의미를 찾고 탐색하여 화학적 개념을 형성하도록 도와야 한다.

〈표 6-7〉 유아를 대상으로 하는 화학 주제와 관련된 과학적 개념

과학교육 내용 영역	과학적 주제	과학적 개념
화학	음식	• 음식은 여러 종류가 있다. • 음식은 우리 몸에서 흡수된다. • 음식을 골고루 먹어야 건강하다. • 이로운 음식과 해로운 음식이 있다. • 음식을 요리하기 위해 여러 재료와 기구가 필요하다. • 음식을 요리하는 방법은 다양하다. • 음식을 요리하는 동안 여러 변화가 생긴다.
	색	• 주변 생물과 광물자원을 활용하여 색을 얻는다. • 염색 방법에 따라 다양한 색이 나온다. • 염색은 실생활에 다양하게 이용된다. • 색은 여러 색으로 혼합해 변화한다.

출처: 신은수, 안경숙, 김은정, 안부금(2006). 재구성.

4) 지구과학

지구과학은 종합적인 자연과학 체계를 다루며 지구의 구조와 암석, 토양과 같은 것을 연구하는 지질학, 계절과 기후 등을 연구하는 기상학, 해, 달, 별 등을 다루는 천문학 등으로 구성되어 있다. 지구와 우주에 관련한 여러 현상은 유아의 일상생활에서 매일 경험되고 있는 부분이다. 그러므로 유아를 위한 날씨, 계절, 빛 등의 지구과학교육은 과학적 사고 능력을 발달시킬 수 있다.

유아는 성장하면서 일상생활에서 자주 접하는 무지개, 해, 달, 별, 눈, 비, 돌 등에 흥미를 보인다. 이때 교사는 유아가 자연의 변화를 관찰할 수 있도록 실외활동 시간을 규칙적으로 제공해줘야 한다. 지구과학의 내용은 일상생활에서 쉽게 확인할 수 있는 현상들이지만 그 내용은 유아가 이해하기에 어려울 수 있다. 그러므로 교사는 유아의 발달을 고려하여 활동의 수준을 흥미롭고 쉬운 내용으로 조절해줘야 한다.

유아는 지구와 우주를 직접 경험할 수 없고 실험으로 알아가기 어렵다. 그

러므로 지구와 우주를 촬영한 영상이나 책 등을 통해 간접적으로 접할 기회를 제공해줘야 하며 유추를 통해 과학적 지식을 알아낼 수 있도록 해야 한다. 예를 들어 우주의 태양계를 설명하고자 할 때는 교사가 주도적으로 행성의 이름과 크기 등을 가르치기보다 로켓, 우주인 등 유아가 관심을 보이는 부분에 대해 먼저 탐색하도록 해야 한다. 이후 우주탐험 놀이, 우주인이 되어보기, 로켓 발사하기 등으로 연계하여 태양계의 다양한 행성들을 자연스럽게 경험하도록 안내하는 것이 좋다.

〈표 6-8〉 유아를 대상으로 하는 지구과학 주제와 관련된 과학적 개념

과학교육 내용 영역	과학적 주제	과학적 개념
지구과학	날씨와 계절	• 날씨와 계절은 계속해서 변화한다. • 사계절(봄, 여름, 가을, 겨울)이 있다. • 온도의 변화와 공기의 이동으로 날씨와 계절이 변한다. • 날씨와 계절에 따라 환경의 조건이 달라진다. • 생물의 적응방식은 날씨와 계절에 따라 변화한다. • 태양은 지구를 온화하게 한다. • 온도의 변화가 기압과 바람을 만든다. • 증발 및 응결은 비를 유발한다. • 날씨를 측정할 수 있다.
	빛과 그림자	• 다양한 종류의 빛이 있다. • 빛의 반사로 인해 주변 색을 볼 수 있다. • 빛이 없으면 아무것도 보이지 않는다. • 빛은 직선으로 나간다. • 빛을 가리게 되면 그림자가 생긴다. • 빛은 다양한 색을 가지고 있다. • 그림자 길이는 시간에 따라 변화한다.
	자연물 (돌, 흙)	• 돌 종류는 다양하다. • 돌은 마모되며 서서히 모양이 변한다. • 오래된 동 · 식물은 돌에 흔적을 남긴다. • 부서진 식물과 돌은 흙이 된다.
	자연물 (물)	• 물은 무게가 있다. • 물 무게와 밀어 올리는 힘은 물체를 떠올릴 수 있다. • 물은 다양한 재료를 녹인다. • 물은 다른 물질 안에 흡수된다.

출처: 신은수, 안경숙, 김은정, 안부금(2006). 재구성.

3. 유아과학교육의 교수-학습 방법

유아가 과학교육을 통해 지식을 구성해가는 속도는 제각기 다르다. 교사가 유아에게 과학을 지도하기 위해 적절한 교수법을 적용할 때 호기심이 높아지고 활동에 적극적으로 참여하게 된다.

유아과학교육의 교수-학습 방법은 크게 네 가지로 설명할 수 있다(Atkinson & Fleer, 1995).

(1) 전달식 교수법

전달식 교수법은 교사 주도적인 방법으로 교사가 학습의 내용과 방향을 정한 뒤 시범과 강의를 통해 유아에게 지식을 전달한다. 유아에게 과학적 지식을 가르치거나 과학활동에 사용될 장비를 시범 보여주며 사용 방법과 절차를 가르쳐 줄 때 주로 사용된다. 전달식 교수법의 장점은 유아에게 정보를 쉽고 효과적으로 전달할 수 있다는 것이며 실수가 적고 안전하다는 특징을 가진다. 그러나 유아의 흥미와 참여도를 고려하지 않아 개별학습이 어렵고 어느 정도 내면화하였는지를 확인할 수 없다는 단점이 있다.

(2) 발견적 교수법

유아 스스로 과학적 개념을 발견할 수 있도록 과학적 환경을 구성해주는 것이다. 교사는 유아가 실험할 자료와 교구를 마련해주어 물리적인 지원을 하고 개입과 의도적 교수 과정 없이 유아가 주도적으로 문제를 해결하도록 하며 유아의 행동을 관찰한다. 이때 유아는 직접 스스로 탐구 기술을 개발하여 학습에 의미를 갖고 적극적인 방법으로 과학적 개념을 형성하게 된다. 단점은 교사가 유아의 학습 욕구를 구체적으로 파악하기 어렵고 중요한 과학적인 개념을 이해하게 하는데 많은 시간이 요구된다는 것이다.

(3) 과정적 교수법

과정적 교수법은 유아가 과학적 과정을 적용하여 자신의 탐구 능력을 적극적으로 활용할 때 학습이 이루어진다. 유아는 과학적 방법인 관찰, 분류, 실험, 가설설정, 토론 등을 실현하여 지식을 발달시키게 된다. 교사는 유아의 과학적 탐구 능력이 발달할 수 있도록 균형 잡힌 교육과정을 계획하고 그에 맞는 활동과 자료를 제공해야 한다. 과정적 교수법에서는 유아가 적극적으로 참여하며 학습의 과정에 초점이 맞춰지므로 스스로 자연스럽게 학습 순서를 설정하게 된다. 단점으로는 과학적 내용의 중요성이 간과될 수 있다는 점이다.

과학적 과정을 위한 질문

- 관찰: 콩나물은 어떤 냄새가 날까요?
- 분류: 콩을 나눌 수 있는 기준은 무엇이 있을까요?
  예) 크기, 모양, 색 등
- 실험: 검정콩이 자라면 검정 콩나물이 열릴까요?
- 가설설정: 콩에 물을 주지 않으면 어떻게 될까요?
- 토론: 콩나물을 자라게 하기 위해서는 무엇이 필요할까요?

(4) 상호작용적 교수법

상호작용적 교수법은 유아가 자신의 주변 세계를 잘 지각하도록 하는 데 목적이 있다. 교사는 유아가 궁금한 것에 대해 답을 찾을 수 있도록 적극적으로 참여하여 지원해야 한다. 구성주의 이론에 기초하여 토의, 브레인스토밍, 협동하기, 소집단 활동, 실험하기, 문제 해결하기, 결론 도출하기 등을 통해 시간을 충분히 제공해주며 의미 있는 활동을 하도록 한다. 교사는 유아에게 개방적인 질문을 하고 스스로가 설계한 방법대로 실행하도록 도와주며 토의 및 의견 나눔을 장려하고 지속적인 심화활동이 이루어지도록 해야 한다.

교사는 유아의 과학적 사고력을 높이기 위해 다양한 창의적 탐색과 실험이 장려되는 분위기를 마련해줘야 한다. 또한 다양한 과학활동을 통해 유아의 호기심을 자극하고 잠재력을 깨워야 한다. 고선옥, 김경신, 임경례, 한성민(2014)은 유아과학교육을 위한 교수-학습 방법을 7가지로 제시한다.

① 유아가 직접 사물을 조작하여 사고하도록 돕는다. 유아는 직접적이며 구체적인 조작을 통해 사고하고 학습하는 인지발달 단계에 있다. 그러므로 오감을 통해 조작하면서 문제를 해결하고 과학적 지식을 구성하도록 해야 한다. 만약 교사가 설명식 교수법을 선택해야 하는 과학적 활동이라면 설명적 교수법에서 끝이 아닌 직접 만지고 관찰한 것을 말해보거나 감각기관을 활용해 추가적인 활동을 할 수 있도록 해야 한다.

② 유아과학교육에 적합한 활동과 자료를 제공한다. 유아를 위해 풍부한 탐구환경을 제공한다는 것은 유아가 기존에 알고 있었던 개념에 대해 의문을 갖게 하여 여러 가지 실험을 할 수 있도록 자료를 제공한다는 것이다. 예를 들어 물에 뜨고 가라앉는 것을 확인하는 실험에서 다양한 재료를 준비하여 유아의 인지적 갈등을 유발할 수 있다.

물에 뜨고 가라앉는 것을 확인하는 실험

- 작고 가벼운 물체와 크고 무거운 물체를 제공한다.
- 기존에 형성된 개념을 확인시킨다.
  (작고 가벼운 물체는 뜨고 무거운 물체는 가라앉는다.)
- 크고 가벼운 물체와 작고 무거운 물체를 제공한다.
  (크고 가벼운 물체가 뜨고 작고 무거운 물체는 가라앉는다.)
- 인지적 갈등을 경험한다.
- 다양한 물체를 활용해 실험을 해볼 수 있도록 한다.

이처럼 유아는 다양한 자료를 활용하는 가운데 스스로 결과를 예측하고 실험해보며 과학적 지식을 구성하게 된다.

③ 유아과학교육은 유아의 사전경험과 흥미에 초점을 둬야 한다. 유아는 일상생활에서 친숙한 것에 흥미를 느끼고 의미 있게 참여하므로 삶에서 느끼는 궁금증에 대한 답을 찾아가는 것에서 과학적 자극을 받는다. 만약 유아가 문제를 명확히 정의하지 못하거나 호기심을 보이지 않으면 교사가 제안하거나 유도할 수 있다. 이때 교사는 다음 단계로 진행하기 어려워하는 유아를 발견하게 되면 적절하게 개입하여 자발적인 참여도를 높이도록 도움을 줘야 한다.

④ 또래 간 협동 활동 중심으로 이루어져야 한다. 유아과학활동에서 이루어지는 다양한 상호작용과 토론은 유아의 의사소통 능력을 증진하고 사회성, 비판적 사고 능력, 문제해결 능력 등을 높이는 기회가 된다. 또한 소집단 활동은 유아가 자신의 흥미와 발달 수준에 따라 놀이 방법을 선택할 수 있으므로 유아와 교사, 유아와 유아, 유아와 교구 간 상호작용이 적절하게 이루어질 수 있다. 효과적인 집단을 구성하기 위해서 교사가 활동의 특성을 미리 파악하고 있어야 한다.

⑤ 과학 과정 기술을 적절하게 사용하여 탐구하도록 돕는다. 유아는 일상생활에서 생긴 문제를 제기하고 나름의 방식으로 해결하기까지 과학적 탐구과정을 실행하게 되는데 이때 다양한 과학 과정 기술을 활용하게 된다. 과학 과정 기술은 관찰하기, 측정하기, 실험하기, 비교하기, 분류하기, 의사소통하기 등이며 이를 적절하게 활용하여 문제를 발견하고 해결할 수 있도록 격려해야 한다(Martin, 2000).

⑥ 적절한 발문을 통해서 유아의 사고력을 높인다. 과학활동 전개 과정에서 중요한 것은 교사의 적절한 발문이다. 발문은 교육의 목적이 있는 질문으로 유아 사고 발달에 자극이 되며 창의적인 탐구활동을 하도록 격려하는 역할을 한다. 교사가 유아에게 하는 발문은 한 명의 유아가 아닌 많은 유아가 함께 답을 찾아보거나 서로에게 새로운 질문을 할 수 있는 것이어야 한다.

⑦ 과학적 탐구활동은 일과 안에서 통합적이며 다양하게 이루어져야 한다. 과학 활동은 주어진 시간에만 하는 것이 아니라 일과에 적절히 통합되어 진행되어야 한다. 예를 들어 과학교육의 내용이 '꽃'이라면 과학영역에서 꽃을 관찰하는 것뿐만 아니라 꽃의 모습을 몸으로 표현해보는 동작활동과 꽃잎을 떼어 봄나무 만들기를 해보는 미술활동으로 확장할 수 있다. 또한 요리활동으로 화전을 만들어 먹어볼 수도 있다. 이처럼 유아의 일과에서 과학적 활동이 통합적으로 이루어질 때 과학적 개념을 잘 이해하게 되고 흥미가 지속되어 학습 효과가 높아진다.

4. 유아과학교육 활동의 실제

<table>
<tr><th colspan="2">활동명</th><td>새싹 기르기</td></tr>
<tr><th colspan="2">활동 목표</th><td>씨앗이 자라는 것에 관심을 가진다.
새싹 관찰에 참여하고 관찰 기록지를 작성해 본다.</td></tr>
<tr><th colspan="2">활동 자료</th><td>씨앗, 화분, 흙, 사진기, 관찰 기록지, 모종삽, 물, 돋보기 등</td></tr>
<tr><th rowspan="2">활동 방법</th><th>도입</th><td>• 준비한 씨앗을 소개한다.
- 씨앗은 어떻게 생겼나요?
- 씨앗을 손으로 만지면 어떤 느낌이 드나요?
- 씨앗은 어떤 방식으로 분류해 볼 수 있나요?
(예: 크기, 색깔, 모양 등)
• 씨앗을 심으면 싹이 날지 예측해본다.
- 씨앗을 심으면 싹이 날까요? 나지 않을까요?
- 왜 싹이 난다고 생각했나요?
- 싹이 나지 않는다고 생각한 이유는 무엇일까요?
- 직접 씨앗이 자라는지 알아볼 방법이 있을까요?</td></tr>
<tr><th>전개</th><td>• 씨앗을 심은 후 심은 날짜를 기록한다.
- 씨앗을 어디에 두면 좋을까요?
- 씨앗이 잘 자라기 위해서 무엇이 필요할까요?
• 새싹을 관찰 기록지에 적는다.
- 새싹의 변화 모습을 관찰 기록지에 적어 볼까요?
- 어떤 변화가 있었나요?</td></tr>
</table>

<table>
<tr><td></td><td></td><td>식물을 관찰해요
이름:

날짜: 년 월 일 요일 시간: 시 분

관찰식물:

어떤 변화가 있었나요?

관찰한 식물을 그려주세요.</td></tr>
<tr><td></td><td>마무리</td><td>• 실험의 결과를 나눈다.
– 새싹이 어떻게 변화했나요?
– 이 실험을 통해 알게 된 것은 무엇인가요?
– 실험 결과를 통해 새롭게 생긴 궁금증이 있나요?</td></tr>
<tr><td colspan="2">평가</td><td>• 씨앗이 자라는 것에 관심을 가지는가?
• 새싹을 관찰하고 관찰 기록지를 작성하는 데 적극적인가?</td></tr>
<tr><td colspan="2">활동 결과물</td><td>
씨앗 탐색하기

새싹 기르기</td></tr>
</table>

<table>
<tr><th colspan="2">활동명</th><td>자연물 염색하기</td></tr>
<tr><th colspan="2">활동 목표</th><td>자연물로 얻은 색에 호기심을 갖는다.
염색과정에 관심을 가지고 탐색한다.</td></tr>
<tr><th colspan="2">활동 자료</th><td>자연물(구기자, 비트, 오디, 강황 등), 염색할 물건(손수건, 천, 나무토막 등) 등</td></tr>
<tr><th rowspan="3">활동 방법</th><th>도입</th><td>• 자연물을 보여주고 탐색한다.
– 이것은 무엇일까요?
– 이 자연물은 어떤 색일까요?
– 이 자연물에서는 어떤 냄새가 날까요?
– 자연물을 자르면 어떤 색이 나올까요?</td></tr>
<tr><th>전개</th><td>• 자연물로 색 물을 만든다.
– 자연물에서 색 물을 만드는 방법은 무엇일까요?
– 즙을 짜면 어떤 색이 나올까요?
– 자연물을 말리면 어떻게 변화할까요?
– 말린 자연물을 갈았을 때는 어떻게 될까요?
– 가루가 된 자연물을 물감처럼 만들 수 있을까요?
– 자신만의 방법으로 색 물을 만들어봅시다.
• 자연물로 만든 색 물을 활용해 염색을 해본다.
– 자연물 색 물로 무엇을 할까요?
– 어떻게 하면 염색이 될까요?
– 어떤 재료를 염색해볼까요?

자연물 염색 놀이 방법
– 강판에 갈아 만든 즙을 면봉으로 칠하기
– 자연물을 손수건 위에 올린 후 방망이로 찧기
– 실크 천을 색 물에 담갔다 말리기
– 천을 실로 묶은 뒤 염색하고 무늬 관찰하기
– 색 물에 나무를 넣어 염색하고 변화 살피기</td></tr>
<tr><th>마무리</th><td>• 염색한 것을 보고 느낌을 나눈다.
– 자연물로 염색을 해보니 어떤 느낌이 들었나요?
– 손수건과 천이 어떻게 변했나요?
– 손수건과 천이 마르면 어떤 색이 될까요?
– 염색을 하면서 어떤 점이 재밌었나요?</td></tr>
<tr><th colspan="2">평가</th><td>• 자연물로 얻은 색에 호기심을 보이고 적극적으로 탐구하였는가?
• 염색을 통해 손수건과 천이 어떻게 변화했는지 설명할 수 있는가?</td></tr>
</table>

활동 결과물

자연물로 색 물 만들기

즙으로 종이 염색하기

실로 천을 묶고 염색하기

염색 무늬 살펴보기

5. 유아과학교육을 위한 교사의 지원

1) 유아과학교육을 위한 교사의 역할

(1) 환경 구성자

과학교육을 위한 교사의 기본적인 역할은 물리적 환경과 사회적 환경을 적절하게 구성해주는 것이다. 물리적 환경을 제공해준다는 것은 과학적 사고를 할 수 있는 자료를 제시하여 호기심을 가질 수 있도록 하는 것이다. 교사는 유아의 과학적 탐구를 위한 기본적인 도구와 자료를 교실 안에 비치해줘야 한다.

교사가 제공해줘야 하는 사회적 환경은 유아가 과학에 대한 긍정적인 태도를 지니고 능동적인 학습을 하도록 하는 수용적이며 편안한 분위기를 제공하는 것이다. 교사는 유아에게 과학에 대해 긍정적인 태도를 보이고 유아의 과학활동을 지지하고 격려해줘야 한다. 더불어 과학교육계획에 따른 결과를 관찰하며 효과성을 평가하고 환경을 재구성해줘야 한다.

(2) 관찰자

교사는 유아가 과학활동을 하는 과정에서 보이는 발달의 성취를 지속적으로 관찰하고 평가해야 한다. 교사가 유아를 관찰하는 동안 유아가 가진 과학적 개념의 인식 정도와 과학적 태도 등을 평가하여야 하며, 유아의 문제해결 능력이 향상되도록 지원해야 한다. 더 나아가 관찰을 통해 얻은 평가와 결과를 다음 단계의 과학교육을 위한 계획 수립에 활용해야 한다.

(3) 상호작용자

유아를 위한 과학교육은 직접적 교수방법보다 유아 스스로 문제를 해결하고 발견하는 주도적인 활동을 중심으로 이루어지므로 교사의 바람직한 상호작용이 중요하다. 교사는 유아와 상호작용할 때 과학적 용어를 충분히 사용해야 하며 개방적인 질문을 통해 소통해야 한다.

교사의 효과적인 질문은 유아의 호기심을 자극하고 인지적인 갈등을 유발하여 실험하고자 하는 욕구를 높인다. 또한 문제를 발견하고 해결하는 것에 도움을 준다. 만약 유아가 과학활동에 몰입하고 있다면 곧바로 상호작용하기보다 관찰하면서 언제 개입하고 상호작용할 것인지 판단하고 실행해야 한다.

(4) 전문가

교사는 유아과학교육을 위한 전문가로서 그에 맞는 능력과 자질을 갖춰야 한다. 유아교육 현장에서 교사는 과학적 변화에 민감하게 반응해야 하며 과학적 소양을 길러야 한다. 과학교육과 관련된 교사 연수와 워크숍에 참여하거나 과학 도서를 읽어 자기성찰의 기회를 지속적으로 가져야 한다. 또한 과학 자원을 활용하기 위해서 다양한 정보를 탐색하고 융통성 있게 선택해야 하며 자신의 과학교육 교수 방법에 대해 반성적 사고를 실천해야 한다.

2) 환경구성

과학영역은 동·식물을 관찰하고 도구와 기계 등에 호기심을 갖고 지속적으로 탐구하는 태도를 기르며 과학과 관련된 기초지식을 얻는 영역이다. 유아과학교육을 위한 환경구성은 실내환경과 실외환경으로 구분할 수 있다.

(1) 실내 과학영역

실내 과학영역은 유아가 과학적 탐구에 호기심을 가지고 몰입할 수 있는 환경으로 채광이 잘 들고 물을 쉽게 사용할 수 있는 곳이어야 한다. 과학영역은 과학활동 자료를 안내하는 학습 테이블과 자료를 탐색하기 위한 탐색 테이블, 식물과 동물을 키울 수 있는 테이블을 제시하고 과학적 개념에 관한 도서와 과학활동을 위한 도구로 구성해야 한다. 과학영역은 잘 정돈된 상태로 구성되어야 하며, 교육 주제에 따라 변화를 주어 유아의 흥미를 이끌 수 있는 자료를 적절하게 제시해야 한다.

유아가 직접 관찰할 수 있는 관찰자료뿐 아니라 관찰 내용을 기록할 수 있는 기록지와 측정을 위한 기본적 도구를 상비해둬야 한다. 기록지, 돋보기, 계량컵, 양팔 저울 등은 항상 일정한 곳에 두고 유아가 쉽게 사용할 수 있어야 한다. 더불어 유아를 위한 과학영역은 교실의 다른 영역과 연계될 수 있도록 구성하고 놀이 속 확장과 통합의 요소를 고려하여 배치해야 한다.

[그림 6-3] 과학영역

(2) 실외 과학영역

실외영역에서 유아는 놀이를 통해 자유롭게 탐색하고 새로운 것에 도전하는 기쁨을 느낄 수 있다. 실외영역은 일상에서 자유롭게 과학활동이 이루어지는 공간이며 실내활동을 통해 함양한 지식과 개념이 재구성되어 확장된다. 그러므로 유아에게 실외영역은 자연스럽게 과학활동을 경험하며 과학적 지식을 습득하는 곳이라고 할 수 있다.

유아가 자연환경을 탐색할 수 있는 공간에서 동·식물을 직접 돌보고 관찰하는 것은 자연을 사랑하고 생명을 존중하는 마음을 가지게 한다. 대근육 영역에서 유아는 마음껏 뛰어놀며 신체의 성장에 대한 과학적 경험을 할 수 있고 놀이시설을 이용하면서 균형, 중력, 속도, 무게 등과 같은 물리적 경험을 할 수 있다. 또한 물·모래영역에서 물질의 특성을 조사하고 실험해보며 창의성과 문제해결력이 증진된다.

[그림 6-4] 실외영역의 과학활동

(3) 다른 영역과 관련된 과학적 환경

유아과학교육은 교실 안의 과학영역 외에 다른 영역과 통합적으로 연계되어 이루어져야 하므로 확장적인 환경구성이 중요하다. 과학영역과 밀접한 영역인 수학영역에는 줄자, 온도계, 체중계 등 측정할 수 있는 자료를 제시하여 통합적으로 사고하는 능력을 기를 수 있도록 한다. 언어영역에는 과학적 지식이 포함된 그림책과 백과사전을 제시하여 유아의 호기심을 유발하고 과학적 개념을 형성하도록 한다.

더 나아가 미술영역에는 유아의 창의성을 증진하기 위해 여러 재료가 구비되어 있으므로 색의 혼합과 물질의 변형과 같은 화학활동을 경험하도록 하며, 음률영역에서는 다양한 소리를 탐구할 수 있는 여러 종류의 리듬 악기가 준비되어 있으므로 다양한 소리를 만들어 내도록 유도할 수 있다. 역할영역에서는 청진기, 계량컵, 체온계, 주방 기구 등 다양한 소품을 통해 과학적 주제에 흥미를 갖도록 할 수 있다.

생각해 봅시다!

1. 유아과학교육의 교수-학습 방법인 전달식 교수법, 발견적 교수법, 과정적 교수법, 상호작용적 교수법의 특징을 정리하고 본인이 선호하는 교수법에 대해 발표해 봅시다.
2. 유아과학교육을 위한 교사의 역할을 나열해보고 본인의 자질과 연계해 논의해 봅시다.

참고문헌

교육부, 보건복지부(2019). 2019 개정 누리과정 해설서. 세종: 교육부, 보건복지부.

고선옥, 김경신, 임경례, 한성민(2021). **아동과학교육**. 경기: 공동체.

나은숙, 윤희경, 안경숙, 오애순, 김승옥(2017). **영유아교과교육론**. 경기: 공동체.

보건복지부(2020). 제4차 어린이집 표준보육과정 해설서. 세종: 보건복지부.

신은수, 안경숙, 김은정, 안부금(2006). **생활과 환경중심의 영유아 과학교육**. 서울: 교육과학사.

Abruscato, J. (2000). *Teaching children science a discovery approach.* Boston, MA: Allyn&Bacon.

Atkinson, S., & Fleer, M. (1995). *Science with reason.* Portsmouth, NH: Heinemann.

Marrin, D. J. (1997). *Elementary Science Methods A Constractivist Approach.* An Intemational Thomson Publishing Company.

Chapter

07

유아미술교육

학습목표

1. 유아미술교육의 개념을 이해하고 목표를 정리할 수 있다.
2. 유아미술교육의 내용을 기초로 교수-학습 방법을 설명할 수 있다.
3. 유아미술교육 활동을 원활하게 수행하기 위한 교사의 지원을 제시할 수 있다.

예술의 한 분야인 미술은 인류의 역사와 함께 공존하며 일상생활과 떼려야 뗄 수 없는 관계를 맺고 있다. 미술은 인간의 감정과 사고를 표현하게 하는 시각적 표상 활동이므로 언어발달이 충분하지 못한 유아에게는 오감각을 통해 느끼고 표현하게 하는 의사소통의 매개체가 된다. 더불어 유아는 끊임없는 호기심과 탐구심을 보이며 본능적으로 무엇인가를 창조하고 표현하고 싶어 한다. 이러한 유아의 발달적 특성을 고려한 유아미술교육은 작품을 감상하거나 탐색하기, 그리기, 만들기 등과 같은 활동으로 진행된다.

본 장에서는 유아미술교육의 개념과 목표를 살펴보고 유아미술교육의 내용을 파악해보고자 한다. 또한 유아미술교육의 교수-학습 방법을 이해하여 유아미술교육 활동의 실제를 탐색하고 유아미술교육을 위한 교사의 지원 방법을 모색하고자 한다.

1. 유아미술교육의 개념 및 목표

미술은 미적인 효과를 가지는 조형활동과 그 활동으로 만들어지는 작품을 통해 아름다움을 느끼는 것으로, 창조하는 사람의 자아상, 세계상, 인간상을 미적, 조형적으로 표현하는 예술을 말한다(심성경 외, 2018). 즉, 미술은 아름다움을 재현하고 표현하는 여러 기술을 의미하며, 인간이 아름다움에 대해 새로운 가치창조를 하는 과정을 나타낸다.

미술교육은 조형활동과 인격 형성을 통합하고자 하는 목적을 가진 교육으로 미술교육의 방향은 시대와 사회적 요구에 따라 변화되고 있다. 과거에는 미술교육이 주요 교과에 비해 부수적인 학습 교과로 인식되었으나, 최근 미술 활동이 창의성을 발달시키고 인지적 측면을 자극하여 통합적 발달을 이룬다고 인식되면서 미술교육의 중요성이 강조되고 있다. 또한 미술교육은 감수성과 표현력을 높이고 그 과정에서 좌뇌와 우뇌가 균형 있게 개발되고 개성과 창의성을 길러 삶을 즐겁고 아름답게 해준다.

유아미술교육은 미술활동을 통해 유아에게 즐거움과 재미를 제공하여 삶의 활력소가 되는 교육을 의미한다(서울교대미술교육연구회, 2010). 미술활동은 내면에서 나오는 감정, 느낌의 부분을 시간적, 공간적, 조형적인 매체로 표현하고 이해하며 감상하는 활동을 모두 포함한다. 이처럼 유아미술교육은 유아가 미술을 감상하고 이해하며 표현하도록 안내하는 것으로, 유아가 자신의 생활 속에서 미술적 요소들을 발견하고 적용하여 주변 환경에 미적인 관심을 보이고 창조적인 마음을 갖도록 하는 것이다.

유아의 발달에 있어 미술교육은 중요한 역할을 한다. 유아미술교육은 유아가 가지고 있는 자기표현 욕구를 시각적으로 표현하도록 하며 창의성이 촉진되고 자아존중감이 높아지며 감수성이 풍부한 생활을 하게 된다. 유아교육에서 중요하게 여기는 전인 발달은 미술적 표현을 경험하는 유아의 탐색활동과 자기 주도적 미술활동을 통해 이루어질 수 있다.

유아가 미술놀이를 통해 표현활동을 하는 것은 문자적으로 표현하는 것에 한계를 가진 유아에게 자신의 사고와 감정을 자유롭게 노출하는 기회를 제공한다. 또한 미술이 의사소통의 매개체가 되어 언어발달과 사회성 발달을 돕는다. 이때 교사는 유아가 참여하는 미술표현 활동의 목적이 완벽한 결과물을 만들어내는 것이 아닌 표현하는 과정에 있음을 이해하고 유아의 표현 자체를 격려해야 한다.

김현자 외(2013)는 유아에게 미술이 중요한 이유를 다음과 같이 제시하였다.

① 표현력을 높인다. 유아는 생각과 느낌을 스스로 표현하면서 성취감을 얻는다. 미술에서의 표현활동 경험은 본인의 능력을 신뢰하고 더 발전된 표현 욕구를 드러내게 한다. 또한 유아는 표현과정에서 미적 감수성과 즐거움을 느끼며 긍정적 정서를 형성한다.

② 독립적인 작업 능력이 발달한다. 미술활동 과정에서 자신에게 필요한 다

양한 재료를 탐색하고 창의적인 방법으로 재료를 활용하여 주도적인 작업을 하는 것은 창의성 발달을 촉진한다. 더불어 스스로 재료를 구성해 보고 자유롭게 표현하는 능력을 통해 자신감을 기른다.

③ 사회성이 발달한다. 유아는 또래와 함께 미술활동을 하는 과정에서 서로의 생각과 미술 재료 등을 공유하며 개인 작품 또는 공동의 결과물을 만들어낸다. 이 과정에서 유아는 친사회적 행동인 배려하기, 돕기, 기다리기, 나누기 등을 습득할 수 있다. 이처럼 사회적 미술 경험은 타인과 긍정적인 관계를 맺고 상호작용을 하게 한다.

④ 정서적 안정감을 준다. 유아는 능동적으로 자신의 감정과 생각을 표현해 가면서 심리적 스트레스를 발산하고 과정 중심의 미술활동에서 정서적 안정감을 느낀다. 또한 또래와 함께하는 미술활동 가운데 협력하는 경험은 서로에게 긍정적인 지지를 보내며 즐거움과 집단 만족감을 얻게 한다.

⑤ 긍정적 학습 태도를 형성한다. 학습적인 측면에서 칭찬받지 못하는 유아에게 미술활동을 통한 표현 능력을 칭찬한다면 성취감을 느끼고 본인의 능력을 발견하는 계기가 된다. 이때 유아의 능력을 충분히 발휘할 수 있도록 지원하여 긍정적인 학습 태도가 형성되고 지속할 수 있는 동기를 갖도록 해야 한다.

⑥ 전인적 발달이 이루어진다. 미술활동에서 유아가 적극적으로 재료를 선택하고 사용하면서 눈과 손의 협응력을 높이게 되고 소통하는 가운데 의사소통과 사회관계 능력을 발달시키게 된다. 또한 감상하고 탐색하는 미술활동은 인지적인 발달과 정서적 발달까지 통합적으로 영향을 준다.

유아미술교육의 목표는 유아교육의 필요성과 관련지어 정리할 수 있다. 유아중심, 놀이중심의 교육적 접근을 기초로 하여 통합적 전인교육이라는 유아교육의 본질에 입각한 정립이어야 한다. 유아미술교육은 완성도 있는 작품을 만들어내는 것이 아닌 유아의 성장과 발달을 돕는 것이다. 그러므로 유아의 전인적 발달을 위해 결과보다는 과정적 미술 경험을 강조하고 탐색과 표현, 감상이 통합된 활동에 중점을 두며 정서, 창의성, 심미적 성향 등을 발달시키기 위한 유아미술교육으로 접근해야 한다.

유아미술교육은 다양하고 풍부한 감각적인 경험을 통해 유아의 지각 능력을 높이고 시각적 이미지를 활용해 생각과 느낌을 창의적으로 표현할 수 있도록 하는 것에 목표를 둔다. 또한 주변 환경의 시각적 요소가 주는 시각적 자극과 아름다움을 느끼고 생활 속에서 미술을 즐길 줄 아는 유아로 성장하는 것을 돕고자 한다(김정희, 이용주, 김정열, 송영, 2021).

국가수준 교육과정인 개정 누리과정과 표준보육과정의 예술경험 영역 교육목표는 다음과 같다(교육부, 보건복지부, 2019; 보건복지부, 2020). 표준보육과정의 0~1세 예술경험 영역의 목표는 "아름다움을 느끼고 경험한다."이며 2세는 "아름다움을 즐기고 느낀다"이다. 개정 누리과정의 예술경험 영역 목표는 "아름다움과 예술에 관심을 가지고 창의적 표현을 즐긴다."이다. 국가수준 교육과정에서 미술교육은 영유아가 자연과 생활 속에서 호기심을 갖고 아름다움을 느끼며 창의적으로 표현할 수 있도록 돕는 것에 목표를 둔다.

〈표 7-1〉 개정 누리과정 및 표준보육과정의 '예술경험' 영역 목표

교육과정	대상연령	예술경험 영역 목표
표준보육과정	0~1세	아름다움을 느끼고 경험한다. ① 자연과 생활에서 아름다움에 관심을 가진다. ② 예술적 경험을 표현한다.
	2세	아름다움을 느끼고 즐긴다. ① 자연과 생활에서 아름다움을 느끼고 관심을 가진다. ② 예술을 통해 자유롭게 표현한다.
개정 누리과정	3~5세	아름다움과 예술에 관심을 가지고 창의적 표현을 즐긴다. ① 자연과 생활 및 예술에서 아름다움을 느낀다. ② 예술을 통해 창의적으로 표현하는 과정을 즐긴다. ③ 다양한 예술 표현을 존중한다.

2. 유아미술교육의 내용

미술교육의 내용은 표준보육과정과 개정 누리과정 예술경험 영역에서 찾아볼 수 있다. 표준보육과정의 예술경험 영역 내용은 아름다움 찾아보기, 창의적으로 표현하기이며, 개정 누리과정의 예술경험 영역 내용은 아름다움 찾아보기, 창의적으로 표현하기, 예술 감상하기이다(교육부, 보건복지부, 2019; 보건복지부, 2020). 이 중 미술교육과 관련된 내용은 다음과 같다.

〈표 7-2〉 **표준보육과정 0~1세 예술경험 영역의 미술교육 관련 내용**

교육과정	내용범주	내용
표준보육과정	아름다움 찾아보기	• 자연과 생활에서 아름다움을 느낀다. • 아름다움에 관심을 가진다.
	창의적으로 표현하기	• 감각을 통해 미술을 경험한다.

〈표 7-3〉 **표준보육과정 2세 예술경험 영역의 미술교육 관련 내용**

교육과정	내용범주	내용
표준보육과정	아름다움 찾아보기	• 자연과 생활에서 아름다움을 느끼고 즐긴다. • 아름다움에 관심을 갖고 찾아본다.
	창의적으로 표현하기	• 미술 재료와 도구로 표현해 본다.

〈표 7-4〉 **개정 누리과정 예술경험 영역의 미술교육 관련 내용**

교육과정	내용범주	내용
개정 누리과정	아름다움 찾아보기	• 자연과 생활에서 아름다움을 느끼고 즐긴다. • 예술적 요소에 관심을 갖고 찾아본다.
	창의적으로 표현하기	• 다양한 미술 재료와 도구로 자신의 생각과 느낌을 표현한다.
	예술 감상하기	• 다양한 예술을 감상하며 상상하기를 즐긴다. • 서로 다른 예술 표현을 존중한다. • 우리나라 전통 예술에 관심을 갖고 친숙해진다.

국가수준 교육과정인 개정 누리과정과 표준보육과정의 예술경험 영역 중 미술교육과 관련된 내용을 토대로 미술교육의 내용을 탐색하기, 표현하기, 감상하기로 제시하였다.

1) 탐색하기

(1) 오감을 활용해 탐색하기

유아의 감각적 지각 능력은 일상생활 속에서 감각적인 요소를 찾고 관심을 가질 때 발달할 수 있다. 감각적 경험에 초점을 둔 미술활동은 유아의 인식과 지각 능력을 높여주고 표현의 창의성과 감상 능력을 촉진한다. 유아를 위한 탐색활동은 단순히 익히고 외우는 것이 아니라 일상생활에서 오감을 통해 탐색하는 활동이어야 한다.

교사는 유아가 자연과 주변 사물의 미적 요소에 관심을 가지고 탐구할 수 있도록 경험적인 환경을 제공해줘야 한다. 또한 조형활동에 적합한 다양한 재료와 도구를 탐색하도록 준비해주고 시간적 여유와 적극적으로 시도할 수 있는 분위기를 제공해줘야 한다.

(2) 주변 환경에서 예술적인 요소 찾기

유아는 자신의 주변 세계와 환경을 통해 시간의 흐름과 계절의 변화를 느낀다. 또한 자신만의 다양한 방법을 통해 세상을 탐구하는 과정에서 미적 요소를 경험한다. 예를 들어 가을 낙엽을 보면서 나뭇잎의 움직임을 살피고, 나뭇잎 물감 찍기를 통해 질감과 모양을 느껴보면서 관찰한다. 또한 낙엽을 밟아보며 부서지는 소리를 경험하고 자신이 본 나무를 떠올리며 그림을 그려볼 수 있다. 미적 요소인 점, 선, 형태, 질감, 색, 공간 등은 서로 밀접하게 연결되어 있으므로 유아가 적극적으로 탐색할 기회를 제공하여 예술적 요소를 찾도록 해야 한다.

[그림 7-1] 주변 환경에서 예술적인 요소를 찾는 유아

2) 표현하기

(1) 창의적으로 표현하기

유아기는 표현 능력이 발달하는 중요한 시기이며 미술활동은 유아의 표현 능력을 높이기에 적절하다. 미술활동은 각자 나름의 방법으로 지각하고 느낀 것을 분명히 드러내는 활동이며 능동적인 표현을 즐기는 과정을 의미한다. 유아는 자신의 내면세계를 표현하면서 기본적인 욕구를 충족하게 되고 창의성이 발달한다.

교사는 유아가 본인의 경험을 재구성하여 창의적으로 표현할 수 있도록 하는 충분한 시간을 제공해줘야 한다. 또한 같은 결과물이 나올 수 있는 단순하며 적은 종류의 재료보다 다양하고 폭넓은 재료를 제공해야 하며 스스로 선택하여 표현하는 독창적인 표현과정을 격려해야 한다.

(2) 조형활동으로 표현하기

유아교육기관에서 이루어지는 조형활동은 만들기, 꾸미기, 회화, 조소, 염색 등이 있다(심성경 외, 2007). 만들기와 꾸미기는 종이, 자연물, 폐품 등을 이용해 구성하는 활동이며, 회화는 평면에 그리기 도구를 이용해서 선과 점 등으로 표현하는 것으로 그리기, 색칠하기, 콜라주, 모자이크, 마블링 등이 있다. 조소는 밀가루 점토, 찰흙, 클레이 등의 재료를 빚어 표현하는 것이고 염색은 자연물과 물감 등 염료로 천과 실 등을 물들이는 것이다. 교사는 유아가 다양한 조형활동을 통해 충분히 생각과 느낌을 표현할 수 있도록 재료를 풍부하게 구성해야 한다.

[그림 7-2] 조형활동(조소)

(3) 다양한 미술 재료로 표현하기

유아의 미술활동은 어떠한 재료를 사용하느냐에 따라 확장되는 미술적 사고의 폭과 깊이가 달라질 수 있다. 미술활동은 유아가 주변에서 접하는 모든 사물을 재료로 활용할 수 있다. 유아가 다양한 미술 재료를 사용하는 것은 단순히 미술적 경험뿐 아니라 언어, 사회성, 과학적 탐구력 등의 발달을 돕는다. 그러므로 교사는 유아가 재료와 도구를 충분히 탐색하여 스스로 용도를 이해할 수 있도록 해야 하며, 미술활동에서 필요한 재료를 스스로 선택하여 창의적인 표현을 할 수 있도록 도와야 한다. 더불어 활동 과정에서 미술 도구를 안전하게 사용하도록 지도하고 관찰해야 한다.

3) 감상하기

(1) 주변의 아름다움을 감상하기

유아의 주변은 아름다움을 느끼고 감상할 수 있는 공간이 많다. 교사는 유아의 미적 감각을 키워주기 위해 정기적으로 자연을 관찰하도록 해야 한다. 유아는 실외 놀이와 주변 산책, 동네 둘러보기 등을 통해 자연과 환경을 탐색하고 심미적 안목을 높이게 된다. 또한 자연을 사랑하는 마음을 가지며 더 나아가 환경을 보호하고자 하는 노력을 하게 된다.

교사는 유아가 자연과 환경에 관심을 가지고 감상 과정에 즐거움을 보이도록 자연스럽게 계절의 변화와 날씨에 대해 상호작용해야 한다. 또한 자연을 탐색하기 위한 돋보기, 사진기 등의 도구들을 준비해주고 관찰한 내용을 미술적인 방법으로 표현해볼 수 있도록 유도해야 한다.

(2) 미술작품 감상하기

미술작품에 대한 감상은 자신이 표현한 작품과 또래의 작품을 보고 느낀 점을 나누는 것에서부터 시작된다. 점차 화가의 작품, 그림책의 삽화, 미술관에 전시된 그림, 벽화 등을 경험하고 감상하는 것으로 확장하게 된다. 유아는 미술작품을 창조하는 예술가뿐 아니라 작품을 감상하는 관람가로서 태도를 기를 수 있고 예술작품에 대한 심미감을 갖게 된다.

교사는 유아가 다양한 미술작품을 감상할 수 있도록 하여 미술작품 감상에 흥미를 보이고 지속할 수 있도록 해야 한다. 유아는 미술작품을 감상하는 과정에서 심미적 태도를 기르고 예술과 자연의 조화로움을 통해 미적 가치를 이해하게 된다. 또한 미술작품을 감상하는 과정은 유아가 다양한 문화와 가치관을 존중하고 이해하는 마음을 갖게 한다.

[그림 7-3] 벽화 감상하는 유아

(3) 전통예술 감상하기

예술감상이 작품의 미적 가치와 더불어 문화적, 역사적 가치를 느끼고 이해하여 내면화하는 과정이라고 할 때, 유아가 우리나라의 전통예술을 감상하는 것은 문화적 가치를 인식하는 중요한 부분이 된다. 미술작품은 당시의 문화적 변화와 사회적 상황을 담고 있다. 그러므로 유아가 우리의 전통예술을 감상하는 활동은 우리나라의 역사와 문화, 풍습 등을 이해할 수 있게 한다. 더불어 전통문화의 예술적인 표현과 창조성을 더욱 깊게 알 수 있게 되며 우리 문화를 보존하는 것에 대한 가치를 인식할 수 있다.

3. 유아미술교육의 교수-학습 방법

1) 유아미술교육의 원리

미술교육에서 교사는 유아 개개인의 발달 수준에 맞는 개별화 교육이 요구

됨을 인식해야 하며 개방성 있는 태도로 격려하고 지지해야 한다. 또한 유아가 미술활동을 즐거운 놀이로 인식하도록 하는 통합적인 접근을 해야 한다. 유아교육 학자들에 의해 유아미술교육의 원리로 논의되어 온 개념은 개별화, 개방성, 놀이 중심, 통합적 접근 등이다.

(1) 개별화

유아는 발달의 개인차를 가지고 있어 저마다 다른 흥미와 학습 속도를 보인다. 개인차를 가지는 유아에게 동등한 방법의 미술활동은 발달에 적합한 교육이 아니다. 그러므로 교사는 유아 발달 수준에 적합한 개별화 교육을 해야 한다.

유아를 위한 개별화 교육은 학습자의 발달 수준에 맞춰 적절한 수업방식을 적용하는 것으로 미술교육에서는 교사가 유아의 개인적 발달 수준과 흥미, 요구, 호기심 등을 관찰하고 평가하여 발달 수준에 따른 미술 재료와 활동을 제공해주는 것을 의미한다. 더불어 교사는 한 가지 주제로 미술활동을 진행할지라도 유아의 반응과 활동 내용은 제각기 상이할 수 있음을 인식해야 하고 융통성 있는 교수전략을 제시해야 한다.

(2) 개방성

개방성은 태도와 생각 따위가 거리낌 없이 열려 있는 상태를 의미하므로 유아미술교육에서의 개방성은 유아가 미술활동 안에서 자유롭게 선택하고 표현할 수 있도록 인정하는 것이다. 그러므로 교사는 유아가 미술활동의 주제와 재료를 정하여 표현하고 평가하는 과정을 스스로 선택하고 자유롭게 진행하도록 해야 한다.

유아의 개방적 사고를 기초로 한 미술활동은 깊이 있는 미적인 체험을 할 수 있게 한다. 이때 유아는 창의적인 사고능력을 기르고 다양성을 존중하게 된다. 교사는 유아에게 미술 매체를 제시하고 선택할 수 있도록 하여 유아의 미술표현을 인정해주고 격려하는 것이 요구된다.

(3) 놀이 중심

유아의 삶은 놀이로 구성되어 있으며 놀이 안에서 많은 발달이 함께 이루어진다. 놀이는 자발성을 가졌으며 과정 중심적이므로 놀이 안에서 자기 주도 능력과 자기 조절 능력을 기르게 된다. 이러한 특성은 미술의 자발성, 과정 중심적, 흥미 등과 같은 맥락이다. 그러므로 유아미술교육은 교사가 주도하는 활동이 아닌 유아가 주도하는 미술놀이의 개념으로 접근해야 한다.

미술활동을 놀이로 접근하는 유아는 미술활동 과정에 흥미와 재미를 갖게 되고 다양한 방법으로 생각과 느낌을 표현해보며 심리적 만족감을 얻게 된다. 교사는 유아가 놀이에 몰입할 수 있는 분위기를 마련해주고 자발적이며 주도적으로 미술활동에 참여하도록 해야 한다.

(4) 통합적 접근

최근 유아미술교육은 표현 기술이나 감상을 통한 심미감을 기르는 것을 넘어서 유아의 삶과 발달 전반에 영향을 미치는 중요한 요소로 인식되고 있다. 유아미술교육의 통합적 접근은 미술영역 간 통합, 다른 교과와의 통합, 주제 중심의 다양한 활동을 통합하는 것이다.

교사는 미술교육을 미술영역 안에서만 이루어지는 교육으로 한정 짓지 말고, 유아가 원하는 영역에서 다양한 재료와 방법을 활용해 통합적으로 이루어지도록 해야 한다. 다양한 영역과의 연계성 있는 통합적 접근이 이루어질 때 미술적 태도와 기술의 발달뿐 아니라 창의력, 예술적인 소양, 시각적 의사소통 등의 폭넓은 발달을 도울 수 있다.

2) 유아미술교육의 교수 방법

(1) 탐색활동 교수 방법

탐색활동은 직접적이고 감각적인 경험을 통해서 삶의 주변의 예술적 요소를 찾아 느끼고 다양한 미술 재료와 도구를 자유롭게 탐색하는 것을 말한다. 유아는 오감각을 활용해 보고, 듣고, 냄새 맡고, 만져보는 과정에서 주변 세계를 경험하고 알게 된다. 미술교육 또한 이와 같은 탐색 과정을 거쳐 유아가 호기심을 갖도록 해야 한다.

교사는 유아가 일상생활에서 미술적 요소를 인식하고 지각하는 능력을 높이고 흥미로운 탐색 과정을 지속할 수 있도록 해야 한다. 또한 재료의 특성을 이해하고 매체를 풍부하게 제공하여 탐색하도록 하고 표현기법의 다양성을 적용하여 자유로운 표현활동을 격려해야 한다. 유아미술교육에서 유아의 탐색을 위한 구체적 지침은 다음과 같다(이숙재, 이봉선, 김경란, 2002).

탐색을 위한 구체적 지침

- 유아의 오감을 통한 탐색활동을 지원하기 위해 자연 및 주변 환경에서 탐색자료를 구비해야 함
  (예: 나뭇잎, 씨앗, 꽃, 곡식, 솔방울 등)
- 다양한 미술 재료를 혼합해보며 과학적 변화를 경험할 수 있도록 해야 함
  (예: 빛 혼합, 색 혼합, 마블링 등)
- 미술작품을 감상할 수 있는 현장을 견학해야 함
  (예: 미술관, 박물관, 공원, 체험관 등)
- 개방형 질문으로 유아의 발견학습을 촉진해야 함
  (예: 잎을 손으로 만지면 어떤 느낌이니? 낙엽을 밟을 때 나는 소리는 어떠니? 꽃은 무슨 색깔이니? 등)
- 자연과 주변 환경을 주의 깊게 관찰할 수 있도록 자유로운 분위기를 허용하고 충분한 시간을 제공해야 함

(2) 표현하기 교수 방법

교사는 유아의 표현력을 높이기 위해 미술활동 과정을 격려하며 지지해줘야 한다. 또한 교사는 유아의 평면 표현활동을 지원하기 위해서 무독성이거나 안전한 재료를 선택해야 하며 작품을 완성한 뒤 작품에 대해 나누며 표현활동을 촉진해야 한다. 입체 표현활동을 지원하기 위해서는 유아 스스로 조작하여 얻어진 형태의 변화에 관심을 가지도록 해야 하며 스스로 만들고 구성해보도록 한다. 더욱이 작품을 만드는 과정에서 또래와 대안적 방법을 서로 이야기 나누는 것은 새로운 발견이 이루어지고 사회성 발달에도 도움이 된다.

이때 교사는 유아의 미적 표현을 발달시켜 주기 위해서 유아가 흥미를 보일 수 있는 미술 자료 모음집을 만들어 배치해주는 것도 좋다. 또한 유아가 미적 표현에 대한 동기와 자발성을 가질 수 있도록 유아의 작품을 전시해줘야 한다. 유아가 본인의 작품이 전시되고 존중받고 있음을 이해하게 되면 자신감과 성취감을 얻게 된다.

(3) 감상활동 교수 방법

감상활동은 일상생활에서 접하는 미술적 요소를 통해 아름다움을 느끼는 과정으로 즐거운 마음을 가지고 작품의 미적인 요소 외에도 문화적, 역사적 가치를 인식하고 이해하는 것이다. 유아는 작품을 통해 사회적 문화와 전통, 가치와 신념을 접하게 되고 서로의 생각 차이를 이해하게 되며 상대방을 존중하는 태도를 지니게 된다.

감상활동은 유아의 심미감을 자극하고 정서적 순화를 경험하게 하여 미술적 사고의 확장을 돕는다. 교사가 유아의 감상활동을 적절히 지도하기 위해서는 감상 교육의 방법을 적절히 이해하고 있어야 한다. 유아미술 교수-학습에 적절한 감상활동 교수 방법은 다음과 같다.

〈표 7-5〉 감상활동 교수 방법

구분		내용
태도	수용적 감상과 비판적 감상	수용적 감상: '이 작품은 세계적 명작이야.'와 같은 선입견을 갖고 작품을 감상함
		비판적 감상: '작가의 의도는 무엇일까?'처럼 적극적인 자세로 질문하며 작품을 해석함
방법	직관적 감상과 분석적 감상	직관적 감상: 작품을 직접 마주했을 때 편안하고 직감적으로 감상하며 여러 요인을 따지지 않음
		분석적 감상: 작품에 사용된 요소(선, 색감, 형태 등)를 분석적으로 감상함
	자유 감상과 관점 감상	자유 감상: 자유롭게 미술작품을 대하고 조건을 따지지 않고 있는 그대로 느낌
		관점 감상: 작품의 구도와 주제, 재료, 구도, 양식, 색채 등 관점을 설정하고 그에 따라 평가하고 분석함
양	단독 감상과 비교 감상	단독 감상: 작품의 가치를 특정하게 평가하기 위해 그 작품 하나를 감상하는 방법
		비교 감상: 같은 특성을 가진 작품을 연결하여 감상하는 방법
전체 감상과 세부 감상		전체 감상: 작품 전체를 직감적으로 보며 작품의 재료, 방법, 소재 등을 그대로 살펴봄
		세부 감상: 작품 전체를 세부적으로 나눠 살펴봄

출처: 박문주(2019).

앞에서 설명한 감상법 이외에 대화 중심 감상법은 유아가 주체적으로 미술작품을 탐구하는 것을 의미한다. 이는 유아가 스스로 예술작품의 의미를 생각하고 소중히 여기도록 한다. 교사는 유아가 작품을 감상하고 그 의미를 생각하여 이야기할 때 유아의 의견을 경청해줘야 한다. 더불어 유아가 작품의 긍정적인 점을 발견하게 되면 칭찬하고 공감해주는 상호작용 방식을 통해 미술적 의미를 스스로 찾아가도록 해야 한다.

(4) 통합적 교수 방법

유아의 발달은 분리되어 이루어지는 것이 아니므로 교육적 경험 또한 통합적이며 유기체적으로 연결되어야 한다. 교사는 미술교육에서 유아가 다양한 경험을 하며 상호 연계될 수 있도록 통합적으로 교육해야 한다.

카츠와 차드(Katz & Chard, 1989)는 통합적 교수 방법인 프로젝트 접근법을 통해 미술교육의 방법을 설명한다. 도입 단계에서는 다양한 경험을 나누고 미술활동을 통해 표현하게 한다. 전개 단계에서는 의문을 해결하기 위한 조사와 활동을 통해 경험적인 확장을 할 수 있도록 한다. 마무리 단계에서는 활동 결과를 전시하거나 발표해보는 경험을 통해 프로젝트 과정을 통합적으로 내면화한다. 이 같은 통합적 과정은 유아의 전인 발달에 도움이 된다.

통합적 교수 방법은 유아가 하나의 미술활동을 하고 끝나는 것이 아닌 다양한 영역의 내용을 통합적인 방법으로 연계하도록 하는 것이다. 예를 들면 미술영역에서 셀로판지 안경을 만든 것으로 과학영역에서 빛과 색깔을 탐색해보거나, 미술영역에서 화분을 만들어 과학영역에서 씨앗을 심도록 할 수 있다. 이는 유아가 긍정적인 과학적 태도를 형성하는 것에 도움이 된다. 또한 점토와 나뭇가지를 활용해 도형을 만들어보는 놀이는 수학과 미술의 통합적 활동으로 유아의 공간 능력과 표상 능력 발달에 도움을 준다. 이처럼 미술영역과 그 외 영역의 통합적 상호작용은 유아가 균형 잡힌 발달을 하도록 돕는다.

4. 유아미술교육 활동의 실제

활동명		화가 고흐는 밤을 어떻게 표현했을까?
활동 목표		작품을 감상하며 미술적 요소에 관심을 가진다. 화가 고흐가 작품을 구성한 방법을 이해한다. 화가 고흐의 기법으로 밤을 표현해본다.
활동 자료		고흐의 '별이 빛나는 밤', 종이, 연필, 물감, 색연필, 사인펜 등
활동 방법	도입	• '별이 빛나는 밤' 작품을 감상한다.

- 이 작품의 느낌은 어떤가요?
- 이 작품의 제목은 무엇일까요?
- 화가는 이 작품을 만들면서 어떤 생각을 했을까요?
- 왜 제목을 '별이 빛나는 밤'이라고 했을까요?
- 작품을 보면서 어떤 생각이 들었나요?

전개

• 작가의 표현기법을 탐색한다.
- 고흐는 밤을 어떻게 표현했나요?
- 어떠한 방법으로 그림이 그려졌나요?
- 이러한 표현기법을 무엇이라고 할까요?
- 임파스토 기법을 함께 알아볼까요?

임파스토 기법은 '반죽 된'이라는 의미의 이탈리아어에서 나온 말로 그 어원이 암시하듯 유화 물감을 두껍게 칠하는 기법을 일컫는다.
붓이나 팔레트 나이프, 또는 손가락을 사용해 색을 칠하거나, 직접 튜브에서 물감을 짜 바르는 방식으로, 붓 자국 등을 그대로 남겨 표면과 질감에 다양한 변화를 주려고 할 때 이 기법을 사용한다.
붓으로 작은 점들을 찍어 물감을 쌓아가는 방법이 있고 나이프로 물감을 층지게 펴 발라 넓고 두꺼운 질감을 표현하는 방법도 있다.

밤의 카페 테라스

론강의 별이 빛나는 밤

출처: 네이버 지식백과.

		• 밤을 어떻게 표현할지 생각한다. – 밤이란 말을 들으면 생각나는 것이 있나요? – 어떤 장면이 떠오르나요? – 밤을 어떤 방법으로 표현할 수 있을까요? – 다른 화가는 밤을 어떤 방법으로 표현했을까요?  **김다솔 화가 '지키고 싶은 마음'** • 임파스토 기법을 활용해 '밤' 경험을 그린다. – 밤과 관련된 소중한 경험이 있나요? – 어떤 부분에 임파스토 기법을 사용할 수 있을까요? – 임파스토 기법을 활용해 그림을 그려봅시다.
	마무리	• 작품을 소개한다. – 그림을 친구에게 설명해볼까요? – 친구의 작품을 보고 느껴진 것은 무엇인가요? – 작품을 전시해 봅시다.
평가		• 작품을 감상하고 미술적 요소에 관심을 나타내는가? • 화가 고흐가 작품을 구성한 방법을 탐구하였는가? • 화가 고흐의 기법을 활용해 표현하였는가?
활동 결과물		 **가족과 함께 본 별**  **밤바다**

활동명		폐품으로 탈것 만들기
활동 목표		3차원의 입체 표현에 관심을 가진다. 재활용품을 활용해 탈것을 만든다.
활동 자료		다양한 재활용품, 사인펜, 크레파스, 풀, 가위, 테이프 등
활동 방법	도입	• 다양한 교통기관을 탐색한다.  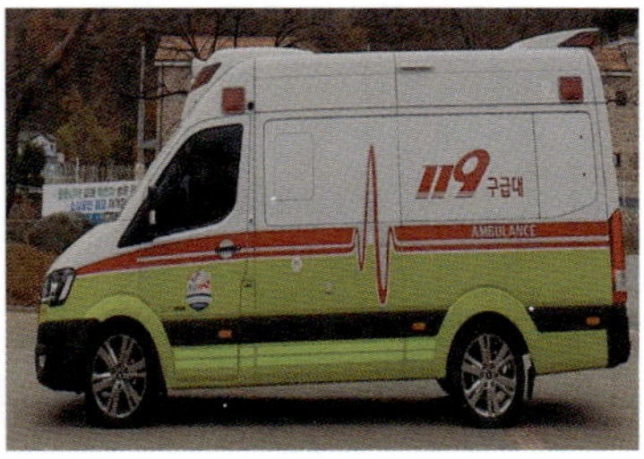 – 이것은 무엇일까요? – 교통기관은 어떤 일을 할까요? – 교통기관은 어떤 구조로 이루어졌나요?
	전개	• 재활용품을 탐색한다. – 우리가 그동안 쓰고 버린 상자, 휴지심, 페트병 등이 여기 있어요. 이러한 것들은 무엇이라고 할까요? – 재활용품을 다시 쓸 수 있을까요? – 이것으로 무엇을 할 수 있을까요? – 재활용품으로 놀잇감을 만들어 본 적이 있나요? • 재활용품으로 탈것을 만드는 방법에 대해 나눈다. – 탈것을 만들기 위해 어떤 재활용품이 필요할까요? – 자동차 바퀴는 무엇으로 만들 수 있나요? – 로켓의 날개는 무엇으로 표현해야 할까요? – 긴 기차는 어떻게 연결할 수 있을까요? • 꾸미기 재료를 활용해 탈것을 만든다. – 내가 만들고 싶은 탈것은 무엇인가요? – 어떤 재활용품을 활용하고 싶나요? – 다양한 재료를 활용해서 만들어봅시다.
	마무리	• 완성된 작품에 대해 나눈다. – 재활용품으로 탈것을 만들 때 어떤 느낌이 들었나요? – 내가 만든 탈것은 어떻게 사용할까요? – 탈것을 만들어보면서 어떤 점이 재밌었나요? – 친구의 탈것을 보면서 어떤 생각이 들었나요? – 친구에게 자신의 탈것을 소개해줄까요?
평가		• 3차원의 입체 표현에 관심을 보였는가? • 재활용품을 활용해 탈것을 만들었는가?

활동 결과물	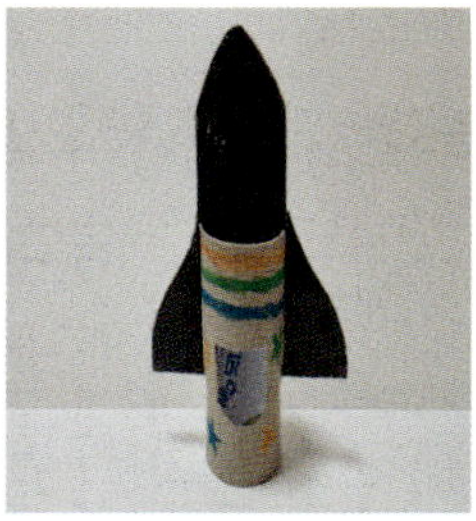 로켓	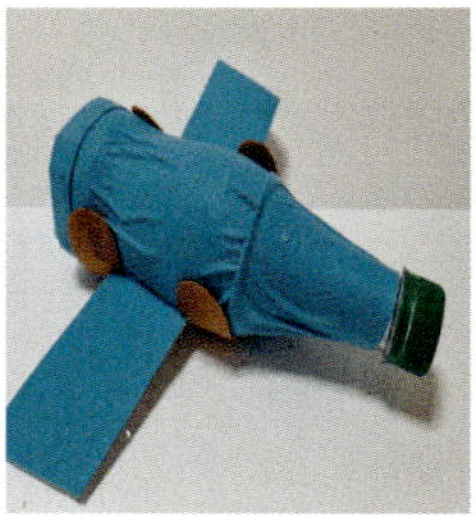 비행기	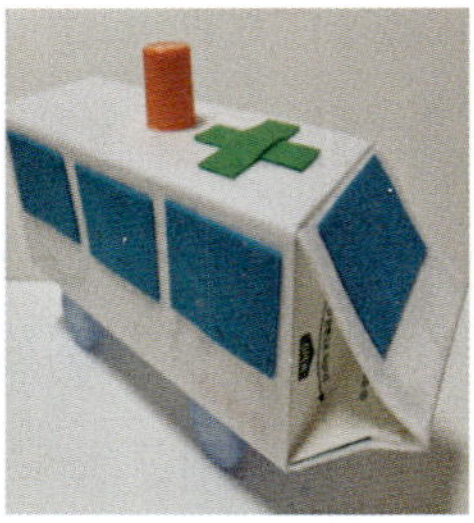 구급차

5. 유아미술교육을 위한 교사의 지원

1) 미술영역

유아교육기관에서 유아의 미술활동을 위한 물리적 환경은 유아의 성장과 발달 수준, 집단 특성, 활동 수준 등을 고려해 구성되어야 하며, 교육적 목표와 활동을 효율적으로 달성할 수 있어야 한다. 교사는 유아의 자율적 선택과 안전을 고려하여 미술영역을 조성해야 한다. 미술영역은 유아가 방해받지 않고 편안하게 활동할 수 있는 충분한 공간이 확보되고 물과 인접한 곳이어야 하며 동적인 영역과 거리를 두는 것이 좋다.

미술영역은 따로 규정된 재료가 없으므로 유아가 사용하고자 하는 모든 재료를 활용할 수 있도록 해야 한다. 유아에게 미술 재료를 제시할 때는 일상생활에서 친근하게 접할 수 있는 것들을 먼저 제시하고, 경험하지 못했던 재료는 점진적으로 제시해야 한다.

미술영역은 다양한 재료가 준비되어 있어야 하며 유아가 활동에 필요한 미술 재료를 쉽게 찾을 수 있도록 보관해둬야 한다. 활동 시 입을 수 있는 앞치마, 팔토시와 같은 작업복을 준비해주고 유아의 작품을 전시할 수 있는 장소를 마련해줘야 한다. 또한 유아가 편리하게 활동할 수 있도록 책상, 의자, 교구장, 청소도구, 보관함, 컴퓨터, 프린터 등이 설치되어 있어야 한다.

유아가 미술영역에서 많이 하는 활동 중 하나는 그리기 활동이다. 그리기 활동은 자기표현의 기본이 되는 활동이며 내면을 드러내기에 좋은 방법이 된다. 언어표현에 자유롭지 못한 유아가 그리기를 통해 내면의 상태, 느낌, 갈등 등을 표현하기도 한다. 그리기 활동을 위한 재료는 도화지, 색종이, 신문지 등과 같은 종이류와 크레파스, 색연필, 사인펜, 연필, 물감 등과 같은 채색 도구이다. 이외에 이젤, 건조대, 세면대 등을 통해 유아가 미술활동을 원활하게 하도록 지원해야 한다.

만들고 꾸미는 미술활동은 3차원적인 공간 구성의 발달을 돕는다. 유아는 다양한 재료를 활용하여 입체 작품을 만들어보며 공간의 길이, 높이, 크기, 형태, 방향 등의 특징을 파악한다. 유아는 현실과 가까운 입체 작품을 만들어 보면서 2차원적 활동을 발전시켜 3차원적인 공간지각 능력과 표상 능력을 높인다. 만들기를 위한 재료는 점토, 자연물, 폐품, 가위, 테이프 등이다.

[그림 7-4] 미술영역

2) 교사의 역할

(1) 학습 환경 구성

교사는 유아의 놀이를 관찰해보면서 유아의 미술적 호기심을 자극하기 위한 공간을 마련해줘야 한다. 먼저 유아의 자유롭고 창의적인 사고가 미술표현으로 연결되도록 개방적인 분위기를 조성하여 편안하게 주제를 정하고 재료를 선택하도록 해야 한다. 만약 유아가 놀이공간을 미술영역에서 벗어나 타 영역으로 확장하고자 한다면 융통성 있게 연계하여 놀이할 수 있도록 해야 한다. 이때 유아가 미술표현을 자유롭게 하기 위해서는 자료를 풍부하게 제공하고 자신만의 방법으로 재창조할 수 있도록 지원해야 한다.

유아에게 미술 재료는 자신의 감정과 생각을 적극적으로 표상할 수 있도록 하는 매개가 된다. 일상생활에서 볼 수 있는 다양한 사물을 활용하여 물질의 특성, 형태, 색 등의 감각적인 요소를 발견할 수 있도록 도와야 한다. 유아가 결정하고 선택한 자료를 인정해줘야 하며 미술활동에 적절하게 활용할 수 있도록 격려해야 한다. 그러므로 교사는 유아가 미술적 호기심이 발현될 수 있도록 공간을 배치하고 미술 재료를 선택하고 사용할 때 위험 요소를 제거하거나 안전하게 처리하여 안전사고에 유의하여야 한다.

유아미술교육에서 자연물과 자연현상 또한 좋은 자료가 될 수 있다. 자연물을 통해 자연의 아름다움을 감상하고 색, 질감, 모양과 같은 미술 요소를 이해할 수 있게 된다. 또한 빛, 그림자, 눈, 비와 같은 자연현상도 미술활동의 주제가 될 수 있다. 이처럼 교사는 유아에게 유해하지 않다고 여겨지는 모든 재료가 미술활동에 사용될 수 있다고 이해해야 하며 유아가 미술활동에서 재료를 선택하는 주도성을 인정해야 한다.

(2) 동기유발

유아가 개인적 경험을 재구성하여 미술적으로 표현한다는 것은 생각과 느낌을 시각적 언어로 표현하고자 하는 동기가 유발되어야 가능하다. 유아가 일상생활에서 여러 가지 경험을 미술로 표현하고자 하는 동기를 갖기 위해서는 유아 스스로 본인의 경험을 의미 있다고 여겨야 한다.

교사는 유아가 본인의 경험을 의미 있게 인식하도록 유아에게 반성적 사고를 요구하는 질문을 할 수 있다. 교사는 유아가 자신의 일상에 대해 반성적으로 사고할 수 있도록 기회를 제공하고 의미 있는 경험을 형성하여 표현에 동기를 가지도록 해야 한다.

[그림 7-5] 의미 있었던 경험을 그림으로 표현하는 유아

(3) 역할모델

교사가 유아에게 미술을 교육하는 과정에서 교사 자신이 그림을 잘 그리는 것보다 더 중요한 것은 유아와 함께 즐거운 미술활동을 하는 것이다. 교사는 미술에 대한 호기심과 자신감을 보이고 미술 재료를 안전하게 사용하는 방법과 미술작업의 과정을 적극적으로 안내하는 역할모델이 되어야 한다.

교사가 유아에게 미술활동과 작업 방법에 대해 언어로 서술하여 안내하는 것보다 활동 과정을 직접 보여주는 것이 효과적일 때가 있다. 그러나 교사가 작품을 먼저 완성하는 것은 지양해야 한다. 유아가 작품을 완성하기 전에 먼저 작품을 완성하여 보여주는 것은 유아의 창의성과 발산적 사고 능력을 저해한다.

(4) 언어 · 비언어적 상호작용

유아의 미술활동을 관찰한 교사는 언어적 · 비언어적 상호작용을 통해 자연스럽게 반응하고 소통해야 한다. 나은숙 외(2010)에서 제시한 교사의 구체적인 상호작용 방법은 다음과 같다.

① 표정과 신체를 이용해야 한다. 교사는 다양한 비언어적 반응을 통해 유아를 인정하고 수용하고 있다는 것을 전달해야 한다. 교사는 유아를 보고 미소 짓고 고개를 끄덕여 주는 것과 같은 비언어적 반응을 하면서 유아가 하는 미술활동이 매우 가치 있는 일이라는 것을 표현해줘야 한다.

② 칭찬은 구체적으로 해야 한다. 교사가 막연하게 "잘했어요, 최고다, 예쁘다, 멋있어요." 등의 칭찬을 남용하는 것은 유아의 미술활동을 지지하지 못한다. 유아는 교사의 칭찬을 형식적인 반응으로 인식하고 정서적 만족을 느끼지 못할 수 있다. 그러므로 교사는 유아가 활동 과정에서 보이는 노력, 기술적 방법, 문제를 해결하는 과정 등을 구체적으로 칭찬해야 한다.

③ 유아의 미술표현 발달 수준을 고려해 소통해야 한다. 교사는 유아가 본인의 작품을 설명하는 이야기에 귀 기울여야 한다. 이때 교사는 유아의 발달과정에서 생각을 구체화할 수 있는 질문을 통해 인지적 확장을 도울 수 있다. 또한 유아의 작품 속에 있는 미적인 요소나 주제 등을 흥미와 관심사에 맞춰 질문하며 구체적으로 상호작용해야 한다.

④ 작품의 미적 요소와 느낌에 대해 나눈다. 교사가 유아의 작품에서 미적 요소를 찾아 대화하는 것은 유아의 미적 감각과 잠재력 발달에 도움을 준다. 예를 들어 물감을 섞어 다양한 색을 탐색하고 있는 유아에게 "파란색과 빨간색을 섞으니 보라색이 나타났다."라고 말할 수 있고, 다양한 선을 활용해 그림을 그리고 있는 유아에게 "긴 선과 짧은 선을 다양하게 활용하여 그림을 그리고 있구나."라고 할 수 있다. 또한 교사는 감정을 불러일으키는 대화를 할 수 있다. 유아의 꽃 그림을 보고 "노랗고 빨간 꽃을 보니까 마음이 따뜻해지는 느낌이 들어요."라고 할 수 있다. 이처

럼 교사의 상호작용은 유아의 미적 감각을 자극하여 예술적인 감수성을 길러줄 수 있다.

생각해 봅시다!

1. 유아미술교육의 교수 방법의 특징을 비교·분석해 봅시다.
2. 유아미술교육을 위한 물리적 환경의 구성 방법을 제시하고 교사의 역할을 논의해 봅시다.

참고문헌

교육부, 보건복지부(2019). 2019 개정 누리과정 해설서. 세종: 교육부, 보건복지부.

김정희, 이용주, 김정열, 송영(2021). **유아미술교육**. 서울: 동문사.

김현자, 서지영, 홍은주, 오지영, 조득현(2013). **활동중심 아동미술**. 서울: 창지사.

나은숙, 윤희경, 안경숙, 오애순, 김승옥(2014). **영유아 교과교육론**. 경기: 공동체.

박문주(2019). 플립드 러닝(Flipped Learning)을 적용한 공공미술 감상교육 수업모형 연구. 단국대학교 교육대학원 석사학위논문.

보건복지부(2020). 제4차 어린이집 표준보육과정 해설서. 세종: 보건복지부.

서울교대미술교육연구회(2010). **미술교육학**. 경기: 교육과학사.

심성경, 백영애, 이영희, 변길희, 박주희(2018). **영유아미술교육**. 경기: 공동체.

심성경, 백영애, 이영희, 이효숙, 박지애, 박주희(2007). **유아미술교육**. 경기: 양서원.

이숙재, 이봉선, 김경란(2002). **유아미술교육**. 서울: 창지사.

Katz, L. G., & Chard, S. C. (1989). *Engaging children's minds: The project approach*. Norwood. NJ: Ahlex.

Chapter

08

유아음악교육

학습목표

1. 유아음악교육의 개념 및 목표를 이해한다.
2. 유아음악교육의 내용, 교수 방법을 안다.
3. 유아음악교육의 활동 실제를 이해하고 구성할 수 있다.
4. 유아음악교육 활동을 위한 교사의 지원방법을 안다.

1. 유아음악교육의 개념 및 목표

음악은 인간의 기분을 조절하고, 공동체의 정체성을 강화하며, 의사소통의 수단이다. 초기 생애의 음악에 대한 긍정적인 경험은 일생에서의 음악과의 관계 형성에 기초가 된다(Dartsch, Stavrou, & Piispanen, 2022).

음악 교과는 인간 · 문화 · 사회 · 산업 · 과학 · 환경적 측면에서 다양한 의미와 가치를 지니는 음악을 포괄적이며 효율적으로 경험하도록 함으로써 음악적 발달을 이끌어 살아가는 데에 필요한 미래 역량을 길러주는 교과이고, 주도적인 음악 활동을 하며 음악을 생활화하고, 다양한 분야와 연계한 창의적인 음악 활동을 통해 다른 사람과 소통하는 전인적 성장을 촉진하는 교과이다(교육부, 2022a).

유아음악교육은 영유아의 신체적, 사회적, 정서적, 언어적, 인지적, 창의적 발달에 기여해 왔다. 풍부한 음악적 환경에서 음악적인 놀이에 적극적으로 참여하고 음악경험을 하며 음악적 가치, 발달을 촉진하는 정보과 기술을 습득한다. 유아를 위한 음악교육에서는 다양한 음악작품과 활동을 통한 심미적 경험을 제공하여 유아들이 아름다움을 느끼고 행복한 마음으로 음악을 즐길 수 있도록 한다(장은주, 남옥선, 2020). 유아들은 음악교육활동을 통해 언어활동, 창작 활동에 관한 토론과 협의를 하고, 같이 노래하고 동작하며 타인과 어울리고 공존하는 법을 배우고, 자유롭고 구조화된 음악적 놀이를 통해 소리를 탐구하고 음악적 요소를 가지고 악기를 연주하며 인지적 수행능력과 운동능력을 발달시킨다(Dartsch, Stavrou, & Piispanen, 2022). 이렇듯 유아음악교육 활동은 영유아의 전인 발달과 밀접한 관련이 있다.

우리나라의 음악 교과의 교육 목표는 음악의 핵심적 지식 · 이해, 과정 · 기능, 가치 · 태도를 포괄하는 다양한 음악 활동을 통하여 감성, 창의성, 자기주도성을 기르고, 일상생활 속 다양한 공동체 안에서 소통할 수 있는 인간 육성으로 하고 있다(교육부, 2022a). 음악 교과와 관련된 초등학교 통합 교과인 즐거운 생활에서는 놀이를 하면서 '지금-여기-우리 삶'을 즐긴다는 목표의 하위 내용으로 첫째, 문화 예술 활동과 신체 활동을 통해 지금을 즐긴다. 둘째, 자신이 속한 장소에서 놀이를 즐기며 감정과 정서를 표현한다. 셋째, 공동체와 더불어 생각이나 느낌을 나누며 창작하고 표현하는 활동에 참여한다(교육부, 2022b)는 목표를 두고 있다. 우리나라의 유아교육에서 음악 교과와 관련된 목표는 2019 개정 누리과정과 표준보육과정의 예술 경험 영역에서 살펴볼 수 있다.

〈표 8-1〉 유아음악교육 관련 누리과정 및 표준보육과정 '예술 경험' 영역 목표

교육과정	대상연령	예술 경험 영역 목표
표준보육과정	0~1세	아름다움을 느끼고 경험한다. ① 자연과 생활에서 아름다움에 관심을 가진다. ② 예술적 경험을 표현한다.
	2세	아름다움을 느끼고 즐긴다. ① 자연과 생활에서 아름다움을 느끼고 관심을 가진다. ② 예술을 통해 자유롭게 표현한다.
누리과정	3~5세	아름다움과 예술에 관심을 가지고 창의적 표현을 즐긴다. ① 자연과 생활 및 예술에서 아름다움을 느낀다. ② 예술을 통해 창의적으로 표현하는 과정을 즐긴다. ③ 다양한 예술 표현을 존중한다.

유아음악교육은 유아를 위한 음악교육으로 유아의 전인적 발달을 위해 음악의 중요성과 총체적 접근을 강조한다. 유아음악교육은 유아교육의 원리에 기초하면서도 영유아들이 음악에서 학습해야 할 지식인 음악적 개념과 다양한 활동 유형에 따른 음악교수 방법이 통합되어 발달에 적합하게 제시되어야 한다(장은주, 남옥선, 2020). 유아기의 음악교육은 전형적으로 음악에 대한 사랑을 기르고, 창의력을 증진 시키고, 미래의 음악적 기술을 위한 기반을 마련하는 것에 초점을 두고 있다. 음악교육의 목표는 음악을 통해 유아의 발달을 촉진하고 평생 음악을 감상하고 표현하며 참여할 수 있는 기반을 제공하는 것을 목표로 한다.

2. 유아음악교육의 내용

유아는 다양한 음악 활동을 경험하며 음악적 개념을 이해하게 된다. 유아가 이해하고 경험해야 하는 음악적 개념으로는 소리와 음색, 박, 박자, 리듬, 빠르기, 셈여림, 음높이, 멜로디, 화성 등이 있다(장은주, 남옥선, 2000). 구체적으로 살펴보면 다음과 같다.

- 소리는 어떤 힘에 의해 발생된 진동이 공기를 통해 귀로 전달되어 감각을 일으키는 것을 의미한다.
- 음색은 소리의 특성으로 다른 것과 구별되는 소리의 질을 의미한다. 음색은 소리를 만들어 내는 물체의 재료, 구조, 크기에 따라 가르게 구별되며 소리를 내는 방법과 환경에 의해서도 달라진다.
- 박은 동일한 속도로 지속되는 운율적인 움직임으로서 박자의 단위가 된다.
- 박자는 박을 같은 주기적인 반복에 의해 묶어 놓은 것으로 일정한 박의 수에 따라 센 반을 첫 박으로 주기를 이루게 된다.
- 리듬은 음악의 기초를 이루는 요소로 음의 길이와 셈여림이 시간적으로 결합된 것을 의미한다. 리듬은 길고 짧은 소리의 패턴으로 박이라는 단위에 다양한 음표와 쉼표로 구성된다.
- 빠르기는 음악의 빠르고 느림으로써 음악을 연주할 때의 속도를 말한다.
- 셈여림은 소리의 크고 작음, 세고 여림의 정도에 관련된 음악적 표현이다.
- 음높이는 소리의 높은 낮음, 중간을 의미한다. 음의 높고 낮음은 진동 현상이 안정되고 분명할 때 잘 구별될 수 있으며, 소리의 진동수가 많으면 높은 소리가 되고 적으면 낮은 소리가 된다.
- 멜로디는 높이가 다른 음들이 시간적으로 배열되어 있는 것으로 음높이가 리듬과 결합되어 있는 것을 의미한다.
- 화성은 음높이가 다른 두 개 또는 그 이상의 소리가 동시에 울리는 것으로 화음이라고 하고 일정한 법칙에 따른 연결되는 화음을 화성이라고 한다.

다양한 음악 활동을 통해 음악적 개념이 통합적으로 제공될 때 유아는 음악적 개념을 보다 효과적으로 이해하고 형성하게 된다. 유아음악교육은 음악을 듣고 음악적 개념을 이해하는 법을 배우고, 노래 부르기와 악기 다루기를 통해 이 개념들을 다시 다루어보고, 표현해 보는 내용으로 구성된다(심성경 외, 2020). 음악은 활동으로 음악 하기가 강조되며 음악교육은 인지적 접근이나 언어적 지식이 아니라 행위로 표현되고 행위로 배워야 한다(Elliott, 1995, 최진경, 2020 재인용). 따라서 유아음악교육의 내용은 노래 부르기, 악기 다루기, 음악 감상하기, 듣고 표현하기, 음악 만들기 등 활동 중심으로 살펴볼 수 있다.

우리나라의 음악 교과 교육과정에서 음악과 내용 체계는 '연주', '감상', '창작'으로 구성되어 있다(교육부, 2022b). 일본의 유아음악교육 내용은 '표현'과 '감상'으로 구성되었으며 호주의 유아음악교육 내용은 '음악기본요소의 이해', '소리탐색', '감상'으로 구성되어 있다(이경언, 2021). 미국음악교육협회(National Association for Music Eduction: NAfME)의 음악교육기준에서 제시된 Pre-K 및 K 단계, 즉 유아 단계의 음악교육내용은 '창작하기', '공연하기', '반응하기', '연계하기'로 구성되어 있다. '창작하기'의 하위범주로는 상상하기, 계획 · 개발하기, 평가 · 다듬기, 보여주기가 있다. '공연하기'의 하위범주로는 선택하기, 분석하기, 해석하기, 리허설 · 평가 · 다듬기, 보여주기가 있다. '반응하기'의 하위범주로는 선택하기, 분석하기, 해석하기, 평가하기가 있다. '연계하기'는 범주와 하위범주가 동일하게 되어 있다(NAfME, 2014).

유아음악교육의 내용은 누리과정과 표준보육과정의 '예술 경험' 영역에서 살펴볼 수 있다. 표준보육과정에서 제시하고 있는 '예술 경험' 영역의 내용은 '아름다움 찾아보기', '창의적으로 표현하기'로 구성되어 있으며, 2019 개정 누리과정에서 제시하고 있는 '예술 경험' 영역의 내용은 '아름다움 찾아보기', '창의적으로 표현하기', '예술 감상하기'로 구성되어 있다. 각 내용 범주와 내용을 살펴보면 다음과 같다.

〈표 8-2〉 음악교육 관련 표준보육과정 0~1세 '예술 경험' 내용

내용 범주	내용
아름다움 찾아보기	• 자연과 생활에서 아름다움을 느낀다. • 아름다움에 관심을 가진다.
창의적으로 표현하기	• 소리와 리듬, 노래로 표현한다. • 감각을 통해 미술을 경험한다. • 모방 행동을 즐긴다.

〈표 8-3〉 음악교육 관련 표준보육과정 2세 '예술 경험' 내용

내용범주	내용
아름다움 찾아보기	• 자연과 생활에서 아름다움을 느끼고 즐긴다. • 아름다움에 관심을 갖고 찾아본다.
창의적으로 표현하기	• 익숙한 노래와 리듬을 표현한다. • 움직임과 춤으로 자유롭게 표현한다. • 미술 재료와 도구로 표현해 본다. • 일상생활 경험을 상상놀이로 표현한다.

〈표 8-4〉 음악교육 관련 2019 개정 누리과정 3~5세 '예술 경험' 내용

내용범주	내용
아름다움 찾아보기	• 자연과 생활에서 아름다움을 느끼고 즐긴다. • 예술적 요소에 관심을 갖고 찾아본다.
창의적으로 표현하기	• 노래를 즐겨 부른다. • 신체, 사물, 악기로 간단한 소리와 리듬을 만들어 본다. • 신체나 도구를 활용하여 움직임과 춤으로 자유롭게 표현한다. • 다양한 미술 재료와 도구로 자신의 생각과 느낌을 표현한다. • 극놀이로 경험이나 이야기를 표현한다.
예술 감상하기	• 다양한 예술을 감상하며 상상하기를 즐긴다. • 서로 다른 예술 표현을 존중한다. • 우리나라 전통 예술에 관심을 갖고 친숙해진다.

3. 유아음악교육의 교수-학습 방법

유아음악교육에서 효과적인 교수 방법은 유아들의 발달 수준과 특성을 고려하며 창의적이고 유동적인 환경에서 음악을 체험하도록 하는 것이다. 유아교사는 자신이 경험했던 음악적 경험과 음악적 환경을 바탕으로 유아들에게 음악 활동을 제공하게 되며, 교사가 음악적 능력을 갖추고 다양한 음악적 경험을 제공한다면 유아들은 음악을 즐거워하고 만족하며, 음악에 대해 친근감을 갖게 될 것이다(윤혜진, 2013). 음악 활동에 따른 교수-학습방법을 살펴보면 다음과 같다.

1) 노래 부르기 활동의 교수-학습방법

노래 부르기는 음악 활동으로 운영하는 노래 부르기 활동 이외에 등·하원 시간, 주의집중, 활동 전이 등 다양한 상황에서 노래 부르기를 할 수 있다. 노래를 선택할 때는 노랫말은 유아의 생활과 경험과 관련되면서 유아가 충분히 이해하고 표현할 수 있는 수준이 적당하며 음악적 개념이 유아의 발달에 적합한지 고려해야 한다(이정환, 김희진, 2014). 유아를 위한 노래는 대부분 길이가 짧은 편으로 한 소절씩 나누어 가르치게 되면 노래 전체의 흐름이나 분위기를 느끼기 어려울 수 있으므로, 새 노래를 지도할 때에는 전체 노래 지도 방법(노래 전체를 들려준 후 전체를 여러 번 반복해서 부르는 과정에서 노래를 익히는 방법)으로 가르치고 어려운 부분만 구절법(부분을 끊어 나누고 따라 부르게 하여 노래를 익히게 하는 방법)으로 반복해서 가르치는 방법이 적절하다(장은주, 남옥선, 2020). 유아들의 발달 수준, 노래의 특성 등을 고려하여 그림 중심의 노랫말 띠 자료, 교수 매체 등을 준비하여 지도한다. 노래 부르기 교수-학습방법을 살펴보면 다음과 같다.

◎ 새 노래 부르기

- 노랫말을 이야기, 짧은 동화 등으로 소개한다.
- 노랫말을 넣어서 전체 곡을 교사가 한번 불러 준다.
- 교사의 노래를 듣고 나서 어떤 노랫말이 있었는지 회상해 본다.
- 노래의 곡조를 익히기 위해 반주 없이 멜로디만 들어본다.
- 한 가지 소리로 불러본다.
- 노랫말을 소개한다.
- 두 부분으로 나누어 부른다.
- 부분을 바꾸어 부른다.
- 전체 곡을 함께 부른다.
- 노래에 따라 창의적으로 바꾸어 불러본다.
- 활동 후 평가한다.

◎ 리듬을 강조한 노래 부르기

- 교사는 노랫말을 멜로디 없이 리듬 찬트로 들려준다.
- 손뼉을 치면서 노랫말 리듬 찬트를 한다.
- 반주 없이 멜로디만 들려준다.
- 한 가지 소리로 불러본다.
- 노랫말을 넣어 부른다.
- 활동 후 평가한다.

2) 악기 다루기 활동의 교수-학습방법

유아들의 악기 다루기는 소리의 탐색에서부터 시작되어 리듬악기, 멜로디 악기를 연주하고, 리듬 합주를 하는 단계까지 발전할 수 있다(장은주, 남옥선, 2020). 유아의 연령과 발달 수준 등을 고려하여 악기 소개하기 활동, 한 가지 악기로 특정 부분 연주하기 활동, 분담하여 악기 합주하기 활동, 전체 악기 합주하기 활동 등으로 계획할 수 있다(남기원, 김남연, 김명정, 2022). 악기 연주하기에 적절한 노래를 선택한 후에는 그 곡의 특성을 잘 파악하여 악기를 준비하되 유아들의 발달에 적합한 것으로 준비한다(장은주, 남옥선, 2020). 악기 다루기 교수 매체로 노랫말 자료, 악기 사진 또는 그림 자료, 연주방법 그림 자료 등을 준비하여 유아들의 연주를 돕는다. 악기 다루기 활동의 교수-학습방법을 살펴보면 다음과 같다.

◎ 자유롭게 연주하기

- 사전에 배운 노래를 다 같이 불러본다.
- 노래에 맞춰 연주하기를 할 것을 알리고 악기를 탐색한다.
- 처음 소개되는 악기는 악기 이름, 연주방법, 다루는 태도 등에 관해 이야기 나눈 다음 악기를 유아에게 나누어 준다.
- 노래에 맞춰 유아들이 자유롭게 연주한다.
- 다양한 방법으로 연주한다.
- 활동 후 평가한다.

◎ 분담 합주하기

- 노래를 다 같이 불러본다.
- 악기연주 방법을 이야기 나눈다.
- 같이 정한 연주방법을 그림 악보에 표시한다.
- 악기연주 전 그림 악보에 따라 신체악기로 연주해 본다.
- 연주하고 싶은 악기를 선택하고 유아들에게 악기를 나누어 준다.
- 노래를 부르며 그림 악보에 따라 맡은 부분을 연주한다.
- 다양한 방법으로 분담 합주한다.
- 활동 후 평가한다.

3) 음악 감상하기 활동의 교수-학습방법

음악 감상하기는 소리 탐색과 음악 감상으로 구분해 볼 수 있다(김선정, 2018). 소리 탐색은 소리를 단순히 듣는 것이 아니라 구별하고, 분류하고, 표현하고, 새로운 소리를 만드는 활동으로 이어져야 하며 교사는 유아에게 친숙한 소재나 경험으로 체계적인 소리 탐색 관련 활동을 제공해야 한다(김선정, 2018). 음악 감상하기는 주된 활동으로 음악을 감상하는 직접 감상하기와 다른 활동의 배경음악으로 음악을 듣는 간접 감상하기 활동으로 나누어 볼 수 있다. 음악 감상곡은 다양한 장르와 문화권의 질 좋은 음악, 음악적 요소와 관련지어 비교해 볼 수 있는 음악, 음색과 분위기가 다르게 편곡된 음악 등 다양하게 준비한다(심성경 외, 2020). 음악 감상하기에서 곡의 길이는 약 1분 30초~2분 정도가 적합하며 음악만 듣는 감상곡의 경우 최대 3분을 넘기지 않는 것이 좋다(장은주, 남옥선, 2020). 음악 감상하기 활동을 위해 사진 및 그림 자료, 시청각 자료 등 음악작품에 대한 이해를 돕는 교수 매체를 제공한다. 음악 감상하기 활동은 교수-학습방법은 다음과 같다.

◎ 소리 탐색하기

- 소리를 듣고 인식한다.
- 소리에 대한 생각과 느낌을 이야기 나눈다.
- 다양한 소리를 탐색한다.
- 활동 후 평가한다.

◎ 음악 감상하기

- 음악과 관련된 이야기, 동화 등을 들려준다.
- 음악에 관한 소개를 한다.
- 음악을 감상한다.
- 음악을 듣고 난 후 느낌과 생각, 특징, 음악적 요소 등에 관해 이야기 나눈다.

- 음악의 느낌, 특징, 음악적 요소를 경험하며 음악을 다시 한번 감상한다.
- 활동 후 평가한다.

4) 듣고 표현하기 활동의 교수-학습방법

듣고 표현하기는 음악 감상의 느낌, 생각, 음악적 요소 등을 언어, 동작, 미술 등으로 표현해 보는 활동이다. 노랫말에 따라 표현하기 활동은 노랫말을 듣고 몸으로 어떻게 표현하면 좋을지 유아들이 의견을 나누고 동작 등의 표현을 정해서 활동이며, 음악적 요소에 기초한 표현하기 활동은 음악을 듣고 특징적인 음악적 요소를 인식하여 그 느낌, 생각, 심상을 표현해 보는 활동이다(남기원, 김남연, 김명정, 2022). 듣고 표현하기 활동을 위해 스카프, 리본 막대, 팔찌, 머리띠 또는 가면, 의상 등의 소품을 준비하여 제공한다. 듣고 표현하기 활동의 교수-학습방법은 다음과 같다.

◎ 듣고 표현하기

- 음악에 대한 소개를 한다.
- 음악을 감상한다.
- 음악을 듣고 난 후 느낌과 생각, 특징, 음악적 요소 등에 대해 이야기 나눈다.
- 음악을 다시 감상한다.
- 음악을 듣고 언어, 그림, 선, 점, 동작 등으로 표현해 본다.
- 활동 후 평가한다.

5) 음악 만들기 활동의 교수-학습방법

음악 만들기는 음악을 만드는 창작 활동으로 유아의 음악적 경험이 풍부할수록 음악 창작 활동은 더욱 빈번하게 자발적으로 나타난다(남기원, 김남연, 김명정, 2022). 음악 만들기는 셈여림·빠르기 변화 주기, 노랫말 만들기, 리듬 만들기, 멜로디 만들기 등 다양하게 운영할 수 있다. 음악을 만들어 내는 과정에 관심을 갖고, 유아의 창의적인 노력을 인정하고 격려하며, 창의적 음악 활동이 일어날 수 있도록 여러 가지 소품, 재료, 악기 등을 준비해 준다(장은주, 남옥선, 2020). 음악 만들기를 위해 화이트 보드, 그림 자료, 사진 자료, 쓰기 자료, 녹음 매체 등을 준비하여 제공한다. 음악 만들기 교수-학습방법을 살펴보면 다음과 같다.

◎ 노랫말 만들기

- 유아들이 알고 있는 노래 중 적합한 노래를 함께 부른다.
- 노랫말을 바꾸고 싶은 부분이 어느 곳인지 이야기 나누어 본다.
- 바꾸고 싶은 노랫말, 어휘, 표현 등을 바꾸어 본다.
- 바뀐 부분을 노랫말 자료에 적고 교사가 불러본다.
- 바뀐 노랫말로 노래를 함께 불러본다.
- 이야기를 나누어 또 다른 노랫말로 바꾸어 불러본다.
- 활동 후 평가한다.

◎ 리듬 만들기

- 리듬악기를 가지고 간단한 리듬을 만들어 본다.
- 자료를 이용해서 일정한 박자 안에서 리듬 만들기를 해본다.
- 만든 리듬을 보고 신체로 표현해 본다.
- 만든 리듬을 악기로 표현해 본다.
- 리듬 만들기가 익숙해지면 유아들이 자유롭게 리듬을 만들어 본다.

• 활동 후 평가한다.

◎ **멜로디 만들기**

• 유아들이 알고 있는 노래 중 반복적 구조와 멜로디를 가진 노래를 함께 불러본다.
• 멜로디를 바꿀 수 있는 부분을 찾아 그 부분만 불러본다.
• 그림 악보를 제시하고 어떻게 바꿀 수 있을지 이야기해 본다.
• 그림 악보를 사용하여 유아들이 음표를 붙이면 교사는 그 음대로 노래를 불러 준다.
• 바뀐 멜로디로 노래는 듣고 다시 바꾸고 싶은 음을 다시 붙여 본다.
• 노래 전체를 함께 불러본다.
• 불러 본 다음 느낌에 관해 이야기 나눈다.
• 활동 후 평가한다.

4. 유아음악교육 활동의 실제

유아음악교육 활동의 실제를 살펴보기 위해 활동 사례를 제시하면 다음과 같다.

<table>
<tr><th>활동명</th><td colspan="2">가을을 자연물 리듬악기로 표현해 보아요.</td><th colspan="2">활동 유형</th><td>악기 연주하기</td></tr>
<tr><th>대상연령</th><td>5세</td><th>집단형태</th><td>대집단</td><th>예상소요시간</th><td>20분</td></tr>
<tr><th>교육목표</th><td colspan="5">소리의 크기와 변화에 대해 안다.
가을의 변화된 모습을 리듬악기로 표현해 본다.
자연물을 통한 리듬악기로 역동성을 경험하고 즐긴다.</td></tr>
<tr><th>누리과정 관련 요소</th><td colspan="5">예술 경험 〉 창의적으로 표현하기 〉 신체, 사물, 악기로 간단한 소리와 리듬을 만들어 본다.
예술 경험 〉 아름다움 찾아보기 〉 예술적 요소에 관심을 갖고 찾아본다.</td></tr>
</table>

활동자료	도토리, 잠자리 실물 사진자료(수수께끼), 유아들 활동사진, 솔방울, 은행열매, 낙엽, 도토리 뚜껑으로 만든 리듬악기, 노랫말 자료, 셈여림 그림 자료, 「잠자리」 노래 음원 
사전활동	현장학습(숲 견학), 새 노래 부르기 「잠자리」
단계	활동 과정
도입	• 주의 집중하기 T: 선생님이 수수께끼를 준비했어요. 들어봅시다. 나는 가을에 볼 수 있어요. 나는 동그란 모양이어서 굴러갈 수 있어요. 다람쥐는 나를 좋아해요. 나는 누구일까요? T: ○○이는 도토리라고 생각했구나. T: 다음 수수께끼를 들어봅시다. 나는 가을에 높은 하늘을 빠르게 날아다녀요. 나는 2쌍의 투명한 날개를 가지고 있어요. 나는 큰 눈을 가지고 있어요. 나는 누구일까요? T: ○○이는 잠자리라고 생각했구나. 누구였는지 한번 볼까? T: 그래요. 지난 숲 견학에서 본 잠자리였어요. 숲 견학에서 우리는 또 무엇을 보았나요? (숲 견학 때 찍은 사진을 보여주며) T: 그랬구나. ○○이는 다람쥐가 쪼르르 달려가는 모습을 봤구나. 또 무엇을 보았니? 그리고 어떤 소리를 들었니? T: ○○이는 낙엽도 보고 낙엽이 우수수 떨어지는 소리를 들었구나. ○○이는 나무도 보고 나무 사이에서 바람이 위-이-잉 부는 소리를 들었구나.
전개	• 자연물 악기 소리 탐색하기 T: 여러분이 숲에서 가져온 자연물로 만든 악기를 준비해 왔어요. 자연물을 넣은 리듬악기를 어떤 소리가 나는지 들어봅시다. T: ○○이가 소리를 내볼까? (천으로 감싼 자연물 리듬악기를 흔든다) 악기에서 어떤 소리가 들리니? 어떤 자연물의 소리 같나요? T: ○○이는 샥샥샥 거리는 소리 때문에 낙엽이라고 생각했구나.

또 어떤 것이라고 생각했나요?
T: ㅇㅇ이는 부스럭거리는 소리 때문에 종이 같다고 생각했구나.
T: (천으로 감싼 자연물 리듬악기의 내용물을 보여주며)
이 자연물은 낙엽이었네요.
여러분의 생각처럼 샥샥샥 거리는 소리도 나고 부스럭거리는 소리도 나네.
T: 다음 악기 소리를 들어봅시다. 이번에는 ㅇㅇ이가 소리를 내볼까?
이번에는 어떤 소리가 들리나요? 어떤 자연물인 것 같아요?
T: ㅇㅇ이는 콩콩콩 거리는 소리 때문에 돌이라고 생각했구나.
다른 생각도 있나요?
T: ㅇㅇ이는 은행 열매라고 생각했구나. 어떤 자연물인지 한번 볼까?
T: (천으로 감싼 자연물 리듬악기의 내용물을 보여주며)
이번에는 은행 열매였어. 샘물반은 은행열매가 콩콩콩 거리는 소리로 들렸구나.

• 악기 연주하기
T: 이제 이 자연물 리듬악기들로 악기연주를 해보려고 해요.
T: 연주하고 싶은 악기를 마음속으로 생각해 봅시다.
그럼 먼저 갈색 옷을 입고 바람과 춤을 출 수 있는 낙엽 리듬악기를 연주하고 싶은 어린이 있나요?
T: 그 다음으로 도토리를 안전하게 보호해주는 튼튼한 도토리 뚜껑이 담긴 리듬악기를 연주하고 싶은 어린이 있나요?
T: 여러 겹의 비늘 옷을 입은 솔방울 리듬악기를 연주하고 싶은 사람 있나요?
T: 마지막으로 매끈하고 동글동글한 은행 열매 리듬악기를 연주하고 싶은 어린이 있나요?
T: 이제 리듬악기로 "잠자리" 노래에 맞춰서 연주해보려 해요.

• 음악적 요소에 따라 연주하기
T: "잠자리" 노래에서 리듬악기로 다 같이 연주해보고 싶은 부분이 있나요?
T: '살금살금' 부분을 어떻게 연주하면 좋을까?
T: ㅇㅇ이는 "살금살금" 부분이 조용히 가서 잠자리를 잡아야 하니까 점점 작게 연주하고 싶구나~
T: 또 연주해보고 싶은 다른 부분이 있니?
T: ㅇㅇ이는 왜 '잡다가' 부분을 '크게' 연주하고 싶었니?
T: 그래 '잡다가' 부분은 강아지가 잠자리를 잡으니까 '크게' 연주해보면 좋겠다.
T: 그러면 다시 노래를 부르면서 '살금살금' 부분은 '점점 작게' 연주하고, '잡다가' 부분은 '크게' 연주해보자.

T: 이번에는, '잠자리' 노래를 '독수리'로 바꿔서 불러보았는데 바꾼 노래로 연주를 해 볼 거야.
T: 잠자리랑 바둑이를 무엇으로 바꿨었지?
T: 그래 잠자리를 독수리로, 바둑이를 호랑이로 바꿨었지!
T: 바꾼 노래에서 연주해보고 싶은 부분이 있니?
T: ㅇㅇ이는 '큰 바위 위에 앉았다' 부분을 왜 '아주 느리게' 연주하고 싶어?
T: 그렇구나. 독수리가 날다가 천천히 바위에 앉으니까 '아주 느리게' 연주해보면 좋

	겠다. T: 또 다른 연주를 해보고 싶은 부분이 있나요? T: ○○이는 왜 '재빠르게' 부분을 '아주 크게' 연주하고 싶었니? T: 그래. 호랑이가 독수리를 빠르게 쫓아서 잡으니까 '아주 크게' 연주할 수 있겠다. T: 그러면 다시 노래를 부르면서 '큰 바위 위에 앉았다' 부분은 '아주 작게', '재빠르게' 부분은 '아주 크게' 연주해보자.
마무리	• 활동 평가하기 T: 오늘 샘물반이 리듬악기로 '잠자리', '독수리' 노래를 연주해보았어요. 연주한 부분에서 악기 소리가 어떻게 바꾸었나요? T: 그래요. 같은 악기로도 '점점 작게', '아주 작게', '크게', '아주 크게' 연주할 수 있었지. T: 솔방울, 은행열매, 낙엽, 도토리뚜껑 이렇게 다양한 자연물을 가지고 연주해봤는데 소리는 어떻게 들렸나요? T: 소리가 어떻게 달랐나요? T: 그렇군요. 자연물의 개수, 무게, 크기, 모양에 따라 다 다른 소리가 날 수 있군요. T: 오늘 이렇게 자연물 악기와 다양한 셈여림으로 연주해보았는데 어떤가요? T: 그래요. 악기로 같이 연주하며 노래하니 더 신나기도 하고 진짜로 강아지가 살금살금 기어가거나 호랑이 소리가 크게 들리는 것 같았어요. T: 연주하면서 어려웠던 점은 있었나요? T: ○○이는 낙엽으로 연주했는데 낙엽이 너무 가벼워서 소리를 내기 어려웠구나. T: ○○이는 솔방울이 너무 크고 무거워서 강아지가 살금살금 가는 모습을 표현하기가 어려웠구나. T: 자연물이 다 다른 소리를 내니까 연주하고 싶은 부분에 가장 잘 어울리는 자연물을 골라서 연주해보면 좋을 것 같아요. T: 연주를 하면서 좋았던 점도 이야기해 볼까요? T: 그렇구나. 관심 있었던 자연물을 이용해 악기연주를 해보고, 또 한 악기로 여러 소리도 내보아서 재미있었구나. T: 연주했던 리듬악기와 노랫말 자료는 음률영역에 놓아둘게요. 음률영역에서 연주해볼 수 있어요. 과학영역에는 리듬악기 안에 있었던 자연물을 돋보기로 자세히 관찰해볼 수 있고, 미술영역에서는 자연물 리듬악기를 멋있게 꾸며보는 활동을 수 있어요.
놀이지원	음률영역: 자연물 리듬악기와 「잠자리」 가사판, 가을 자연소리 CD 플레이어 미술영역: 자연물 리듬악기 꾸미기 과학영역: 돋보기를 이용해 자연물을 관찰하고, 관찰 일지 작성해보기

<table>
<tr><td>활동명</td><td colspan="3">금붕어가 되어 보아요</td><td>활동 유형</td><td>듣고 표현하기</td></tr>
<tr><td>대상연령</td><td>4세</td><td>집단형태</td><td>소집단</td><td>예상소요시간</td><td>20분</td></tr>
<tr><td>교육목표</td><td colspan="5">금붕어의 다양한 움직임에 관심을 가진다.
음악의 빠르기에 따라 금붕어의 움직임을 창의적으로 표현해 본다.
금붕어의 움직임을 표현하며 즐거움을 느낀다.</td></tr>
<tr><td>누리과정 관련 요소</td><td colspan="5">예술경험 〉 창의적으로 표현하기 〉 신체나 도구를 활용하여 움직임과 춤으로 자유롭게 표현한다.
예술경험 〉 예술 감상하기 〉 서로 다른 예술 표현을 존중한다.</td></tr>
<tr><td>활동자료</td><td colspan="5">– 금붕어 손인형, 금붕어 영상, 금붕어 옷, 금붕어 머리띠
– ‘Under the sea’ 음원 또는 셈여림이 특징적인 음악
– 배경: 비닐(어항 속 물), 빔프로젝터 등

 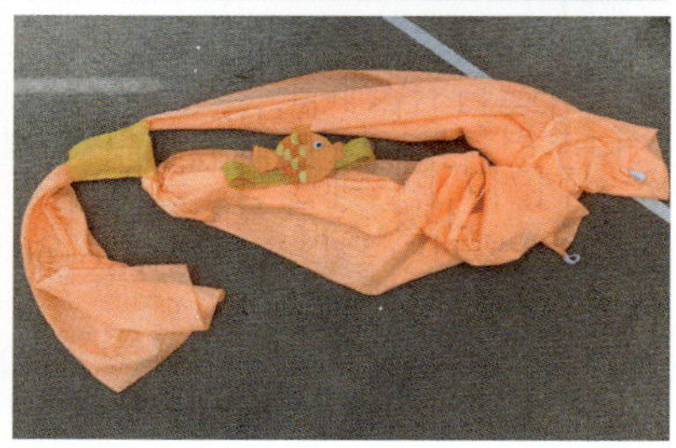</td></tr>
<tr><td>사전활동</td><td colspan="5">이야기 나누기: 물고기의 종류와 생김새
과학영역: 금붕어 관찰하기
미술영역: 물고기 판화</td></tr>
<tr><td>단계</td><td colspan="5">활동과정</td></tr>
<tr><td>도입</td><td colspan="5">• 주의집중하기
• 손인형을 이용하여 유아들에게 금붕어가 되어보는 활동 소개하기

T: 햇살반에 금붕어 친구가 찾아왔네요. 우리에게 전할 이야기가 있대요.
금붕어: 안녕. 햇살반 친구들. 나는 ♡♡어항 속에 사는 금붕어 주황이야. 만나서 반가워. 요즘 너희가 우리가 어떻게 사는지 관심이 많다고 선생님께 들었어. 그래서 우리 어항에 초대하고 싶어. 그런데 우리 어항에 놀러 오려면 나처럼 움직일 수 있어야 해. 우리 어항에 꼭 놀러 와 주길 바라. 안녕.
T: 햇살반 금붕어 주황이의 이야기를 잘 들었나요? 오늘은 우리가 금붕어가 되어서 금붕어와 함께 놀아보려 해요.</td></tr>
</table>

전개	• 금붕어의 움직임을 볼 수 있는 동영상을 시청하며 이야기 나누기 T: 금붕어의 움직임을 살펴봅시다. 금붕어는 무엇을 하고 있었을까? 어떻게 움직였나요? T: 금붕어가 꼬리를 어떻게 움직였나요? T: 금붕어가 지느러미를 어떻게 움직였나요? T: 금붕어처럼 움직이려면 우리는 어떻게 해야 할까? T: 금붕어처럼 움직여 볼까요? • 음악을 들으며 금붕어를 표현해 보기 T: 음악을 듣고 금붕어를 표현해 봐요. 금붕어 옷과 머리띠를 하고 금붕어가 되어 음악을 들어 봐요. T: 어떤 느낌의 음악인가요? 음악이 빠르게 느껴지는구나. T: ○○이 금붕어는 음악처럼 아주 빠르게 헤엄치네. ○○이는 물속을 빙글빙글 신나게 돌고 있구나. T: 이번 음악은 어떤 느낌이 들까요? 한번 들어 봅시다. T: 그렇군요. 물속이 잔잔하고 조용한 느낌이 드는군요. T: 이런 음악을 들으면 금붕어는 어떻게 움직일까요? ○○이 금붕어는 꼬리만 천천히 흔들고 있네요. ○○이 금붕어는 바위 아래서 쉬고 있네요. T: 다음 음악에서는 음악의 빠르기가 금붕어의 여러 가지 움직임처럼 바뀔 거예요. 음악의 빠르기를 듣고 금붕어는 어떻게 할지 생각해 보고 금붕어를 표현해 봐요.
마무리	• 활동에 대한 평가하기 T: 음악을 들으며 금붕어를 표현해 보니 느낌이 어땠나요? T: 어떻게 움직일 때가 가장 재미있었나요? T: ○○이는 빠르게 헤엄치는 것이 가장 재미있었구나. T: ○○이는 팔을 휘저으며 지느러미를 움직여보는 게 즐거웠구나. T: 금붕어를 표현해 보았는데 어떤 점이 아쉬웠나요? T: 그랬구나. 같이 몰려다니는 것을 해보지 못해 아쉬웠군요. 다음에 같이 해 봐요. T: 음악과 금붕어 옷, 머리띠는 음률 영역에 둘 테니 관심 있는 금붕어의 여러 움직임을 다시 해보아요.
놀이지원	음률 영역: 음악 자료, 금붕어 옷, 머리띠 언어 영역: 금붕어의 생활 사전 만들기 미술 영역: 금붕어 어항 만들기

5. 유아음악교육을 위한 교사의 지원

유아음악교육을 위한 교사의 지원은 유아의 특성과 음악 교과의 특성을 고려하고 '2019 개정 누리과정'에서 제시하는 교사의 놀이 지원을 바탕으로 지원한다. 음악교육을 위한 교사의 지원을 환경적 측면의 지원, 상호작용적 측면의 지원, 활동적 측면의 지원으로 살펴보면 다음과 같다.

〈표 8-5〉 교사의 놀이 지원

- 충분한 시간을 제공하고 융통성 있게 공간 운영하기
- 기다리고 지켜보기
- 유아의 생각을 수정하지 않고 따라가기
- 놀이 공유하기
- 다양한 매체를 제공하고 자유롭게 선택하는 유아의 놀이 따라가기
- 함께 놀이하기
- 교사가 제안을 하되 유아들이 그것을 어떻게 경험하는지 바라보기

출처: 교육부, 보건복지부(2019b). 2019 개정 누리과정 놀이이해자료. 교육부, 보건복지부.

1) 환경적 지원하기

유아음악교육을 위한 교사의 환경적 지원은 유아들이 음악을 즐기며 탐구하고 창작할 수 있는 환경을 조성하는 것을 의미한다. 환경적 지원을 통해 다양하고 풍부한 음악적 경험을 제공함으로써 유아들의 음악적 능력과 감성을 발전시킬 수 있어야 한다. 음악교육을 위한 환경적 지원을 살펴보면 다음과 같다.

- 음악놀이공간 조성: 교실이나 어린이집 내에는 유아들이 자유롭게 음악적인 놀이를 할 수 있는 공간을 마련한다. 음악놀이공간 또는 음률 영역은 영유아가 음악적으로 사고하고 탐구하며 새로운 생각을 시도할 수 있도록 자극하는 공간이며 자신의 음악적인 내면을 신체 움직임으로 표현할 수 있도록 하는 공간이다(남기원, 김남연, 김명정, 2022).

- 다양한 음악 자료 제공: 다양한 음악적 자료와 도구를 제공하여 유아들이 다양한 소리와 악기를 체험하고 탐구할 수 있도록 한다. 소리 나는 자료와 도구, 간단한 악기, 음악 놀잇감 등을 활용하여 다양한 소리와 리듬을 경험하도록 돕는다.
- 다양한 음악 장르 소개: 다양한 음악 장르를 소개하고 유아들이 다양한 음악 스타일과 문화를 경험하게 한다. 세계 음악, 클래식, 팝, 전통 음악, 영화 및 애니메이션 음악 등 다양한 음악을 통해 유아들의 감성과 호기심을 자극한다.
- 음악과 동작의 통합: 음악과 움직임을 결합하여 유아들이 신체로 음악을 표현하고 체험할 수 있도록 돕는다. 노래와 함께 춤을 추거나, 리듬에 맞춰 신체를 활용하는 활동을 통해 음악과 움직임을 조화롭게 통합한다.
- 창작적 활동: 유아들이 음악을 창작하고 표현할 수 있는 기회를 제공한다. 악기를 만들어 보거나, 자유롭게 노래를 만들어 부르는 등의 창작적인 활동을 통해 유아들의 창의성을 유발한다.
- 음악 전문가의 지원: 음악연주자, 음악가 등의 음악 전문가의 지원을 받아 유아들에게 음악교육활동과 연계적 음악적 경험을 제공한다. 전문가의 도움으로 유아들은 음악에 대한 이해를 깊이 있게 키울 수 있다.
- 음악 공연 및 행사 참여: 유아들이 음악 공연이나 행사에 참여하게 하여 생생한 음악적 경험을 제공한다. 음악 공연과 행사 등을 통해 유아들은 음악에 관한 관심과 탐색을 심화시킬 수 있다.

교사는 이러한 환경적인 지원을 통해 유아들이 음악을 자연스럽게 체험하고 창의적으로 표현하는 데에 도움을 준다.

2) 상호작용 지원하기

유아음악교육을 위한 상호작용 지원은 유아들이 음악을 경험하고 학습하는 과정에서 상호작용을 촉진하는 방법을 의미한다. 상호작용은 유아들이 다른 유아들, 교사, 음악적인 요소와 상호작용하면서 음악을 더 깊이 이해하고 즐길 수 있는 기회를 제공한다. 음악교육을 위한 상호작용 지원을 살펴보면 다음과 같다.

- 집단 활동: 유아들을 대집단 또는 소집단으로 다양한 음악 활동을 수행하도록 도울 수 있다. 예를 들어, 함께 노래 부르기, 손뼉치기, 간단한 리듬 악기를 사용하여 집단으로 음악을 만들기 등의 활동을 통해 유아들 간의 상호작용을 촉진할 수 있다.
- 음악과 동작 활동의 통합: 음악과 동작을 통합한 활동은 유아들이 서로의 움직임에 반응하면서 상호작용을 할 수 있도록 한다. 함께 춤을 추거나 음악에 맞춰 신체를 움직이는 등의 활동은 음악적 상호작용을 강화시킬 수 있다.
- 감각적인 체험: 다양한 음악적 요소를 체험하도록 하는 활동을 통해 유아들이 음악에 대한 감각을 발달시키고 상호작용을 도모할 수 있다. 음악적인 소리를 만들어 보거나 다양한 악기를 탐색하는 등의 활동 경험을 통해 상호작용이 이루어진다.
- 교사와의 상호작용: 교사는 유아들과의 상호작용을 통해 유아들의 관심을 이끄는 방법, 음악에 대한 호감을 파악하고 유아들에게 적합한 활동을 선택하는 등 교사와 유아들 간의 상호작용은 음악교육의 질을 높일 수 있다.
- 자유로운 음악 표현 시간: 유아들에게 일정한 시간 동안 자유롭게 음악을 만들고 표현할 수 있는 시간을 제공한다. 이는 유아들이 자신의 음악적 표현을 공유하고 상호작용하는 데 도모한다.

교사의 상호작용 지원을 통해 유아들은 음악을 더욱 활발하게 체험하며, 다른 유아들과의 협력과 소통을 통해 더욱 풍부한 음악적인 경험을 하게 된다.

음악놀이는 유아의 창의성, 감정 표현, 사회적 상호작용 등 다양한 발달영역에 긍정적인 영향을 미치는 중요한 활동이다. 교사는 유아의 음악놀이를 지원하고 활발한 참여를 유도하기 위해 다양한 상호작용을 제공할 수 있다. 다음은 유아의 음악놀이를 위한 교사의 상호작용 예시이다.

〈표 8-6〉 유아의 음악놀이를 위한 교사 상호작용의 예시

※ 유아들이 음악놀이를 위해 악기를 사용하는 상황

초점	상호작용
유아 참여 격려	"오늘은 어떤 음악을 만들어 볼까요? 악기로 다양한 소리를 내봅시다!"
유아 창의성 존중	"이건 무슨 악기인가요? 정말 독특한 소리가 나네요! 소리를 자유롭게 표현해 보세요."
감정 표현 격려	"이 소리를 들으니 어떤 감정이 느껴지나요? 행복한 노래일까요, 슬픈 노래일까요?"
협업 촉진	"이번에는 다 같이 소리를 합쳐봅시다! 각각의 소리가 어떻게 어울릴까요?"
음악적 요소 제시	"이 노래에서는 느린 속도로 악기를 치면 어떨까요? 또는 빠른 속도로 치면 어떤 느낌이 날까요?"
언어적 상호작용 촉진	"이 소리는 어떤 단어로 표현할 수 있을까요? '밝은 소리', '고요한 소리'? 생각해 보세요."
긍정적 피드백 제공	"모두가 함께 음악을 만들었어요! 우리의 생각과 의견으로 음악을 만들어 보니 정말 즐거운 경험이 되었네요."

3) 활동 지원하기

유아의 음악 활동과 놀이를 지원하는 것은 유아들이 다양한 음악적 경험을 쌓을 수 있도록 도와주는 중요한 과정이다. 다양한 음악놀이 활동을 통해 유아들은 음악적인 개념을 경험하며 동시에 소통과 협력의 기술, 음악적 창의성 등을 발전시킬 수 있다. 교사는 유아의 놀이를 관찰하며 상황과 맥락 속에서 유아의 흥미나 관심과 관련된 노래 부르기, 음악 감상하기, 신체 표현하기 등의 음악 활동 및 놀이를 제안하거나 지원하며 즐겁게 놀이하는 방식으로 활동을 진행할 수 있다(남기원, 김남연, 김명정, 2022). 음악교육을 위한 활동 지원을 살펴보면 다음과 같다.

- 다양한 소리와 악기 탐색: 다양한 소리와 악기를 탐색하고 활용하는 것은 유아들이 음악적 창의성을 더 다양하게 표현할 수 있도록 한다. 리듬악기, 생활용품 도구, 재활용 소재를 이용하여 만든 악기까지 다양한 소리를 만들어 유아들은 음악놀이를 풍부하게 경험할 수 있다.
- 리듬 패턴 활용: 간단한 리듬 패턴을 활용하여 유아들이 패턴을 만들고 확장할 수 있도록 돕는다. 예를 들어, 손뼉치기, 발 구르기, 리듬악기 연주 등을 통해 유아들은 자유롭게 리듬을 창작하고 확장할 수 있다.
- 음악 이야기 만들기: 유아들에게 음악적인 이야기를 만들도록 지원한다. 이야기의 주제나 감정에 따라 음악을 만들거나 악기를 연주하고, 이를 통해 유아들은 자신의 감정이나 이야기를 음악을 통해 표현할 수 있게 된다.
- 자유로운 악기연주: 유아들에게 다양한 악기를 사용하여 자유롭게 연주할 수 있는 시간을 제공한다. 소집단 또는 개별적으로 다양한 악기를 사용하면서 상호작용하고, 함께 연주하면서 음악적 경험을 확장 시킬 수 있다.
- 노래 만들기: 유아들에게 자신만의 가사와 멜로디로 노래를 만들도록 지원한다. 이를 통해 유아들은 음악을 창작하고 표현하는 능력을 발전시킬 수 있다.
- 음악 게임: 다양한 음악적 게임을 활용하여 유아들이 놀이를 통해 음악적인 개념을 더욱 자연스럽게 이해하고 경험하도록 한다. 예를 들어, 숨은 악기 찾기, 리듬에 맞게 이동하기, 음악을 통한 퀴즈 등의 게임을 활용할 수 있다.

교사의 음악 활동 지원을 통해 유아들은 음악놀이를 더욱 창의적으로 확장하고, 자유로운 표현을 통해 음악적인 경험을 즐길 수 있게 된다.

생각해 봅시다!

1. 디지털 도구 활용: 디지털 도구를 활용하여 어떻게 유아들에게 음악을 경험하게 할 수 있는지, 이를 통해 어떤 효과를 기대할 수 있는지 토의해 봅시다.
2. 다양한 음악 장르의 활용: 유아기에 어떤 음악 장르를 활용할 수 있는지, 다양한 음악이 유아들의 발달에 어떤 영향을 미칠 수 있는지 토의해 봅시다.
3. 유아를 위한 창의적인 음악 활동: 창의적이고 유동적인 음악 활동을 통해 유아들이 음악을 더 즐겁게 체험하고 학습하는 방법에 대해 토의해 봅시다.

참고문헌

교육부, 보건복지부(2019a). 2019 개정 누리과정 해설서. 교육부, 보건복지부.

교육부, 보건복지부(2019b). 2019 개정 누리과정 놀이이해자료. 교육부, 보건복지부.

교육부(2022a). 음악과 교육과정, 교육부 고시 제2022-33호 [별책 12]. 교육부.

교육부(2022b). 바른 생활, 슬기로운 생활, 즐거운 생활 교육과정, 교육부 고시 제2022-33호 [별책 15]. 교육부.

김선정(2018). **유아음악교육**. 경기: 양성원.

남기원, 김남연, 김명정(2022). **영유아음악교육**. 경기: 공동체.

보건복지부(2020). 제4차 어린이집 표준보육과정 해설서. 보건복지부.

심성경, 이희자, 이선경, 김경의, 이효숙, 박주희(2020). **영유아음악교육**. 경기: 양서원.

이경언(2021). 외국의 유치원과 초등학교 1, 2학년 음악과 교육과정에서의 연계 특징 탐색 : 일본, 핀란드, 호주, 캐나다를 중심으로. **음악교육공학**, 48, 139-159.

이정한, 김희진(2017). **영유아 교육의 교수–학습방법**. 서울: 파란마음.

장은주, 남옥선(2020). **유아음악교육**. 경기: 양서원.

최진경(2020). 실천적 음악교육의 교육 목적 변화에 내재된 의미 탐색: 데이빗 엘리엇(D. Elliott)의 Music Matters 2를 중심으로. **미래음악교육연구**, 5(3), 181-209.

Dartsch, M., Stavrou, N., E., & Piispanen, U. (2022). *Theory and practice of early childhood music education*. European Music School Union.

National Association for Music Education(2023.09.11) Reston, VA. https://nafme.org/resource/2014-music-standards-pk-8-general-music/

Chapter

09

유아수학교육

학습목표

1. 유아수학교육의 개념 및 목표를 이해한다.
2. 유아수학교육의 내용, 교수 방법을 안다.
3. 유아수학교육의 활동 실제를 이해하고 구성할 수 있다.
4. 유아수학교육 활동을 위한 교사의 지원방법을 안다.

1. 유아수학교육의 개념 및 목표

현대 사회의 급속한 과학발달은 현대 사회에서 필요시 되는 가치로 실제적 문제해결력을 요구하게 되었고 수학 교과는 이러한 문제해결력을 기르는 데 필요한 내용과 기준을 반영하게 되었다. 수학 교과는 수학의 개념, 원리, 법칙을 이해하고 주변의 여러 가지 현상을 수학적으로 관찰하고 해석하며 논리적으로 사고하고 합리적으로 문제를 해결하는 능력과 태도를 기르는 교과이다(교육부, 2022a).

유아수학교육은 유아들이 수학적 개념과 기초적인 수리 능력을 발전시키는 교육적 접근을 의미한다. 유아를 위한 수학교육은 놀이와 체험 중심으로 수학을 이해하도록 하는 수학적 개념에 대한 기초를 제공하며 자연스럽고 유기적인 방법으로 이루어져 유아들의 수학적 태도 형성을 지원한다.

우리나라의 교육과정에서 수학 교과의 목표는 수학의 개념, 원리, 법칙을 이해하고 수학의 가치를 인식하며 바람직한 수학적 태도를 길러 수학적으로 추론하고 의사소통하며 다양한 현상과 연결하여 정보를 처리하고 문제를 창의적으로 해결하는 수학 교과 역량을 함양하는 것으로 하고 있다(교육부, 2022a). 국가 수준의 유아교육과정인 누리과정과 연계되는 초등학교 통합 교과인 슬기로운 생활에서는 '지금-여기-우리 삶'에 지속적으로 관심을 갖고 탐구한다는 목표의 하위 내용으로 첫째, 자신과 주변에 관심을 가지고 질문을 제기하며 지속적으로 탐구한다. 둘째, 탐구 과정에서 필요한 지식이나 기능을 다루면서 주변을 탐구하는 태도를 기른다. 셋째, 탐구 과정에서 형성한 이해를 공동체와 공유하며 확장한다(교육부, 2022b)라는 목표를 두고 있다. 유아수학교육은 유아가 적합한 수학적 기초지식과 수학적 태도를 형성하도록 도모한다. 우리나라의 유아교육에서 수학 교과와 관련된 목표는 '2019 개정 누리과정'과 '표준보육과정'의 '자연 탐구 영역'에서 살펴볼 수 있다.

〈표 9-1〉 유아수학교육 관련 누리과정 및 표준보육과정 '자연 탐구' 영역 목표

교육과정	대상연령	자연 탐구 영역 목표
표준보육 과정	0~1세	주변 환경과 자연에 관심을 가진다. ① 일상에서 탐색을 즐긴다. ② 주변 환경을 탐색한다. ③ 생명과 자연에 관심을 가진다.
	2세	주변 환경과 자연을 탐색하는 과정을 즐긴다. ① 일상에서 탐색하는 과정을 즐긴다. ② 주변 환경에 관심을 가지고 탐색한다. ③ 생명과 자연에 관심을 가진다.
누리과정	3~5세	탐구하는 과정을 즐기고, 자연과 더불어 살아가는 태도를 가진다. ① 일상에서 호기심을 가지고 탐구하는 과정을 즐긴다. ② 생활 속의 문제를 수학적, 과학적으로 탐구한다. ③ 생명과 자연을 존중한다.

유아수학교육의 목표는 유아들이 수학적인 개념과 기초적인 수리 능력을 발전시키고, 추상적 사고 및 문제해결 능력을 기르며, 수학 탐구적 태도를 형성하여 일상생활에서 수학을 유용하게 활용할 수 있도록 지원하는 것이다.

2. 유아수학교육의 내용

유아수학교육에서 수학 내용은 수개념, 기하, 측정, 규칙성, 자료 분석으로 살펴볼 수 있다(한유미, 2018). 이를 구체적으로 살펴보면 다음과 같다.

수 개념의 내용에는 일대일 대응, 수세기, 숫자인식, 더하기와 빼기, 수의 부분과 전체 등이 있다. '일대일 대응'은 물체 하나에 다른 물체 하나를 짝지어봄으로써 한 집단이 다른 집단과 수가 같다는 것을 이해하는 것이다. '수세기'에는 수의 이름을 암기해서 말하는 말로 수세기(기계적 수세기), 수의 이름과 물체를 정확히 일대일 대응시켜 세는 물체 수세기(합리적 수세기), 고유 수세기, 한자 수세기, 큰 수세기 등이 있다. '숫자인식'은 숫자의 모양이 서로 다르다

는 것을 알고 숫자를 구별할 수 있는 것으로 숫자 읽기와 숫자 쓰기 형태로 나타난다. '더하기와 빼기'는 수 개념을 이해하기 위한 연산능력으로 유아교육 단계에서는 구체물을 가지고 더하고 빼는 경험을 해보는 정도로 다루어지고 있다. '부분과 전체' 개념은 전체는 여러 부분으로 나누어질 수 있고 이 부분들이 합쳐져서 다시 전체를 이룰 수 있음을 이해하는 것이다.

기하는 공간에 대한 이해와 공간 안의 물체나 동작들의 관계를 다루는 분야로 유아수학교육에서는 위치, 방향, 거리 등의 공간에 관한 위상 기하와 여러 가지 모양의 평면도형이나 입체도형을 다루는 유클리드 기하 등을 다룬다. '근접성'은 위상학적 개념으로 물체의 위치에 관한 인식을 의미한다. 근접성에 해당하는 내용은 앞-뒤, 원-근, 빙빙 돌아서-관통해서, 위-가운데-아래, 위로-아래로, 좌-우 등이 있다. '개-폐'는 '열려 있다' 또는 '닫혀 있다'의 개념으로 사물을 모양을 구별하기 전에 그 모양이 열렸는지 닫혔는지에 대해 이해하는 것이다. '도형인식과 명명'은 도형의 형식적 명칭을 강조하기보다는 유아가 친숙해하는 이름으로 이해하게 하며 도형의 꼭짓점, 각, 명 등 핵심적인 속성에 주목하게 한다. '도형의 변환'에는 옮기기, 뒤집기, 돌리기 등이 포함된다. 도형은 변환할 때 위치는 변화하지만 크기, 모양, 각도 등은 변하지 않는 특성을 갖고 있다. '도형의 대칭'은 어떤 모양을 반으로 접었을 때 완전히 겹치는 것을 말하며 대칭에는 수직대칭과 수평대칭이 있다. 유아들은 도형의 변환 및 대칭에 직관적인 인식을 갖고 있다. 도형의 합성과 분할은 도형을 모으거나 나누는 활동으로 가역성 개념과 관계가 있다.

측정은 어떤 대상의 크기를 수치화하는 것으로 측정의 단위로 비교한다. 보전개념이 형성되지 않은 유아에게는 표준 단위를 사용하는 측정보다는 한 가지 속성에 따라 두 가지 물체를 비교하거나 세 가지 이상의 물체를 순서를 지어 보는 활동으로 시작하는 것이 적절하다. 비교하기와 순서 짓기는 물체들을 어떤 속성에 따라 비교하거나 순서대로 배역하는 것을 말한다. '비교하기'는 어떤 속성에 따라 두 개의 물체를 관계 짓는 것을 말한다. 비교를 하려면 비교의 기준이 되는 속성이 있어야 하며 비교할 속성에 대해 인지해야 한다. '순서 짓기'는 서열화로 세 개 이상의 물체를 어떤 속성에 따라 순서대로 배열하는 '단순서열'을 의미한다. 단순서열 이외에 두 가지 속성을 동시에 고려해서 순서를 짓는 '복합서열'과 두 개의 집합을 쌍을 이뤄(일대일 대응) 순서대로 배열하는 '이중서열'이 있다. '측정'은 어떤 속성에 대해 비교할 수 있도록 물체에 숫자를 부여하는 것이다.

규칙성은 패턴으로 어떠한 기본 단위가 일정한 순서로 반복되는 것을 말한다. 규칙성은 수의 체계를 이해하는 기초를 제공하며 규칙성에 대한 인식은 현상에 대한 통찰력을 가질 수 있게 한다. 규칙성 개념에는 패턴 인식·표현하기, 패턴 따라 만들기, 패턴 이어나가기, 패턴 끼워 넣기, 패턴 창조하기 등이 있다.

자료분석은 개개의 자료를 일정한 준거에 따라 수집·분류하고, 이를 그래프 등으로 조직하여 제시·설명하는 것으로 통계학에 해당되는 내용이다. 통계적 사고를 기르기 위해서는 유아기부터 생활 속에서 궁금한 문제를 해결하기 위해 필요한 자료를 수집하고 이를 적절하게 조직하고 분석하는 경험을 할 필요가 있다. '분류하기'는 사물을 유목이나 범주로 나누어 모으는 과정을 말한다. 분류를 하려면 먼저 여러 속성 중 다른 속성은 무시하고 물체들 간의 공통성만 추론할 수 있어야 하며 그 준거를 다른 물체에도 적용할 수 있어야 한다. '짝짓기'는 같은 것 또는 관련 있는 것끼리 연결하는 것을 의미한다. '단순분류'는 물체들 간의 공통된 속성 한 가지에 따라 집합을 만들어 보는 활동이다. '복합분류'는 사물을 한꺼번에 둘 또는 그 이상의 속성을 고려하여 분류하는 것을 의미한다. 복합분류를 할 수 있으려면 유아는 단순분류를 하는 동시에 한 물체가 여러 유목에 속한다는 것을 인식해야 한다. '유목 포함'은 사물들 간의 위계적 관계를 말하는 것으로 어떤 한 가지 유목에 속하는 물체는 다시 상위 유목에 포함될 수 있다는 것을 의미한다. 유아 단계에서의 그래프 활동은 숫자적 정보를 시각적으로 제시하는 통계의 기초적 개념 활동이다.

'그래프 활동'은 분류하기, 순서 짓기, 수개념, 부분과 전체 등의 수학적 개념을 포함하는 종합적인 수학적 과정이다.

우리나라의 수학 교과 교육과정에서 수학과 내용 영역은 수학적 대상과 기본적인 개념을 드러내는 '수와 연산', '변화와 관계', '도형과 측정', '자료와 가능성'으로 구성되어 있다(교육부, 2022a). 미국의 수학 공통 핵심 교육과정 표준인 Common Core State Standards for Mathematics(CCSSM)에서는 유아기에 해당하는 Pre-K, K학년에 학습해야 할 수학적 개념과 영역을 제시하였다. 미국의 유아 수학 내용 규준은 Pre-K학년부터 K학년에서 학습해야 할 내용이다(CCSSI, 2010). 수학 내용은 학년 안에서 '수세기와 기수', '연산과 대수적 사고', '10진수에서의 수와 연산', '수와 연산-분수', '수 체계', '비율 및 비례 관계', '식과 방정식', '함수', '측정과 자료', '기하학', '통계와 확률'로 분류하여 수학적 내용을 영역별로 제시하고 있다. 유아 수학교육과정의 수학실천 규준의 세부적 내용은 다음과 같다.

	Pre-Kindergarten	Kindergarten
수세기와 기수	• 수의 이름과 세는 순서를 안다. • 사물의 수를 말하기 위해 수세기를 한다. • 수를 비교한다.	• 수의 이름과 세는 순서를 안다. • 사물의 수를 말하기 위해 수세기를 한다. • 수를 비교한다.
연산과 대수적 사고	• 함께 놓기, 더하기를 통해 덧셈을 이해하고, 떼어 놓기와 분리하기를 통해 뺄셈을 이해한다.	• 함께 놓기, 더하기를 통해 덧셈을 이해하고, 떼어 놓기와 분리하기를 통해 뺄셈을 이해한다.
10진수에서의 수와 연산		• 자릿값의 기초를 쌓기 위해 11~19까지의 수로 활동한다.
측정과 자료	• 측정 가능한 속성을 비교하고 설명한다. • 사물을 분류하고 각 범주별 사물의 수를 센다. • 돈을 가지고 활동한다.	• 측정 가능한 속성을 비교하고 설명한다. • 사물을 분류하고 각 범주별 사물의 수를 센다.
기하학	• 모양들을 확인하고 설명한다. (정사각형, 원, 삼각형, 직사각형)에	• 모양들을 확인하고 설명한다. (정사각형, 원, 삼각형, 직사각형, 육각형,

	대해 설명한다. • 모양들을 분석하고, 비교하고, 만고, 구성한다.	정육면체, 원뿔, 실린더 등) • 모양들을 분석하고, 비교하고, 만고, 구성한다.

2019 개정 누리과정과 표준보육과정에서 제시하고 있는 유아수학교육 관련 '자연 탐구' 영역의 내용은 '탐구과정 즐기기', '생활 속에서 탐구하기', '자연과 더불어 살기'로 구성되어 있다. 각 내용 범주와 내용을 살펴보면 다음과 같다.

〈표 9-2〉 수학교육 관련 표준보육과정 0~1세 '자연 탐구' 내용

내용범주	내용
탐구과정 즐기기	• 주변 세계와 자연에 대해 호기심을 가진다. • 사물과 자연 탐색하기를 즐긴다.
생활 속에서 탐구하기	• 친숙한 물체를 감각으로 탐색한다. • 물체의 수량에 관심을 가진다. • 주변 공간과 모양을 탐색한다. • 규칙성을 경험한다.
자연과 더불어 살기	• 주변의 동식물에 관심을 가진다. • 날씨의 변화를 감각으로 느낀다.

〈표 9-3〉 수학교육 관련 표준보육과정 2세 '자연 탐구' 내용

내용범주	내용
탐구과정 즐기기	• 주변 세계와 자연에 대해 호기심을 가진다. • 사물과 자연을 반복하여 탐색하기를 즐긴다.
생활 속에서 탐구하기	• 친숙한 물체의 특성과 변화를 감각으로 탐색한다. • 물체의 수량에 관심을 가진다. • 주변 공간과 모양을 탐색한다. • 규칙성에 관심을 가진다. • 주변 사물을 같고 다름에 따라 구분한다. • 생활 도구에 관심을 가진다.
자연과 더불어 살기	• 주변의 동식물에 관심을 가진다. • 날씨와 계절의 변화를 감각으로 느낀다.

〈표 9-4〉 수학교육 관련 누리과정 3~5세 '자연 탐구' 내용

내용범주	내용
탐구과정 즐기기	• 주변 세계와 자연에 대해 지속적으로 호기심을 가진다. • 궁금한 것을 탐구하는 과정에 즐겁게 참여한다. • 탐구과정에서 서로 다른 생각에 관심을 가진다.
생활 속에서 탐구하기	• 물체의 특성과 변화를 여러 가지 방법으로 탐색한다. • 물체를 세어 수량을 알아본다. • 물체의 위치와 방향, 모양을 알고 구별한다. • 일상에서 길이, 무게 등의 속성을 비교한다. • 주변에서 반복되는 규칙을 찾는다. • 일상에서 모은 자료를 기준에 따라 분류한다. • 도구와 기계에 대해 관심을 가진다.
자연과 더불어 살기	• 주변의 동식물에 관심을 가진다. • 생명과 자연환경을 소중히 여긴다. • 날씨와 계절의 변화를 생활과 관련짓는다.

'탐구과정 즐기기' 유아가 주변 세계와 자연에 대해 지속적으로 호기심을 가지고, 궁금한 것을 탐구하는 과정에 적극적으로 참여하면서 서로 다른 생각에 관심을 갖는 내용이다. '생활 속에서 탐구하기' 유아가 물체의 특성과 변화를 여러 가지 방법으로 탐색하고, 물체를 세어 수량을 알아보고, 물체의 위치와 방향, 모양을 알고 구별하며, 길이와 무게 등의 속성을 비교하고, 반복되는 규칙을 찾아보고, 모은 자료들을 기준에 따라 분류하며, 도구와 기계에 관심을 가지고 생활 속의 문제를 다양하게 탐구하는 내용이다.

3. 유아수학교육의 교수-학습 방법

유아수학교육은 유아들이 추상적이고 추론력을 필요로 하는 수학적 사고를 자연스럽게 발전시키도록 도와주면서, 학습을 즐겁고 흥미롭게 만들어 유아들이 수학을 긍정적으로 경험하도록 돕는다. 유아수학교육에서 효과적인 교수방법은 유아들이 수학적 개념을 자연스럽게 이해하고 활용할 수 있도록 지

원하는 것이다. 수학학습은 일상활동을 하며 자발적으로 시작되는 '자연적인 수학학습', 유아가 자연적인 학습경험을 하고 있을 때 교사에 의해 시작되는 '비형식적인 수학학습', 교사의 계획으로 구조화된 '형식적인 수학학습'으로 유형을 나누어 볼 수 있다(한유미, 2018). 유아를 위한 수학교육에서는 상황적 수학학습 유형과 집단구성을 고려하여 적합한 교수-학습방법을 적용한다. 수학활동에 따른 교수-학습방법은 살펴보면 다음과 같다.

1) 수 개념 활동의 교수-학습방법

수 개념 활동은 유아들이 일상에서 수학적 개념을 적용하도록 도모한다. 유아들이 놀이와 생활에서 발생하는 수학적 상황(간식을 나눌 때 수를 사용하는 것, 놀잇감을 원하는 개수만큼 선택하는 것 등)에서 수를 인식하게 하는 것은 수학이 활용되는 방법을 이해하게 한다. 물체를 그룹화하여 수를 세는 활동, 숫자와 수량을 연결하는 활동 등을 통해 수 인식과 숫자와 수량의 관계 이해를 촉진할 수 있다. 수 개념을 시각화하고 음악, 동작, 게임 등의 놀이로 경험하는 것은 유아들이 자연스럽게 수에 대한 개념을 형성하고 놀이를 통해 수학적 사고를 하게 한다.

◎ 일대일 대응하기

- 준비된 사물을 관찰하고 경험과 생각을 나눈다.
- 사물들의 수량을 살펴본다.
- 사물들의 수량을 비교해 본다.
- 다른 사물들을 같이 짝을 지어준다.
- 활동 후 평가한다.

◎ **수의 부분과 전체**

- 준비된 사물을 관찰하고 경험과 생각을 나눈다.
- 사물의 수량을 살펴본다.
- 사물의 전체 수를 세어본다.
- 다양한 방법(예: 같은 수로 나누기, 다른 개수로 나누기 등)으로 사물의 전체수를 부분으로 나누어본다.
- 부분으로 나누어진 사물의 수를 세어보고 비교해 본다.
- 부분으로 나누어진 사물의 수를 다시 전체로 합쳐본다.
- 다른 사물을 전체와 부분으로 세어보고 비교해 본다.
- 활동 후 평가한다.

2) 기하 활동의 교수-학습방법

기하 활동은 유아들이 다양한 도형과 그 도형들의 속성을 이해하는 데 도움을 준다. 기하 활동을 통해 다양한 도형을 경험하며 유아들은 도형의 선, 면, 각도 등과 같은 속성을 인식하고 구별하게 된다. 또한, 도형을 배열하고 조합하여 구성하는 놀이를 통해 시각적 추론을 강화할 수 있다. 도형을 이용하여 다르게 배치하고 새로운 것을 창조해 보는 것은 유아의 상상력과 창의력을 촉진한다. 유아들은 생활환경에서 도형을 인식하며 수학적 개념을 현실 세계와 연결짓게 된다. 이러한 경험은 추상적인 수학 개념을 이해하는 데 도움이 된다.

◎ **모양 인식하기**

- 준비된 사물을 관찰하고 경험과 생각을 나눈다.
- 사물들의 모양을 탐색한다.
- 사물들의 모양 특징을 이야기 나눈다.

- 사물들의 모양을 비교한다.
- 주변에서 비슷한 모양을 찾아 비교해 본다.
- 활동 후 평가한다.

◎ **도형 변환하기**

- 준비된 사물을 관찰하고 경험과 생각을 나눈다.
- 사물의 위치를 탐색한다.
- 사물의 위치를 바꾸는 방법에 대해 이야기 나눈다.
- 정한 방법에 따라 사물의 위치를 바꾸어 본다.
- 사물의 위치를 위상학적 용어를 사용하여 표현한다.
- 다른 방법으로 사물을 위치를 바꾸어 본다.
- 변화된 사물의 위치를 그림, 언어, 신체 등을 사용하여 수학적으로 표현한다.
- 활동 후 평가한다.

3) 측정하기 활동의 교수-학습방법

측정하기 활동은 유아들이 길이, 무게, 부피 등의 기초적인 수학적 개념을 습득하는데 도모한다. 유아는 물체들의 크기, 양, 길이 등을 비교하며 물체 간의 차이, 순서, 공간의 개념을 파악하게 된다. 또한, 물체의 속성, 길이 높이, 무게 등과 관련된 수학적 어휘와 표현을 자연스럽게 습득하게 된다. 측정하기 활동을 통해 유아들은 실제적이고 경험적인 방법으로 수학적 개념을 이해하게 된다.

◎ **무게 비교하기**

- 준비된 사물을 관찰하고 경험과 생각을 나눈다.

- 사물들의 특성을 탐색한다.
- 사물들의 특성 중 무게에 관해 이야기 나눈다.
- 사물의 무게를 알 수 있는 방법에 관해 이야기 나눈다.
- 생각한 방법으로 사물의 무게를 비교해 본다.
- 다른 방법으로 사물의 무게를 비교해 본다.
- 사물들의 무게 비교 결과를 '~보다 더 무거운', '~보다 더 가벼운' 수학적 용어를 사용하여 표현한다.
- 무게 비교 방법과 수학적 표현은 다른 사물의 비교에 적용해본다.
- 활동 후 평가한다.

◎ 비표준화 단위로 길이 측정하기

- 준비된 사물을 관찰하고 경험과 생각을 나눈다.
- 사물들이 길이를 추측해 본다.
- 사물들의 길이 비교 방법에 관해 이야기 나눈다.
- 생각한 길이 비교 방법으로 길이를 측정해 본다.
- 다른 방법으로 길이를 측정해 본다.
- 여러 가지 단위(예: 손바닥 등 신체 단위)를 사용하여 사물의 길이를 측정해 본다.
- 측정한 길이를 그림 또는 숫자로 표시하고 비교해 본다.
- 활동 후 평가한다.

4) 규칙성(패턴) 활동의 교수-학습방법

규칙성(패턴) 활동은 유아들이 시각적 지각과 추론능력을 향상시킬 수 있는 경험을 제공한다. 실물패턴에서 시작해서 점진적으로 수를 포함하는 패턴으로 전개하는 등 유아의 발달 수준에 따라 패턴활동을 운영한다(한유미, 2018).

사물 배열 패턴, 색상과 모양을 사용한 패턴, 규칙성을 인식하고 구성하는 활동에서 더 나아가 동적인 패턴을 시각화하는 활동, 소리와 패턴을 연계하는 활동, 다른 수학적 개념을 조합하여 모양과 숫자를 활용한 복합패턴 등 시각적 추론, 공간 인식, 문제해결의 경험을 제공한다.

◎ 패턴 인식하기

- 준비된 사물 또는 교구를 탐색하며 이야기 나눈다.
- 시각적인 속성을 찾는다.
- 반복되는 규칙을 살펴본다.
- 다른 사물로 찾은 규칙성을 표현해 본다.
- 활동 후 평가한다.

◎ 패턴 표현하기

- 준비된 사물 또는 교구를 탐색하여 이야기 나눈다.
- 사물로 반복되는 규칙성을 만들어 본다.
- 반복되는 규칙성을 찾아 표현해 본다.
- 다른 형태로 반복되는 규칙성을 만들어 본다.
- 활동 후 평가한다.

5) 자료분석 활동의 교수-학습방법

자료분석 활동은 유아들에게 자료를 수집하고 분석하면서 수학적 개념을 습득하게 도모한다. 유아들은 다양한 물체들을 그룹화하고 그 수를 세면서 기본적인 자료 수집과 분석 기술을 경험하게 된다. 그룹화 기준을 정하고 그룹을 비교하고 그래프로 시각화하는 것은 수학적 표현능력, 문제해결 능력을 향상시킨다. 생활에서 놀잇감, 음식, 동식물을 분류해 보는 활동을 통해 경험할 수 있다. 이러한 활동을 통해 유아들은 다양한 조건에서 사물의 여러 속성을 동시에 고려해야 하는 논리적 사고과정을 경험하며 문제를 해결하는 능력을 향상시킬 수 있다.

◎ **단순분류하기**

- 준비된 사물을 관찰하고 경험과 생각을 나눈다.
- 사물들의 특성을 탐색한다.
- 사물들의 특성을 이야기 나눈다.
- 여러 특성 중에 분류 기준을 선택한다.
- 분류 기준에 따라 사물들을 분류한다.
- 분류된 사물을 살펴보고 이야기 나눈다.
- 다른 분류 기준을 정하여 사물들을 분류한다.
- 분류된 사물을 살펴보고 이야기 나눈다.
- 활동 후 평가한다.

◎ **복합분류하기**

- 준비된 사물을 관찰하고 경험과 생각을 나눈다.
- 사물들의 특성을 탐색한다.
- 사물들의 특성을 이야기 나눈다.
- 여러 특성 중에 분류 기준을 두 가지(예: 모양과 색깔)를 선택한다.
- 복합분류 기준에 따라 사물들을 분류한다.
- 분류된 사물을 살펴보고 이야기 나눈다.
- 다른 복합분류 기준을 정하여 사물들을 분류한다.
- 분류된 사물을 살펴보고 이야기 나눈다.
- 활동 후 평가한다.

4. 유아수학교육 활동의 실제

유아수학교육을 위한 활동의 실제를 살펴보면 다음과 같다.

<table>
<tr><th>활동명</th><td>꿀벌의 여행</td><th colspan="2">활동 유형</th><td colspan="2">수학 패턴 찾기</td></tr>
<tr><th>대상연령</th><td>4세</td><th>집단형태</th><td>대집단</td><th>예상소요시간</th><td>20분</td></tr>
<tr><th>교육목표</th><td colspan="5">패턴 그림의 규칙성을 찾는다.
규칙을 만들어 패턴을 구성한다.</td></tr>
<tr><th>누리과정</th><td colspan="5">자연탐구 〉 생활 속에서 탐구하기 〉 주변에서 반복되는 규칙을 찾는다.
자연탐구 〉 탐구과정 즐기기 〉 주변 세계와 자연에 대해 지속적으로 호기심을 가진다.</td></tr>
<tr><th>사전활동</th><td colspan="5">실외활동: 숲 산책
언어활동: ‘숲속에서’ 동화
수 · 조작활동: 벌집 모양 바느질하기</td></tr>
<tr><th>활동자료</th><td colspan="5">꿀벌 교구, 튤립 그림, 그림패턴카드
</td></tr>
<tr><th>단계</th><th colspan="5">활동 과정</th></tr>
<tr><th>도입</th><td colspan="5">• 주의 집중하기
T: 파랑새 반, 꿀벌이 이야기를 들려주고 싶데요. 들어봅시다.
T: 꿀벌은 파랑새 반이 산책했던 숲에서 왔어. 빨간 튤립 그 옆에 파란 튤립 그 옆에 분홍 튤립에도 앉아서 꿀을 먹고 있었어. 오늘도 내가 맛있는 꿀을 먹을 수 있도록 파랑새 반이 도와줄 수 있을까? 파랑새반이 튤립을 규칙적으로 붙여주면 내가 꿀을 먹을 수 있어!
T: 우리가 어떻게 하면 될까요?
T: 그래요. 튤립을 잘 찾아서 꿀벌을 도와주도록 해요.</td></tr>
<tr><th>전개</th><td colspan="5">• 활동 방법 소개하기
T: 여기에 어떤 것들이 있니? 그렇군요. 튤립 그림이 있는 카드가 있어요. 어떻게 하는 활동일까요?
T: 그래요. 이 카드를 보고 파랑새 반이 바구니에 있는 다양한 색의 튤립 중에서 꿀벌이 원하는 패턴 카드에 맞게 튤립 꽃을 활동 판에 붙이면 되겠네요.

• 패턴 활동하기
T: 첫 번째 꿀벌은 어떤 패턴을 원할까? 그래 이 패턴을 만들어야 한대.
T: 파랑새 반이 같이 튤립 색깔을 읽어보자.</td></tr>
</table>

<table>
<tr><td></td><td>T: 하얀색, 주황색, 파랑색, 하얀색, 주황색, 파랑색
T: 그래요. 빈자리에는 어떤 튤립이 와야 할까?

T: 친구가 튤립을 붙일 때 같이 차례대로 색을 말해주자.
T: 하얀색, 주황색, 파랑색, 하얀색, 주황색, 파랑색, 하얀색! 하얀색이네!
T: 파랑새반이 첫 번째 패턴을 완성해줘서 꿀벌이 꿀을 먹게 되었어.
T: 그래 꿀벌이 꿀을 맛있게 먹을 수 있겠다.

• 다른 패턴 활동하기
T: 여러 가지 색의 튤립이 있었는데, 이번에는 파란색 튤립만 있지?
T: 또 다른 점이 무엇이 있는지 찾아볼까?
T: 그래. 꽃이 똑바로 서 있고 거꾸로 있고 똑바로 서 있고 거꾸로 있네.
T: 그러면 이 다음에는 어떤 게 와야 할까?
T: 그래 하나씩 붙여서 확인해볼까?
T: 파랑새반이 이번 패턴도 잘 만들어서 꿀벌이 꿀을 먹게 되었네.</td></tr>
<tr><td>마무리</td><td>• 활동 평가하기
T: 오늘 우리는 아름다운 튤립 패턴을 만들어 보았어요.
T: 튤립 패턴 만들기 활동을 해보니 어땠나요?</td></tr>
<tr><td>놀이지원</td><td>• 미술영역: 꽃 패턴 목걸이 만들기
• 수 · 조작영역: 꽃잎 서열화
• 과학영역: 꿀벌 먹이 조사하기
• 요리영역: 꿀떡 만들기</td></tr>
</table>

<table>
<tr><td>활동명</td><td colspan="5">친구들이 좋아하는 채소 그래프</td></tr>
<tr><td>대상연령</td><td>5세</td><td>집단형태</td><td>대집단</td><td>예상소요시간</td><td>20분</td></tr>
<tr><td>교육목표</td><td colspan="5">기준을 정하여 자료를 분류한다.
분류된 자료를 그래프로 만든다.
그래프 결과를 비교하여 해석한다.</td></tr>
<tr><td>누리과정 관련 요소</td><td colspan="5">자연탐구 〉 생활 속에서 탐구하기 〉 물체를 세어 수량을 알아본다.
자연탐구 〉 생활 속에서 탐구하기 〉 일상에서 모은 자료를 기준에 따라 분류한다.
자연탐구 〉 탐구과정 즐기기 〉 궁금한 것을 탐구하는 과정에 즐겁게 참여한다.</td></tr>
<tr><td>사전활동</td><td colspan="5">실외활동: 텃밭 가꾸기
음악활동: 리듬악기 연주하기
언어활동: ‘커다란 무’ 동극</td></tr>
<tr><td>활동자료</td><td colspan="5">– 채소 실물 또는 사진 자료 (토마토, 상추, 오이, 고추)

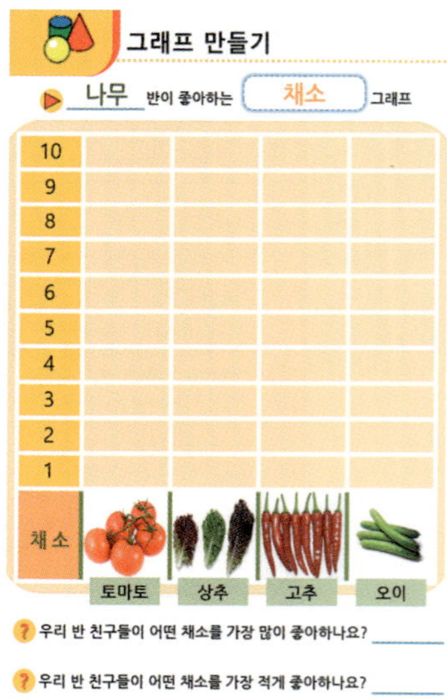

– 그래프판, 이름표, 채소 그림</td></tr>
<tr><td>단계</td><td colspan="5">활동 과정</td></tr>
<tr><td>도입</td><td colspan="5">• 주의 집중하기
T: 나무반, 텃밭에서 우리가 심은 토마토, 상추, 고추, 오이 사진을 보면 채소마다 색깔도 다르고 모양도 다르네요. 또 다른 점을 살펴볼까요?
T: 그래요. ○○이가 말한 것처럼 채소의 개수가 다르네요. 채소가 몇 개 있는지 같이 세어봅시다. 토마토는 몇 개일까?
T: 그럼 상추는 몇 장이 일까?
T: 고추는 몇 개일까?
T: 그럼 오이는 몇 개일까?
T: 우리는 이렇게 채소가 몇 개 있는지 알아봤어요.</td></tr>
</table>

전개	• 활동 방법 알아보기 T: 나무반 어린이들이 함께 심어본 채소들의 수를 세어 봤어요. 오늘은 나무반이 심은 채소 중에서 여러분은 어떤 채소를 좋아하는지 알아보려고 해요. 어떻게 하는 걸까요? T: 그래요. 채소 그림이 있어요. 그리고 여러분 이름표도 준비되어 있어요. T: ○○이의 말대로 각자 자기가 좋아하는 채소에 이름표를 붙이면 좋을 거 같네요. 그런데 여러분 우리 반 어린이들이 가장 좋아하는 채소는 무엇인지 어떻게 알 수 있을까요? • 좋아하는 채소 분류하기와 수 세기 T: 좋아하는 채소 그림에 이름표를 붙이고 각각의 바구니에 담아 봅시다. T: 바구니에 채소 그림 이름표들이 놓여 있어요. 어느 바구니에 채소 그림 이름표가 가장 많이 있을까? T: 그래요. 그림 이름표 수를 세어봅시다. T: 바구니에 같이 넣어져 있어 수를 세거나 보는 것이 어려운 거 같아요. 어떻게 하면 좋을까요? T: 그러면 이번에는 여러분 의견대로 책상에 그림 이름표를 길게 놓아 볼게요. T: 책상에 놓여 있으니 그림 이름표가 움직이기도 하고 보기 어려운 것 같네요. 어떤 방법이 있을까요? • '친구들이 좋아하는 채소들' 그래프 활동하기 T: 여기에 칸이 그려져 있는 그래프가 있어요. 친구들이 좋아하는 채소가 무엇인지 보기 좋게 '그래프'로 만들어 봅시다. T: 여기에 채소마다 칸이 그려져 있어요. 자기가 가장 좋아하는 채소가 있는 칸에 이름표를 붙여봐요. • 그래프 비교하기 T: 그래프에서 친구들이 가장 좋아하는 채소는 무엇인가요? T: 그래프에서 친구들이 가장 적게 좋아하는 채소는 무엇인가요? T: 몇 명의 친구들이 좋아한다고 했나요?
마무리	• 활동 평가하기 T: 그래프를 만들어 보면서 어떤 점이 좋았나요? T: 활동하면서 어려운 점이 있었다면 어떤 것이었나요?
놀이지원	• 미술영역: 점토로 좋아하는 채소 만들기 • 역할놀이영역: 채소가게 놀이 • 요리활동: 야채 주스 만들기 • 수학활동: 채소 무게 측정하기

5. 유아수학교육을 위한 교사의 지원

수학교육을 위한 교사의 지원을 환경적 측면의 지원, 상호작용적 측면의 지원, 활동적 측면의 지원으로 살펴보면 다음과 같다.

1) 환경적 지원하기

유아수학교육을 위한 환경적 지원은 유아들이 수학적 개념을 자연스럽게 경험하고 이해할 수 있는 환경을 조성하는 것을 의미한다. 유아수학교육을 위한 환경적 지원을 살펴보면 다음과 같다.

- 수학 놀이 활동을 위한 교구 및 자료 제공: 다양한 수학 놀이 활동을 지원할 수 있는 교구와 자료를 제공한다. 다양한 모양과 크기의 블록, 수학적 개념을 시각적으로 보여주는 카드, 패턴 교구, 측정 도구 등을 활용하여 유아들이 자연스럽게 수학적 개념과 논리를 익힐 수 있도록 한다.
- 체험적 학습을 위한 환경 조성: 유아는 놀이와 경험을 통해 학습에 수학적 환경은 유아들이 직접 손을 사용하고 체험할 수 있는 공간으로 구성되어야 한다. 예를 들어, 모양, 크기, 수량 등을 다양한 실제 물체를 사용하여 체험할 수 있는 환경을 제공한다.
- 자연환경을 활용한 놀이: 실외 환경에서 돌, 나뭇가지, 나뭇잎 등을 활용하여 유아들이 크기, 형태, 양 등의 수학적 개념을 체험하게 한다. 물과 모래 놀이는 유아들이 물에서 용기의 크기와 물의 양에 대한 개념을 경험하거나, 모래에서 모양, 크기, 무게 등을 탐구할 수 있게 한다. 유아들은 자연의 자원을 활용하여 측정, 비교, 분류 등을 경험할 수 있다.
- 자발적 탐구 활동 지원: 유아들은 자연스럽게 궁금해하고 탐구하는 본능이 있다. 교사는 이러한 자발적인 탐구를 존중하여 유아들이 수학적인 개

념을 발견하고 이해할 수 있도록 환경적 분위기를 조성해야 한다. 유아들이 자발적으로 수학적인 개념을 실험하고 탐구할 수 있는 환경을 제공한다.

교사의 환경적인 지원을 통해 유아들은 수학을 긍정적으로 경험하고, 추상적인 개념을 실제 상황에서 체험하며 익힐 수 있다.

2) 상호작용 지원하기

유아수학교육을 위한 다양한 상호작용은 유아들의 수학 놀이를 지원하고 활발한 참여를 도모한다. 유아들 간, 교사와 유아들 간, 환경과 유아들 간의 상호작용을 통해 유아들은 수학적 개념을 더욱 깊이 이해하고 습득할 수 있다. 유아수학교육을 위한 상호작용적 지원을 살펴보면 다음과 같다.

- 수학적 발문: 교사는 수학적인 대화와 질문으로 유아들이 궁금증을 탐구하고, 생각을 표현하며 다른 유아들과 의견을 나눌 수 있도록 돕는다. 이를 통해 유아들은 수학적 개념을 더 깊이 이해하게 되며, 상호작용을 강화할 수 있다.
- 언어적 지원: 교사는 수학적 어휘와 문장, 표현을 사용하여 유아들의 언어적 이해를 높이고, 수학적인 상황에 대한 상호작용을 촉진해야 한다.
- 문제해결 과정 격려: 교사는 유아들에게 다양한 수학적 문제 상황을 제시하고, 이를 해결하도록 격려한다. 교사는 문제해결 과정에서 유아들에게 적합한 지원을 제공하며, 그 과정에서의 상호작용을 관찰하고 이끈다. 문제해결 활동은 유아들의 논리적 사고와 문제해결 능력을 향상시키는 데에 도움을 줄 수 있다.
- 협력과 상호작용 촉진: 교사는 집단 활동이나 프로젝트를 제공하여 유아

들이 서로 협력하고 의사소통하며 수학적인 문제를 해결하도록 지원해야 한다. 집단 내에서 의견을 나누고 서로 협력하며 수학적 사고를 촉진하게 된다.

교사의 상호작용 지원은 유아들이 수학의 개념적 이해뿐만 아니라 수학 개념을 주변 환경과의 상호작용을 통해 삶과 연결지어 학습하도록 도모한다. 이는 유아들이 수학을 흥미롭게 여기고, 다양한 상황에서 유연하게 적용할 수 있는 능력을 키우는 데에 도움을 준다. 다음은 유아의 수학놀이를 위한 교사의 상호작용 예시이다.

〈표 9-5〉 유아의 수학놀이를 위한 교사 상호작용의 예시

※ 유아들이 크기 비교를 위해 블록을 사용하는 상황

초점	상호작용
유아와 함께 문제 제시	"블록 중에서 큰 것을 찾고 있군요. 어떤 블록이 더 클까요?"
유아들의 의견 존중	"그렇게 생각했구나. 각자의 생각을 말해볼까요? ##이는 왜 이 블록이 더 크다고 생각하나요?"
수학 언어 발달 지원	"이 블록을 가장 큰 블록, 저 블록을 가장 작은 블록이라고 부를게요. 크기 비교를 나타내는 단어를 알게 되었네요!"
비교 결과에 따른 피드백 제공	"블록들을 ** 말 대로 옆에 나란히 놓고 보니 크기를 잘 비교해 볼 수 있었네요. 좋은 생각이었어요."
유아들 간 협력 격려	"친구와 함께 블록을 가지고 크기를 비교해 보세요. 서로에게 설명하고 도와주세요!"
문제해결 과정에 참여 촉진	"어떤 방법으로 해결할 수 있을까요? 방법을 생각해 보고 이야기 나누어봅시다."
다양한 수학 개념 놀이를 확장하는 제안	"이번에는 블록의 모양도 같이 살펴보면 어떨까요? 모양을 비교하거나 쌓아서 새로운 모양을 만들어봐요."

3) 활동 지원하기

유아수학교육을 위한 교육활동은 유아들이 수학적 개념을 탐구하고 이해할 수 있는 다양한 경험을 제공하고자 한다. 수학적 놀이는 유아들의 수학적 사고와 논리 능력을 증진 시킨다. 유아의 수학적 사고와 태도 형성을 촉진하기 위해 교사는 창의적이고 유아가 호기심을 가질 수 있는 활동을 제공해야 한다. 유아수학교육을 위한 활동 지원을 살펴보면 다음과 같다.

- 수학적 경험의 확장: 유아들이 일상생활에서 경험하는 다양한 상황들을 수학적인 문제로 확장한다. 예를 들어, 측정, 분류, 비교 등의 일상적인 활동을 수학적인 의미로 확장하는 활동을 지원한다.
- 수학적인 놀이와 게임: 수학적인 놀이와 게임은 유아들이 수학을 즐기며 기초개념을 이해할 수 있게 한다. 블록을 사용한 쌓기 놀이, 숫자나 모양 게임, 도형을 활용한 맞추기 게임, 다양한 도형 퍼즐 등이 포함될 수 있다.
- 실험과 탐구 활동: 유아들에게 수학적인 개념을 실험하고 탐구할 수 있는 기회를 제공해야 한다. 유아들은 물을 활용하여 용기의 크기나 무게를 비교하거나, 간단한 패턴을 만들어 보는 등의 실험을 통해 수학을 체험하게 된다.
- 예술 활동과 통합: 유아들에게 미술, 음악, 동작 활동을 통해 수학적인 개념을 표현할 수 있는 경험을 제공한다. 유아들은 도형, 색깔, 패턴 등을 활용하여 예술 작품을 만들거나, 수학적 개념을 동적, 시각적, 청각적으로 표현할 수 있다.
- 문학작품을 활용한 수학: 수학적 주제와 개념이 담긴 문학작품을 활용하여 유아들이 그림과 이야기를 통해 수학적인 개념을 이해하고 표현하도록 도울 수 있다. 이를 통해 유아들은 수학적 언어, 수학의 활용을 자연스럽게 체험할 수 있다.
- 수학적 역할놀이: 유아들에게 수학적인 역할놀이를 지원하여 상황에서 수학적 표현력을 발휘하는 경험을 제공한다. 시장놀이, 가게 놀이, 요리 놀

이, 음식점 놀이 등에서 수학적인 개념을 활용하고 표현할 수 있다.

- 일상 활동의 수학적 응용: 유아들의 일상 활동에서 수학을 찾아내고 응용하는 활동을 도입한다. 예를 들어, 놀이터에서 놀이기구의 높이를 측정하거나, 간단한 조리 활동을 통해 양을 측정하고 비교하는 등의 일상적인 상황에서 수학을 경험하게 한다.

다양한 교육활동 지원을 통해 유아들은 수학을 창의적이고 흥미로운 방식으로 경험하게 되고 수학의 흥미를 발견하고, 상황에 따른 적합한 수학적 사고와 행동을 개발할 수 있게 된다.

생각해 봅시다!

1. 수학과 다른 교과와의 통합: 수학교육을 다양한 주제나 활동과 통합하여 유아들의 교과 간 연결성을 강화하는 방법에 대한 아이디어 공유해 봅시다.
2. 수학적 탐구 활동: 수학적인 탐구 활동을 통해 유아들이 자발적으로 수학 개념을 발견하고 이해하도록 하는 지원방법에 대해 논의해 봅시다.
3. 다양성과 수학교육: 수학교육에서 어떻게 다양한 배경과 경험을 가진 유아들을 포용하고 그들의 수학적 발달을 지원할 수 있는지에 대한 토의해 봅시다.

참고문헌

교육부, 보건복지부(2019a). 2019 개정 누리과정 해설서. 교육부, 보건복지부.

교육부, 보건복지부(2019b). 2019 개정 누리과정 놀이이해자료. 교육부, 보건복지부.

교육부(2022a). 수학과 교육과정, 교육부 고시 제2022-33호 [별책 8]. 교육부.

교육부(2022b). 바른 생활, 슬기로운 생활, 즐거운 생활 교육과정, 교육부 고시 제2022-33호 [별책 15]. 교육부.

보건복지부(2020). 제4차 어린이집 표준보육과정 해설서. 보건복지부.

서혜정(2020). **유아수학교육**. 경기: 어가.

이경하, 오연주, 배지현, 유재경, 심향분(2018). **영유아수학교육**. 경기: 양서원.

정연희(2014). **유아수학교육**. 서울: 창지사.

한유미(2018). **유아수학교육**. 서울: 창지사.

https://www.nctm.org/uploadedFiles/Standards_and_Positions/Common_Core_State_Standards/Math_Standards.pdf.

Chapter

10

유아동작교육

학습목표

1. 유아동작교육의 개념 및 목표를 이해한다.
2. 유아동작교육의 내용, 교수 방법을 안다.
3. 유아동작교육의 활동 실제를 이해하고 구성할 수 있다.
4. 유아동작교육 활동을 위한 교사의 지원방법을 안다.

1. 유아동작교육의 개념 및 목표

1) 유아동작교육의 개념

인간은 태어나면서부터 스스로 움직이려고 하며 움직임을 통해 세상을 이해하기 시작한다. 움직임은 시각, 청각, 후각, 촉각, 미각 등의 감각 인식을 바탕으로 자신과 주변을 탐색하는 역할을 한다.

태아와 신생아는 태어나면서부터 반사행동을 하며, 위험으로부터 보호받기 위해 신체를 움직인다. 출생부터 2세까지는 의도적인 신체 운동이 이루어진다. 목, 머리, 몸을 조절하며 앉기, 서기, 배밀이, 손 뻗치기, 물건 잡아 놓기 등의 동작 기술을 증진한다. 2세 이후부터 7세까지는 초보적인 동작 단계를 벗어나 다양한 기본 동작을 성숙하게 수행할 수 있게 된다. 안정된 자세에서 굽히기, 뻗기, 흔들기, 높이뛰기, 기어오르기 등을 할 수 있게 되지만 아직 세분화되고 정확한 움직임은 아니다. 7세 이후 아동기를 거쳐 청소년기까지 일반적 운동능력, 세분화된 운동능력, 복합적이고 전문화된 운동기술이 증진된다.

유아동작교육은 신체발달을 고려하여 발달하는데 위에서 아래로, 몸통에서 말단으로, 대근육에서 소근육으로 발달하는 주요 신체발달 패턴을 가지고 있다. 이를 그림으로 나타내면 다음과 같다.

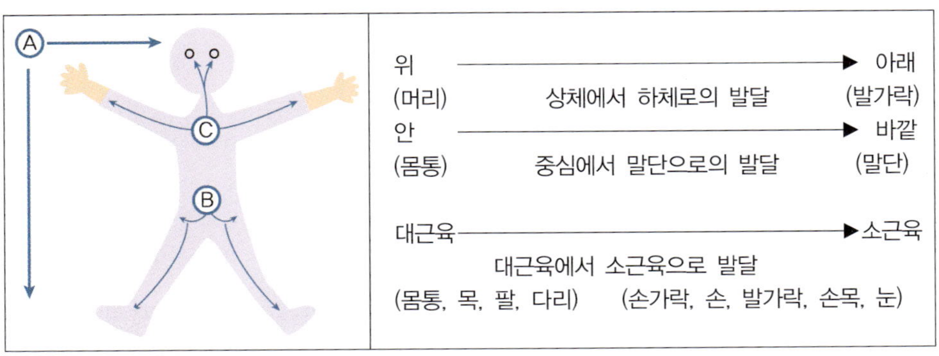

[그림 10-1] 신체발달의 패턴

유아동작교육은 유아의 성장과 지원을 위해서는 움직임을 바탕으로 신체발달, 언어발달, 사회정서발달 등 전반적인 성장과 발달을 촉진한다. 구체적인 유아동작교육의 목표는 다음과 같다.

첫째, 신체인식을 바탕으로 움직임에 대한 흥미를 갖도록 한다. 몸을 움직이기 위해서는 신체명칭, 신체움직임의 특성을 이해하고 움직이는 범위를 이해하며 자신의 몸에 대해 긍정적으로 인식할 수 있어야 한다.

둘째, 자기표현 능력과 상징적 표상 능력을 기르는 것이다. 유아들은 자신의 느낌을 신체 움직임으로 표현할 수 있다. 자신의 창의적 동작표현이나 다른 사람들의 창의적 동작표현에 대해 언어적으로 느낌을 표현한다.

셋째, 심미적 능력과 창의력을 증진한다. 다양하게 움직이는 방법을 창의적으로 생각해 내며 몸의 움직임을 통한 아름다움을 감상할 수 있다.

넷째, 신체 조절 능력, 복합적 신체활용 능력, 체력을 증진한다. 동작활동에 차여하는 유아는 근력, 지구력, 내구력, 유연성 등의 요소를 증진할 수 있다.

다섯째, 탐구력과 인지적 개념을 증진한다. 움직임의 특성을 관찰하고 움직임에 나타난 과학적 특성을 이해하며 공간, 방향, 위치 등에 대한 인지적 개념이 형성된다.

여섯째, 자신에 대한 긍정적 인식과 더불어 자신감의 향상과 협동능력을 증진한다. 혼자서 움직이거나 짝과 함께, 소그룹으로 함께 동작교육을 함으로써 협력하는 능력과 사회적 기술을 증진할 수 있다.

2) 유아동작교육의 목표

우리나라의 교육과정에서의 동작교육은 신체운동건강 및 예술경험에 제시되어 있다. 신체운동 · 건강영역은 '동작을 위한 교육'을 강조하며, 동작을 가르치는 교육으로 신체를 움직이는 데 필요한 능력과 기초체력을 증진하도록 한다. 예술경험영역은 '동작을 통한 교육'을 강조하며, 몸을 움직임으로써 여러 가지 다양한 동작을 시도하고 경험하도록 돕는 교육을 강조한다. Gallahue (2002)가 제시한 것처럼 동작교육은 '동작을 위한 학습'과 '동작을 통한 학습'이 함께 조화를 이루어야 유아동작교육이 원활하게 이루어질 수 있다.

우리나라의 유아교육에서 동작 교과와 관련된 목표를 '2019 개정 누리과정'과 '표준보육과정'에서 살펴보면 다음과 같다.

〈표 10-1〉 유아동작교육 관련 누리과정 및 표준보육과정 '신체운동 · 건강'과 '예술경험' 영역 목표

교육과정	대상연령	'신체운동 · 건강' 영역 목표
표준보육과정	0~1세	감각으로 탐색하고 신체활동을 즐긴다. ① 감각 탐색을 즐긴다. ② 신체활동을 즐겁게 경험한다.
	2세	감각을 활용하고, 신체활동을 즐긴다. ① 감각을 활용하고, 신체를 인식한다. ② 신체활동을 즐긴다.
누리과정	3~5세	실내외에서 신체활동을 즐기고, 건강하고 안전한 생활을 한다. ① 신체활동에 즐겁게 참여한다. ② 건강한 생활습관을 기른다. ③ 안전한 생활습관을 기른다.
교육과정	**대상연령**	**'예술경험' 영역 목표**
표준보육과정	0~1세	아름다움을 느끼고 경험한다. ① 자연과 생활에서 아름다움에 관심을 가진다. ② 예술적 경험을 표현한다.
	2세	아름다움을 느끼고 즐긴다. ① 자연과 생활에서 아름다움을 느끼고 관심을 가진다. ② 예술을 통해 자유롭게 표현한다.
누리과정	3~5세	아름다움과 예술에 관심을 가지고 창의적 표현을 즐긴다. ① 자연과 생활 및 예술에서 아름다움을 느낀다. ② 예술을 통해 창의적으로 표현하는 과정을 즐긴다. ③ 다양한 예술 표현을 존중한다.

우리나라의 교육과정에서 신체운동 · 건강의 목표는 유아가 다양한 신체활동에 즐겁게 참여하고, 청결과 위생, 즐거운 식사, 적당한 휴식을 통해 건강한

생활습관을 기르며, 일상에서 안전하게 생활하는 방법을 배우고 실천하는 내용으로 구성된다(교육부, 2022a). 유아가 자유롭게 신체를 움직이며 놀이하는 즐거운 경험을 강조하고자 기존 누리과정의 '신체 인식하기', '신체 조절과 기본 운동하기', '신체활동에 참여하기' 등의 내용범주를 통합하여 '신체활동 즐기기'로 내용을 제시하고 있다.

예술경험의 목표는 유아가 자연, 생활, 예술에서 아름다움을 찾아보고 느끼며, 다채롭고 창의적인 방법으로 자신의 경험, 생각, 느낌을 표현해 보고, 다양한 예술 표현을 존중하는 경험과 관련된 내용으로 구성된다. 예술경험은 유아가 자연, 생활, 예술에서 아름다움을 느끼고, 음악, 움직임과 춤, 미술, 극놀이 등의 예술에서 자신의 느낌과 생각을 창의적으로 표현하는 과정을 즐기며, 다양한 예술 작품을 감상하며 다른 사람의 예술 표현을 존중하는 내용으로 구성된다.

2. 유아동작교육의 내용

국가수준 교육과정인 0~2세 표준보육과정과 3~5세 누리과정에 제시하고 있는 유아동작교육 관련 내용을 정리하면 다음과 같다.

1) 국가수준 교육과정에 제시된 유아동작교육의 내용

(1) 표준보육과정 0~1세 '신체운동'과 '예술경험' 내용

영역	내용범주	내용
신체운동 · 건강	감각과 신체 인식하기	• 감각적 자극에 반응한다. • 감각으로 주변을 탐색한다. • 신체를 탐색한다.

	신체활동 즐기기	• 대소근육을 조절한다. • 기본 운동을 시도한다. • 실내외 신체활동을 즐긴다.
예술경험	아름다움 찾아보기	• 자연과 생활에서 아름다움을 느낀다. • 아름다움에 관심을 가진다.
	창의적으로 표현하기	• 소리와 리듬, 노래로 표현한다. • 모방 행동을 즐긴다.

표준보육과정 0~1세에 제시된 동작교육 관련 '신체운동'과 '예술경험' 내용을 정리하면 다음과 같다.

내용범주	내용	내용이해
감각과 신체 인식하기	감각적 자극에 반응한다.	0~1세 영아가 시각, 청각, 촉각, 후각, 미각의 오감각으로 다양한 감각 경험을 통해 자극을 느끼고 그 자극에 반응하는 내용이다.
	감각으로 주변을 탐색한다.	0~1세 영아가 시각, 청각, 촉각, 후각, 미각의 오감각으로 주변의 사물을 포함한 환경을 탐색하는 내용이다.
	신체를 탐색한다.	0~1세 영아가 자신의 손이나 발 등을 입에 넣어보거나 바라보고 팔, 다리, 몸통 등의 움직임을 탐색하는 가운데 자신에 대해 인식하게 되는 내용이다.
신체활동 즐기기	대소근육을 조절한다.	0~1세 영아가 목 가누기, 뒤집기, 앉기, 서기 등의 대근육 조절 능력을 발달시키는 것으로, 신체 균형을 잡으면서 안정되게 자세를 유지할 수 있는 능력을 키우는 내용이다.
	기본 운동을 시도한다.	0~1세 영아가 몸을 한 곳에서 다른 곳으로 이동하는 기기, 걷기 등의 이동 운동과 제자리에서 몸을 축으로 하여 원하는 방향이나 물체를 향해 움직여 보는 뻗기, 흔들기 등의 제자리 운동을 시도해보는 내용이다
	실내외 신체활동을 즐긴다.	0~1세 영아가 몸을 움직이는 것에 활발히 참여하고 도구를 이용하여 다양하게 시도하며 실내뿐만 아니라 실외에서도 신체활동을 하고 인근 놀이터나 공원, 지역사회 시설 등을 활용하여 신체활동을 즐기는 내용이다.
아름다움 찾아보기	자연과 생활에서 아름다움을 느낀다.	0~1세 영아가 자신을 둘러싼 일상적인 환경에서 소리나 움직임, 색과 모양 등에 호기심을 기울이며 미적이고 감성적인 경험을 통해 아름다움을 인식하는 과정으로 발전시켜 나가는 내용이다.

	아름다움에 관심을 가진다.	0~1세 영아가 일상생활에서 자연이나 사물의 아름다움을 감상하고 즐길 수 있는 내용을 다룬다. 또한 반복적으로 경험하는 친근한 사람의 목소리, 주변의 소리와 리듬 있는 소리 그리고 익숙한 노래 등에 관심을 가지며 아름다움의 요소를 경험하는 가운데 이를 즐기는 내용을 다룬다.
창의적으로 표현하기	소리와 리듬, 노래로 표현한다.	영아가 자신을 둘러싼 환경에서 들려오는 다양한 소리, 리듬과 노래 그리고 움직임에 주의를 기울여 관심을 두다가 익숙한 노래나 리듬을 선호하며 이를 표현하는 내용을 다룬다.
	모방 행동을 즐긴다.	영아가 익숙하고 의미 있는 사람과 상호작용하며 타인의 표정이나 모습, 움직임을 모방하는 것에서부터 단순한 상징을 놀이로 즐기는 내용을 다룬다. 영아는 모방행동을 통해 새로운 행동을 만들어 내고, 상대의 모방을 유도하며, 영아가 이를 다시 모방하는 순환관계를 보여주는 내용을 다룬다.

(2) 표준보육과정 2세 '신체운동'과 '예술경험' 내용

영역	내용범주	내용
신체운동 · 건강	감각과 신체 인식하기	• 감각 능력을 활용한다. • 신체를 인식하고 움직인다.
	신체활동 즐기기	• 대소근육을 조절한다. • 기본 운동을 시도한다. • 실내외 신체활동을 즐긴다.
예술경험	아름다움 찾아보기	• 자연과 생활에서 아름다움을 느끼고 즐긴다. • 아름다움에 관심을 갖고 찾아본다.
	창의적으로 표현하기	• 움직임과 춤으로 자유롭게 표현한다. • 일상생활 경험을 상상놀이로 표현한다.

표준보육과정 2세에 제시된 동작교육 관련 '신체운동'과 '예술경험' 내용을 정리하면 다음과 같다.

내용범주	내용	내용이해
감각과 신체 인식하기	감각 능력을 활용한다.	2세 영아가 다양한 감각기관을 활용하여 주변의 사물과 환경을 탐색하면서 사물의 특성과 환경을 인식하는 경험을 하게 하는 내용이다.

	신체를 인식하고 움직인다.	2세 영아가 자신의 신체를 탐색하면서 자신의 신체에 대해 인식하고 움직이는 경험을 하게 하는 내용이다.
신체활동 즐기기	대소근육을 조절한다.	2세 영아가 몸의 균형을 잡고 몸을 자유롭게 움직이면서 대소근육을 조절하는 경험을 하게 하는 내용이다.
	기본 운동을 시도한다.	2세 영아가 신체의 위치를 바꾸면서 몸을 한 곳에서 다른 곳으로 옮기는 이동 운동이나 장소를 움직이지 않고 제자리에서 움직이는 비이동 운동을 경험하게 하는 내용이다.
	실내외 신체활동을 즐긴다.	2세 영아가 실내외 다양한 신체활동과 도구를 이용한 신체활동에 참여하면서 즐거움을 느끼는 경험을 하게 하는 내용이다.
아름다움 찾아보기	자연과 생활에서 아름다움을 느끼고 즐긴다.	2세 영아가 무심히 지나칠 수 있는 일상의 자연이나 생활 속 공간, 사물 등의 아름다움에 주의를 기울여 아름다움을 풍부하게 느끼며, 자신과 또래의 다양한 예술적 표현을 감상하고 즐기는 내용이다.
	아름다움에 관심을 갖고 찾아본다.	2세 영아가 다양한 소리나 리듬 등의 음악적 요소, 색이나 형태 등과 같은 미술적 요소, 사람과 사물, 동식물의 움직임에서 아름다움을 발견하고 경험하는 내용이다.
창의적으로 표현하기	움직임과 춤으로 자유롭게 표현한다.	2세 영아가 운율 있는 소리나 노래, 또는 보고 만지고 맛보는 등 감각적 경험에서의 느낌을 움직임이나 춤으로 표현하는 내용이다.
	일상생활 경험을 상상놀이로 표현한다.	2세 영아가 일상생활에서 경험한 사건에 포함된 대상이나 상황을 상상놀이로 표현하며 즐기는 내용이다.

(3) 누리과정 3~5세 '신체운동·건강'과 '예술경험' 내용

동작교육 관련 내용은 신체운동 · 건강의 '신체활동 즐기기'와 예술경험의 '아름다움 찾아보기', '창의적으로 표현하기', '예술 감상하기'가 있다. 각 내용 범주와 내용을 살펴보면 다음과 같다.

영역	내용범주	내용
신체운동 · 건강	신체활동 즐기기	• 신체를 인식하고 움직인다. • 신체 움직임을 조절한다. • 기초적인 이동운동, 제자리 운동, 도구를 이용한 운동을 한다. • 실내외 신체활동에 자발적으로 참여한다.

예술경험	아름다움 찾아보기	• 자연과 생활에서 아름다움을 느끼고 즐긴다. • 예술적 요소에 관심을 갖고 찾아본다.
	창의적으로 표현하기	• 신체나 도구를 활용하여 움직임과 춤으로 자유롭게 표현한다. • 극놀이로 경험이나 이야기를 표현한다.
	예술 감상하기	• 다양한 예술을 감상하며 상상하기를 즐긴다. • 서로 다른 예술 표현을 존중한다. • 우리나라 전통 예술에 관심을 갖고 친숙해진다.

누리과정에 제시된 동작교육 관련 '신체운동'과 '예술경험' 내용을 정리하면 다음과 같다.

내용범주	내용	내용이해
신체활동 즐기기	신체를 인식하고 움직인다.	유아가 자신의 신체에 관심을 가지며 신체 각 부분의 특성을 알고 다양하게 움직이는 내용이다.
	신체 움직임을 조절한다.	유아가 몸을 움직이며 균형을 잡고, 몸이나 도구의 움직임을 다양하게 조절하는 내용이다. 또한 눈과 손을 협응하며 소근육 움직임을 조절하는 내용이다.
	기초적인 이동운동, 제자리 운동, 도구를 이용한 운동을 한다.	유아가 한 곳에서 다른 곳으로 몸을 움직이는 걷기 · 달리기 · 뛰어넘기 등의 이동운동, 구부리기 · 뻗기 · 돌기 등의 제자리 운동, 공 · 줄 · 후프 등의 도구를 이용한 운동을 하는 내용이다.
	실내외 신체활동에 자발적으로 참여한다.	유아가 하루 일과에서 실내외의 다양한 신체 활동에 자발적으로 즐겁게 참여하는 내용이다.
아름다움 찾아보기	자연과 생활에서 아름다움을 느끼고 즐긴다.	유아가 자신의 주변에서 만나는 자연, 공간, 사물 등의 아름다움을 풍부하게 느끼며 즐기는 내용이다.
	예술적 요소에 관심을 갖고 찾아본다.	유아가 주변의 자연과 생활에서 다양한 소리나 리듬 등의 음악적 요소, 색이나 형태 등과 같은 미술적 요소를 발견하고, 사물이나 동식물의 움직임에서 아름다움을 경험하는 내용이다
창의적으로 표현하기	신체나 도구를 활용하여 움직임과 춤으로 자유롭게 표현한다.	유아가 자연과 생활에서 발견한 다양한 움직임을 자유롭게 표현하고 나아가 자신의 생각과 느낌을 자신의 신체나 다양한 도구를 활용하여 움직임과 춤으로 표현하는 내용이다.
	극놀이로 경험이나 이야기를 표현한다.	유아가 자신의 경험, 다양한 상황, 이야기를 자유롭게 상상하며 극놀이로 표현하는 과정을 즐기는 내용이다.

예술 감상하기	다양한 예술을 감상하며 상상하기를 즐긴다.	유아가 자신과 또래의 작품이나 음악, 춤, 미술작품, 극 등 다양한 예술을 감상하고 자유롭게 상상하기를 즐기는 내용이다.
	서로 다른 예술 표현을 존중한다.	유아가 가 자신과 또래의 작품, 음악, 춤, 미술작품, 극 등에 포함된 다양한 표현을 존중하는 내용이다.
	우리나라 전통 예술에 관심을 갖고 친숙해진다.	유아가 우리나라 고유의 전통 음악, 춤, 미술, 건축물, 극 등에 관심을 가지고 전통 예술을 감상하며 우리나라 문화에 친숙해지는 내용이다.

2) 동작의 기초영역

(1) 동작의 기본요소

① 신체인식

동작활동에서 신체는 표현과 의사소통의 도구이다. 동작활동에서 사용되는 모든 동작들은 개인의 정신과 신체가 함께 창조되는 것이다. 움직임을 통해 학습자들은 자신의 신체에 대해 더 잘 알게 되고, 자신의 움직임을 어떻게 조절해야 하는지에 대해 더 잘 알게 된다.

신체 인식 활동에는 전신을 움직일 때 사용되는 신체의 모든 부분들에 대한 전신의 움직임, 신체 부분들이 이동동작을 하거나 혹은 제스처를 방법으로 신체 부분들을 분리하여 움직이기, 어떤 한 가지 부분을 리드하면서 움직이기, 몸무게를 지탱하면서 움직이기 등의 움직임을 나타내는 신체 부분의 움직임, 겉으로 나타내는 생김새나 모습을 뜻하는 모양을 신체를 이용하여 움직임으로 표현하는 신체 모양이 있다.

- 신체부분: 근육, 뼈, 심장, 폐 등 신체 안과 눈, 코, 입, 뒤 등 신체 밖
- 신체모양: 곧게 뻗은, 구부러진, 비틀어진 등 신체 형태
- 신체동작: 이동 동작과 비이동 동작

② 공간

공간요소는 개인 공간 혹은 자기 공간과 일반 공간 혹은 공유된 공간이라는 두 개의 영역으로 구성된다. 개인 공간이란 유아의 신체와 아주 가까이 있는 영역을 말한다. 유아가 몸으로 커다란 풍선을 만들 수 있는 만큼, 즉 다른 사람의 공간을 침범하지 않고 자신에 의해서만 차지되는 자신의 공간을 뜻한다. 개인 공간을 탐색하기 위해 훌라후프를 바닥에 놓고 그 안에서만 움직여 보거나, 유아가 서 있는 자리에서 몸을 최대한으로 낮게 해보거나 혹은 최대한으로 높게 해보는 활동을 할 수 있다. 이러한 공간의 영역에 따라서 공간 인식 활동은 넓이·범위, 수준 혹은 높낮이, 방향, 경로로 나뉘어 해석된다.

- 장소: 개인공간, 일반공간
- 높낮이: 높게, 낮게, 중간으로
- 방향: 앞, 뒤, 옆, 위, 아래, 안, 밖, 사건
- 범위: 크고 작은 영역
- 경로: 곡선, 직선, 지그재그 등 바닥 모양, 여러 가지 도형

③ 힘(노력)

노력은 공간, 시간, 무게 혹은 힘, 흐름을 통해 동작의 힘이 어떻게 확장되는지를 설명하는 4개의 요소로 구성된다. 노력의 네 가지 요소는 모든 동작에 존재하는 것으로 무겁게-가볍게, 무게 혹은 힘, 빠르게-느리게, 시간, 똑바로, 우회해서, 공간, 탄력 있게, 유연하게, 흐름 등으로 세분화할 수 있다.

- 세기: 세게, 약하기
- 무게: 무거운, 가벼운
- 흐름: 탄력 있게 유연하게

④ 시간

음악과 연계하여 동작으로 길에 연결할 것인지 스타카토처럼 분절적으로 표현할지를 결정하기 위해서는 시간에 대한 이해가 필요하다. 빗방울처럼 움

직이기 위해서는 짧고 빠르게 움직인다.

- 속도: 빠르게, 느리게
- 지속성: 길게, 짧게

⑤ 관계

관계는 다른 유아들과 하나의 공간을 사용하는 것을 알게 할 뿐만 아니라, 유아들에게 다른 유아들과 함께 하나의 공간을 공유하고 유도하며, 모방해 볼 수 있는 기회를 준다. 따라서 혼자서, 둘이서, 셋이서, 소그룹으로 그리고 대그룹으로 움직여 볼 수 있는 기회를 제공한다. 또한 물체와 신체 부분 간의 관계는 공간 속에서 물체를 조정하는 능력을 의미하는 것으로 공을 던지기, 잡기, 치기 같은 활동을 통해 공을 다루는 방법을 익히는 것이다. 관계에서는 신체 부분들과의 관계, 짝 혹은 그룹과의 관계, 물체와의 관계가 있다.

- 신체-신체: 서로 만나고 헤어지고, 위-아래, 앞-뒤, 멀리-가까이
- 신체-사물: 스카프, 훌라후프, 공 등 소도구와 장비
- 사람-사람: 공간 속에서 연결되어 있거나 동작이 일어나는 시기 등

(2) 기본 동작

기본동작이란 기본이 되는 신체적 동작을 의미하며, 신체를 효율적으로 움직이는데 필요한 운동능력을 키우는 것이다. 기초체력을 형성하고 움직임을 정교화하고 복합적 운동능력을 발달시켜 나간다. 기본 동작은 이동 동작, 비이동 동작, 조작적 동작 등의 세 가지 범주로 구분된다.

① 이동 동작

장소를 이동하며 움직이는 동작으로 한 공간에서 다른 공간으로 움직이는 방법이다. 기기, 기어가기, 걷기, 달리기, 점프, 홉핑, 말 뛰기와 미끄러지기, 뛰어넘기, 스킵 등이 있다.

② 비이동 동작

제자리에서 움직이는 동작으로 자신의 몸을 축으로 움직인다. 뻗기, 구부리고 펴기, 회전하기, 흔들거리기, 흔들리기, 비틀기 혹은 꼬기, 앉기, 구르기, 재빨리 피하기, 균형 잡기

③ 조작적 동작

도구를 사용하여 움직이는 동작으로 물체에 힘을 주고 힘을 받는 움직임이다. 굴리기, 던지기, 차기, 치기, 공 되받아치기 혹은 되받아 차기, 잡기 등이 있다.

범주	활동의 예
이동 동작	스케이트 타기(미끄러지기) 개구리처럼 뛰기 한 발 뛰기(홉핑) 고무줄 뛰어넘기(뛰어넘기)
비이동 동작	시계추처럼 움직이기(흔들기) 꽈배기가 되기(꼬기) 팽이가 되어보기(회전하기)
조작적 동작	투호 던지기(건지기) 리본테이프 흔들기(치기) 공 던지고 받기(던지기, 잡기)

3) 동작의 응용영역

동작의 응용영역은 자신의 생각과 느낌을 창의적으로 다양하게 표현하는 것이다. 유아는 움직임을 통해 새로운 생각을 창출하고 자신의 생각과 느낌을 다른 사람에게 전달한다. 동작에 대해 유아가 스스로 탐색하는 과정을 통해 나름대로 독특한 동작을 표현하는 것을 중요하게 여길 수 있다. 동작의 응용영역은 모방적 동작활동과 창의적 동작표현활동이 있다.

(1) 모방적 동작활동

대상의 모양과 움직임을 관찰하고 사실적으로 관찰한 것을 표현하며 여러 가지 생물이나 무생물을 모방해서 표현해 볼 수 있다. 생물 모방하기, 자연물 모방하기, 사물 모방하기, 사건 모방하기 등 다양한 모방적 동작활동이 있다.

범주	활동의 예
생물 모방하기	여러 가지 다양한 생물을 모방하는 것을 즐기며 북소리, 피아노 소리 또는 무반주에 맞추어 표현하기 • 동물 : 코끼리, 뱀, 물고기, 기린, 토끼, 사자 등 • 사람 : 소방관, 군인, 비행기 조종사 등 • 상상적인 사람이나 동물 : 화성인, 거인, 난쟁이, 도깨비 등
자연물 모방하기	날씨, 자연, 기후 등 자연물을 모방하기 • 날씨 : 바람, 진눈깨비, 해, 비, 우박, 구름, 무지개, 눈, 폭풍우 등 • 기후 : 덥다, 차갑다, 가을, 춥다, 맑게 갠, 겨울, 따뜻함 등 • 기타 : 안개, 태양, 광물, 파도, 별, 불, 달, 흙, 물, 꽃 등
사물 모방하기	놀잇감이나 기계들을 모방하기 • 놀잇감 : 그네, 미끄럼틀, 시소, 회전목마, 공, 요요 등 • 운송기구 : 보트, 눈썰매, 트럭, 자동차, 자전거 등 • 도구와 기계 : 엘리베이터, 불도저, 전동드릴 등
사건 모방하기	다양한 활동 및 직업을 모방하기 • 스포츠 : 축구, 야구, 농구, 배구, 수영, 테니스, 볼링, 다이빙 등

출처: 김은심(2018). 수정보완.

(2) 창의적 동작표현활동

창의적 동작표현활동은 유아의 생각, 친숙한 경험, 일상적 절차를 동작으로 나타내며 감정, 느낌, 분위기 등 추상적인 것을 동작으로 표현할 수 있다. 대상물의 느낌, 자신의 생각, 경험했거나 제시된 사건을 동작으로 나타낼 수 있다. 움직이는 동작어, 감성이나 분위기를 나타내는 말, 그림 속에 나타난 미술 요소, 순서가 있는 동작, 특별한 날 등을 동작으로 표현하며 유아의 상상력과 창의성을 기른다.

범주	활동의 예
동작어 표현하기	• 움직임을 나타내는 동사를 표현하기 • 쾅쾅 치다, 펑 하고 터지다, 반짝반짝 빛나다, 거품이 일다, 구멍을 뚫다, 힘차게 나아가다, 쿵 하고 울리다, 잡아당기다 등
감정이나 분위기 표현하기	• 감정과 분위기를 표현하며 적절한 음악을 제공하면 좋음 • 행복, 슬픔, 기쁨, 사랑, 미움, 공포, 놀람, 용감함, 수줍음 등
미술에 관련된 요소들 표현하기	• 다양한 선, 형태, 색 및 질감 등 미술 요소를 나타내기 • 선 : 직선, 곡선, 지그재그, 점선 등 • 형태 : 원, 삼각형, 사각형, 직사각형, 육각형 등 • 색 : 빨강, 하양, 초록, 파랑, 노랑, 검정, 보라, 분홍, 갈색 등 • 질감 : 부드러운, 매끄러운, 울퉁불퉁한, 거칠거칠한 등
순서가 있는 동작에 표현하기	• 순서가 있는 동작을 모방하기 • 꽃이 피기까지 과정, 세탁이 되는 과정, 팝콘이 요리되는 과정 등
특별한 날들 표현하기	• 특별한 날의 의미와 경험에 대해 이야기 나누고 표현하기 • 크리스마스, 3·1절, 생일, 여름휴가, 눈 오는 날 등

출처: 김은심(2018). 수정보완.

춤과 움직임은 신체적 기술 교육과 내적 정서를 표현하는 창의적 리듬 동작, 음악에 맞추어 자유롭게 춤추는 리듬동작, 노랫말과 교사에 의해 움직이는 내용과 방법이 정해진 구조적 리듬 동작이 있다. 각 특성과 활동유형을 제시하면 다음과 같다(박찬옥 외, 2020).

	특성	활동
구조적 리듬 동작	교사가 춤을 표현하는 방법을 미리 정하여 유아에게 알려주고 따라 하거나 노랫말의 동작을 표현하는 것	우리나라 전통 탈춤 다른 나라 폴카 춤 "즐겁게 춤을 추다가" 노랫말에 맞춰 춤추기
리듬 동작	음악에 맞춰 자유롭게 움직이고 탐색·표현하는 것	리듬막대 소리를 듣고 걷기, 뛰기, 점프 등 이동 동작하기 셈여림, 고저, 강약 등 음악요소 표현하기
창의적 리듬 동작	생각과 상상의 기회를 제공하고 생각과 느낌을 자유롭게 표현하도록 하는 것	비가 내리는 모습 표현 우주 여행하는 모습 표현

3. 유아동작교육의 교수-학습 방법

유아동작교육의 지도방법은 직접적-교사 주도적 방법, 안내-발견적 방법, 간접적-유아 주도적 방법의 3가지가 있다(김은심, 2024; 오연주, 이경실, 조신희, 김수진, 2022).

1) 직접적-교사 주도적 방법

직접적-교사 주도적 방법은 학습주제와 교수방법을 결정함에 있어서 교사 주도성이 높은 방법이다. 교사는 유아의 행동을 이끌어내기 위해 지식, 기술, 태도, 규칙을 제공하고 바람직한 유아의 행동을 강화한다. 유아에게 반복과 연습을 통해 동작이나 운동 능력이 숙달되도록 하며 전통적인 체육, 게임, 발레, 체조 등에 적합한 교수방법이다.

교사들은 유아에게 필요한 행동변화를 구체화한 뒤, 변화된 행동에 도달하도록 활동을 배치하고, 유아행동의 변화를 강화하는 전략을 사용한다. 즉, 학습내용을 몇 개로 나누고 학습내용의 관계를 계층적으로 조직하여 낮은 수준부터 높은 수준으로 순서화하여 설계한다. 사이먼 가라사대, 거울놀이, 손유희, 호키포키 등의 활동이 이루어질 수 있다.

- 지시적 교수법: 교사가 무엇을 어떻게, 언제 할 것인지에 대해 학습자의 행동을 결정한다.
- 과제 중심 접근법: 교사의 시범과 설명을 듣고 학습자가 그대로 행동하는 것이다.

	장점	단점
직접적-교사 주도적 방법	• 개인이나 대그룹 활동에 적합하다 • 교수-학습에 대한 결과가 즉각적이다. • 교사의 유아행동통제가 용이하다. • 모방적 동작과 지시 따르기에 적합하다.	• 창의성 역량증진이 어렵다. • 신체를 통한 자기표현이 어렵다. • 개인의 발달과 능력 차이를 허용하지 않는다. • 과정보다는 결과에 초점을 둔다.

2) 안내-발견적 방법

안내-발견적 방법은 교사는 유아의 흥미와 관심을 중요하게 여기며 교사가 유아에게 질문을 하며 유아들이 발견하도록 안내한다. 유아의 자유로움, 실험정신, 구성물 만들기 등이 허용되며 과정을 중요하게 여긴다. 안내-발견적 방법은 유아의 부정확한 반응을 인정하고 수용할 뿐만 아니라 교사가 정해진 답을 일방적으로 알려주지 않고 유아들이 스스로 문제를 해결하도록 돕는다. "두 팔을 머리 위로 올려볼 수 있니? 팔을 어떻게 하면 넓게 뻗어볼 수 있을까?" 등의 질문을 사용한다.

교사는 유아의 반응을 수용하며 답을 미리 유아에게 주지 않는다. 문제해결을 위해서는 유아동작을 언어로 설명하거나 유아에게 동작에 대해 물어보는 언어화 및 유아의 시범을 강조한다. Riggs의 안내-발견 교수법은 탐색-발견-선택의 3단계를 통해 뛰기 기능을 발달시킬 수 있다(이영자, 이기숙, 이정욱, 1999).

단계	뛰기 안내-발견적 적용사례
탐색	뛰어넘을 수 있는 물체를 선택하여 몸을 움직이며 뛰기를 탐색함 "어떤 것을 뛰어넘을 수 있을까?
발견	탐색을 통해 유아는 뛰는 방향, 뛰는 방법, 뛰어넘을 수 있는 물체에 대한 지식, 기술, 태도를 발견함 "더 멀리, 더 넓게 뛸 수 있는 방법은 없을까?", "뒤로 뛰어볼까?"
선택	유아에게 다양한 뛰기 기능을 요구하며 뛰기 난이도를 조정함 "가장 높게 뛸 수 있는 방법은 무엇이 있을까?

안내-발견적 방법의 장점은 유아의 발견적 안내를 강조하므로 유아중심 학습이 이루어지며 실패에 대한 두려움이 감소된다. 배우고 성장하는 과정에서 학습자인 유아의 책임감과 참여 정도가 높다. 또한 유아동작에 대한 교사의 피드백과 유아 스스로 자신의 동작에 대해 설명하는 과정을 통하여 동작어휘를 확장할 수 있다.

	장점	단점
안내-발견적 방법	• 동작 관련 어휘를 확장한다. • 유아의 개인차를 인정한다. • 자신감과 독립심을 증진한다. • 인지적 자극을 통한 사고능력을 증진한다.	• 많은 시간이 소요된다. • 숙련된 교사의 인내와 경험이 요구된다.

3) 간접적-유아 주도적 방법

간접적-유아 주도적 교수방법은 유아 스스로 탐색하는 과정으로 탐색적 방법이라고 불리기도 한다. 학습자 중심의 접근을 통해 유아의 자기발견을 통한 학습과정을 강조하는 방법이다. 교사는 유아들에게 과제를 소개하고 유아들은 신체움직임을 통해 자신만의 생각을 표상하는 기회를 제공한다. 개방적 질문과 자발적 탐색 시간을 제공하며 유아의 관심과 흥미가 지속적으로 유지될 수 있도록 한다. Halsey와 Porter가 제안한 방법으로 4가지 과정을 따른다.

1단계	2단계	3단계	4단계
문제 설정	유아 스스로 실험하기	관찰과 평가과정	평가를 통해 획득된 내용 재적용

교사는 동작의 형태와 기술을 유아에게 가르치기보다는 신체활동이 확장될 수 있도록 지원해야 한다. 또한 공간, 시간, 힘, 흐름 등 동작요소를 사용하여

다양한 변화를 시도할 수 있다. 빠르게, 느리게, 세게, 약하게, 오른쪽, 왼쪽 등 움직임의 요소를 다양하게 변화시켜 동작을 경험해 보도록 한다. 교사는 유아의 반응에 대해 다시 반응해 주며 활동의 한계를 설정한다. 평균대를 이동할 때, "평균대에 두 부분 이상 신체를 닿게 하며 이동해 볼까?"라고 제안한다면 유아의 행동범위가 제한될 수 있기 때문이다.

극적인 접근법

가상적 상황이나 상상을 통해 움직이는 유도하는 방법으로 "만약 ~라면," "~처럼 되어보기"를 통해 생각과 상상을 동작으로 표현한다. 극적인 접근을 위해서는 표현하고자 하는 대상에 대한 탐색경험이 제공되어야 하며 즉흥 과정을 통해 창작경험을 제공한다. 교사는 "~이 되어서 움직여볼까?"의 상호작용을 통해 창의적 표현을 장려하도록 한다.

통합적 접근법

통합적 접근은 주제 중심의 통합, 다른 영역 간의 통합, 기초영역과 응용영역의 통합, 예술경험 간의 통합 등으로 구분할 수 있다.

- 주제 중심의 통합: 유아의 흥미, 관심, 계절적 특성을 반영한 주제 중심으로 동작활동을 실시하는 것이다.
- 교육영역 간의 통합은 언어, 수학, 과학, 문학, 사회 등 다양한 교과내용과 통합하는 것이다.
- 기초영역과 응용영역의 통합은 동작활동의 응용 영역에 속하는 창의적 신체 표현만 강조하게 되면 동작의 다양성과 기술적 측면이 증진되지 못한다는 관점을 반영한 것이다. 움직임을 익히는 기초영역을 통해 다양한 동작을 탐색하고 실행하는 기초영역의 활동 다음에 창의적 신체 표현의 움직임 익히기 단계가 이루어지는 것이 좋다는 관점이다.
- 예술경험 간의 통합은 음악, 동작 미술 등 예술경험 관련 교과와 통합하는 것이다.

유아동작교육의 지도원리를 제시하면 다음과 같다.

첫째, 유아의 생각과 느낌을 자유롭게 동작으로 표현하도록 격려한다. 허용적인 태도와 편안한 분위기에서 유아는 자신의 생각과 느낌을 자유롭게 표현할 수 있다. 교사의 시범과 지시에 따라 획일적으로 동작을 따라 하기보다는 자유로운 움직임이 이루어질 수 있도록 한다.

둘째, 동작을 표현하기 전 충분한 사전경험 및 탐색 기회를 제공한다. 유아에게 움직임을 관찰하는 기회를 제공하기 위해 실물, 동영상, 사진자료를 통해 움직임을 이해하는 시간을 제공한다. 충분한 이해는 영유아의 움직임을 자극하고 다양한 표현력을 증진하게 하기 때문이다.

셋째, 적절한 도구를 이용하여 다양하게 움직일 수 있는 기회를 제공한다. 스카프, 리본끈, 훌라후프 등 재료의 특성을 활용하여 움직임을 표현하도록 한다. 도구를 이용한 움직임이 있는 경우, 도구의 움직임을 탐색하는 방법, 안전하게 도구를 이용하는 방법에 대해 이야기를 나눈 뒤 사용하는 것이 좋다.

넷째, 안전사고에 유의하여 활동을 계획한다. 유아들이 부딪히지 않도록 충분한 공간을 마련하고 안전을 점검해 본다. 또한 안전 수칙 및 올바른 도구사용 방법을 안내하고 지켜야 하는 규칙에 대해 토의하도록 한다. 바닥은 탄성이 있는 부드러운 소재가 좋으며 매트, 카펫을 깔아 다치는 것을 예방한다.

다섯째, 동작에 대한 탐색-표현-감상의 기회를 제공한다. 다른 사람의 춤과 움직임을 감상하며 심미감을 기르고 서로 다른 표현을 존중하며 새로운 동작을 표현해 볼 수 있는 계기를 마련하도록 한다.

4. 유아동작교육 활동의 실제

유아동작교육을 위한 활동의 실제를 살펴보면 다음과 같다.

활 동 명	응원 동작 만들기	
활동목표	• 응원가를 불러보며 운동에 대해 관심을 갖는다. • 응원가에 맞춰 응원 동작을 만들어본다.	
누리과정 관련 요소	예술경험 〉 창의적으로 표현하기 〉 신체나 도구를 활용하여 움직임과 춤으로 자유롭게 표현한다. 신체운동 · 건강 〉 신체활동 즐기기 〉 신체를 인식하고 움직인다. 신체운동 · 건강 〉 신체활동 즐기기 〉 신체 움직임을 조절한다.	
시간	활 동 내 용	준비물 및 유의점
도입 (5분)	① **궁금이 상자를 보며 주의 집중한다.** T: 오늘 궁금이 상자를 가져왔어요. 궁금이 상자 안에는 무엇이 들어있을까? T: 궁금이 상자에서 어떤 소리가 들렸나요? T: 궁금이 상자 안에 있는 것을 만져보고 느낌을 이야기해 보자. T: 궁금이 상자에 들어있는 물건은 무엇일까요? T: 선생님이 궁금이 상자 안에 들어 있는 것이 무엇인지 한 가지 더 이야기해 줄게요. T: (물건의 일부분을 보여주며) 나는 반짝반짝하고 꼬불꼬불하게 생겼어요. 나는 길고 커다란 입이 있어요. 나는 무엇일까요? T: ○○이 말처럼 ~일 수도 있고, ~일 수도 있겠네요. 그럼 우리 다 같이 궁금이 상자에 무엇이 들었는지 꺼내볼까요?	준비물: 궁금이 상자 (응원수술, 응원 나팔)
전개 (20분)	① **응원수술과 응원 나팔을 소개한다.** T: 짜잔~ 나는 수술이고 나는 나팔이야. 혹시 우리를 본 적이 있니? 어디서 봤어? T: 아, ~에서 봤구나. 그때 우리가 무엇을 하고 있었니? T: 맞아. 우리는 (수술을 흔들며) 사람들을 응원하면서 춤을 추기도 하고, (나팔을 불며) 큰 목소리를 내기도 해. ② **응원 영상을 본 후 응원이 무엇인지 이야기 나눈다.** T: 응원은 무엇일까? T: 사람들은 왜 응원을 할까? T: 나비반도 응원해본 적 있어? T: 언제 응원을 해봤니?	준비물: 응원가 음원, 영상, 응원수술, 응원 나팔 [유의점] 아이들이 의견을 자유롭게 말할 수 있도록 허용적인 분위기를 만든다. 아이들이 부딪히지 않도록 넓은 장소를 제공한다. 모든 아이들에게 말할 수 있는 기회를 제공한다.

	③ 응원가에 맞춰 친구들과 응원 동작을 만들어본다. T: 유치원에 체육대회가 있다고 들었어! 영상 속 사람들처럼 우리도 나비반만의 응원 동작을 만들어볼까? T: 영상 속 사람들은 어떻게 응원을 했지? T: 나비반이 응원 동작 만드는 걸 도와주려고 수술 친구들이 놀러 왔어. 내 친구들과 함께 응원 동작을 만들면 더 신나게 만들 수 있을 거야. (수술을 나눠준다.) T: 영상 속 응원 모습처럼 어떤 동작을 하면 응원을 더 힘차게 할 수 있을까? T: 응원가에 맞춰 응원 동작을 만들어볼까? T: 동작을 만들기 전에 우리가 지켜야 할 규칙에는 무엇이 있을까? [규칙] 1. 응원 동작을 만들 때 친구와 적당한 간격을 유지한다. 2. 친구들의 이야기를 집중해서 잘 들어준다. 3. 응원 나팔과 응원수술을 친구를 향해 던지지 않는다. T: ○○이처럼 팔을 크게 돌릴 수도 있겠구나. T: 긴 바늘이 △에 갈 때까지 동작을 만들어볼까? **④ 완성한 응원 동작을 친구들과 함께 해본다.** T: 나비반! 응원 동작을 다 만들었니? T: 그럼 응원 노래를 틀어줄게. 노래에 맞춰 우리가 만든 응원 동작을 친구들과 함께 해볼까? **⑤ 응원 물품을 정리하는 시간을 갖는다.** T: (수술을 흔들며) 나비반이 응원을 참 열심히 해줘서 기뻤어. (나팔을 흔들며) 아쉽지만 우리는 이제 응원이 필요한 다른 친구들에게 가야 해. (수술을 흔들며) 내 친구들을 앞에 있는 통에 넣어줄 수 있어? 우리 나중에 체육대회에서 다시 만나자. 그때까지 잘 지내~ 안녕!	
마무리 및 평가 (5분)	**① 동작을 회상하며 이야기 나눈다.** T: 나팔이랑 수술이랑 무엇을 했어요? T: 아~ 나팔이랑 수술이랑 응원 동작을 만들어봤구나. 만들어 보니 어땠나요? T: 활동하면서 재미있었던 응원 동작은 어떤 것들이 있었나요? T: 더 즐겁게 응원을 할 수 있는 방법에는 어떤 것들이 있을까요? T: 그럼 다음에 응원할 때 그렇게 해보도록 해요.	[유의점] 모든 아이들에게 말할 수 있는 기회를 제공한다.

5. 유아동작교육을 위한 교사의 지원

유아동작교육을 실시하기 위해서는 규칙 세우기, 공간의 한계설정, 문제해결적 과제 사용, 유아의 창의적 표현에 대한 인정 및 수용, 칭찬과 긍정적 강화, 친숙한 이미지 사용, 유아의 에너지 수준 고려하기 등 다양한 지원이 필요하다.

1) 상호작용 지원하기

첫째, 유아교사는 동작표현을 촉진시키는 질문을 하여 동작활동을 지원한다. 수렴적 질문보다는 개방적 질문을 통해 동작표현을 촉진한다. 일반적으로 수렴적 질문(폐쇄적/재생 기억적 질문)은 어떤 정보에 대해 학습한 뒤 알고 있는 지식을 묻는 것이다. 하지만 창의적 질문(확산적/개방적 질문)은 하나의 정답이 아니라 많은 대답이 정답이 될 수 있는 질문하는 것이다. 따라서 교사는 창의적 질문, 확산적 질문, 개방적 질문을 통하여 창의적으로 유아동작이 표현될 수 있도록 도와야 한다. 둘째, 동작표현을 촉진시키는 동작어휘를 사용한다. 교사가 유아동작요소에 대한 어휘를 사용하는 경우 움직임 탐색을 증진하고 움직임 표현을 강화할 수 있다. 신체, 공간, 노력 등에 대한 어휘를 사용하면 유아의 움직임이 보다 구체화될 수 있다.

	내용
신체에 대한 동작어휘	• 신체부분(신체 각 부분의 명칭과 부분의 기능 이해) • 신체모양(길게, 짧게, 넓게, 좁게, 뾰족하게, 둥글게 등) • 신체표현(앞, 뒤, 오른쪽 옆, 왼쪽 옆, 상체, 하체 등) – 고양이의 웅크리고 정지한 모습 : 고양이처럼 몸을 작고 동그랗게 해보자, 고양이처럼 등 부분을 볼록하게 만들어 웅크려 보자. – 먹이를 먹는 모습 : 앞발을 입에 모아 먹이를 먹는 고양이의 모습을 표현해보자
공간에 대한 동작어휘	• 자기 공간(한 장소에서 공간이동 없이 움직이는 공간, 구부리기, 꼬기 등) • 일반 공간(공간의 이동이 있으면서 움직일 수 있는 공간) • 방향(앞으로, 뒤로, 옆으로, 위로 아래로, 오른쪽으로, 왼쪽으로) • 높낮이(높게, 낮게, 중간 높이로, 아주 높게, 아주 낮게) • 범위(크게, 작게, 아주 크게, 아주 작게 등) – 고양이가 낮은 곳으로 뛰어내리는 모습 : 높은 곳에서 뛰어내리듯이 등을 높이 하여 움직여 보자 – 몸을 바닥에 납작하게 하여 기는 모습 : 높은 곳에 뛰어오르기 위해 몸을 웅크리는 모습을 표현해 보자/몸을 작게 웅크린 후 쭉 펴며 높은 곳으로 뛰어오르는 모습을 표현해 보자
노력에 대한 동작어휘	• 신체 부분과의 관계(신체 부분을 인식하고, 신체 부분이 서로 어떻게 관련되는지를 이해하는 것) • 다른 사람과의 관계(다른 사람과 함께 표현에 참여하는 것) – 털을 청소하는 모습 : 앞발(두 손)을 얼굴 쪽에 모아 털을 깨끗이 닦는 모습을 표현해보자, 친구와 함께 한 마리의 고양이를 만들어 보자

출처: 김은심(2018). 수정보완.

2) 활동 지원하기

동작활동을 지원할 때 교사는 교수 행동을 고려하여 적절하게 개입한다. 비지시적에서 지시적인 과정으로 연결되는 활동지원방안을 고려하여 동작활동을 제공한다.

비지시적 (nondirective)		중재적 (mediating)				지시적(directive)	
인정하기	모범 보이기	촉진하기	지원하기	지지하기	함께 구성하기	시범 보이기	지도하기

유아교사의 개입 유형	내용
인정하기 (acknowledge)	유아의 참여가 지속되도록 관심을 기울이거나 긍정적 격려를 하는 것
모범 보이기(model)	암시적인 측면 : 지시적 성격을 띠지 않는 모범 보이기 명시적인 측면 : 다소 지시적인 성격을 보임
촉진하기(facilitate)	유아가 다음 수준의 기능이나 과제를 할 수 있도록 교사가 일시적으로 개입하여 도와주는 것
지원하기(support)	촉진하기보다 교사가 더 능동적으로 관여하여 피드백을 제공하는 방법
지지하기(scaffold)	유아가 기대되는 능력에 도달하도록 적합한 학습방법을 사용하여 도움을 주거나 도전의 기회를 마련하여 주는 행동
함께 구성하기 (co-construct)	교사와 유아가 함께 활동하는 형태로, 비계 설정하기보다 좀 더 지시적인 교수 유형
시범 보이기 (demonstrate)	교사가 능동적 역할로 유아에게 시범을 보이고, 유아는 그 결과를 관찰하는 학습방법
지도하기(direct)	교사가 어떤 활동을 일정한 방법으로 하도록 전달하는 형태

유아동작수업을 진행할 때 고려해야 할 점을 도입, 전개, 마무리, 전이과정으로 제시하면 다음과 같다.

동작교육 활동계획안 작성 절차
① 주제선정 – 생활주제와 동작주제를 중심으로 활동내용을 선정
② 주제에 따른 자료의 움직임을 예상하여 가능한 모든 움직임이나 특성을 브레인스토밍
③ 동작의 구성요소 및 기본동작을 중심으로 한 브레인스토밍 결과를 기록
④ 교사는 구체적으로 스스로에게 질문을 하면서 두 번째 단계에서 마련된 리스트를 사용하여 동작의 요소를 구체적으로 분석
⑤ 사용가능한 모든 교수자료를 수집한 후 가장 적절하다고 생각되는 자료를 선정

1) 도입

도입은 유아들의 관심을 '움직이기'로 끌어들이는 과정이다. 간단한 손동작이나 몸동작으로 주의집중 게임이나 수수께끼로 동작활동과 연결짓는다. 동작활동 주제와 연결된 자료를 사용한다. 활동명을 이야기하고 유아가 동작활동에 기대감을 갖도록 한다. 도입활동은 짧은 시간(3~5분) 내에 이루어지도록 한다. 도구가 사용되는 경우에는 도구 활용방법을 소개한다.

2) 전개

전개는 수업의 중심을 의미하며 동작탐색단계 와 동작표현단계로 구성한다. 첫째, 동작탐색단계는 동작 대상을 집중적으로 탐색함으로써 움직이는 방법에 대해 알아본다. 가장 시간 소요가 이루어지며 교사는 유아에게 동작 관련 탐색적 발문을 제공한다. 둘째, 동작표현단계에서는 지금까지 탐색한 내용에 근거하여 자유롭게 표현하도록 한다.

전개에서 고려해야 할 점	
탐색적 질문하기	동작활동 내용에 따라 유아가 동작표현을 생각해 낼 수 있는 다양한 유형의 질문을 한다.
자유로운 분위기 허용	교사는 가능한 한 유아가 자신의 생각이나 느낌을 나타내기에 편안하고 개방적인 분위기를 형성하도록 한다.
시범 보이기의 적절한 사용	기본동작유형들은 정해진 동작패턴을 가지고 있음으로 필요에 따라서는 시범을 보여주고 따라 해 보게 하거나 이미 정해진 동작으로 율동을 할 수 있다.
유아 자신의 생각을 표현하도록 격려하기	대부분의 유아들은 자신의 생각, 느낌을 자유롭게 표현하는 특성이 있으며 친구들의 동작을 모방하려는 특성을 보이기도 이때 교사는 이러한 모방심리를 수용해 주면서 유아 나름대로의 특징을 작은 점이라도 발견하여 유아 자신의 독특한 동작 가능성을 격려해 주도록 한다.
충돌 예방하기	유아가 신체조절을 잘 하여도 공간이 좁은 경우에는 소집단으로 여러 번 나누어 동작을 하도록 한다.
발견과 탐색 격려하기	유아가 나타내는 다양한 방법의 동작표현들을 유아가 발견하고 탐색하도록 한다.

3) 마무리

동작경험을 하고 난 느낀 점에 대해 평가하며, 교사는 마무리 과정이 활동에 대한 회상과 다음 활동을 위한 확장 방안에 대해 이야기 나누도록 한다.

4) 전이

전이란 하나의 활동 또는 일과가 끝난 후 다른 활동 또는 일과로 이동하는 순간으로 전이된다. 동작활동이 끝난 후 다른 활동으로 이동할 수 있도록 동기를 부여받고, 준비하는 것으로 설명할 수 있다.

출처: 김은심(2018). 수정보완.

생각해 봅시다!

1. 동작을 다양한 주제나 활동과 통합하여 유아들의 교과 간 연결성을 강화하는 방법에 대한 아이디어 공유해 봅시다.
2. 동화, 음악, 명화에 나타난 유아동작 요소를 찾아봅시다.
3. 유아의 동작표현을 증진하기 위한 교사의 신체, 공간, 노력 등의 발문을 구성해 봅시다.

참고문헌

교육부, 보건복지부(2019a). 누리과정 해설서. 세종: 교육부, 보건복지부.

교육부, 보건복지부(2019b). 놀이실행자료. 세종: 교육부, 보건복지부.

김은심(2014). **유아동작교육**. 서울: 창지사.

남기원, 김남연, 박선영, 고선아, 이은형(2017). **유아교과교육론**. 서울: 학지사.

박찬옥, 서동미, 곽현주(2020). 2019 개정 누리과정을 반영한 유아교과교육론. 경기: 정민사.

오연주, 이경실, 조신희, 김수진(2022). **놀이중심 영유아동작교육**. 서울: 창지사.

PART

3

유아교과교육의 통합적 운영 및 평가

유아교과교육의 통합적 운영 및 평가는 유아의 학습과 발달을 이해하고 지원하기 위한 핵심적인 과정이다. 유아교과교육의 통합적 운영은 다양한 교과목이 유아들의 학습경험과 발달에 어떻게 기여하는지 고려하여 교육 프로그램을 설계하고 운영하는 것을 의미한다. 유아교과교육의 통합적 운영은 다양한 교과를 통합하여 유아들에게 융합적인 학습경험을 제공한다. 유아교과교육의 평가는 유아의 발달 및 변화, 놀이 및 활동, 교육과정 운영 등을 평가하여 교과교육을 개선하고 유아에게 적합한 개별적 지원을 제공하는 것을 의미한다. 유아교과교육의 통합적 운영 및 평가는 유아들이 성장하고 발전할 수 있는 교과교육을 운영하는 데 있어 필요한 요소이다.

Chapter

11

통합교육과정

학습목표

1. 통합교육과정의 정의와 필요성을 이해한다.
2. 다학문적 설계, 간학문적 설계, 사회중심 설계, 학습자중심 설계 등 다양한 통합교육의 모형의 차이를 알고 구분할 수 있다.
3. 유아 · 놀이중심 교육과정에서 통합교육과정의 다양한 운영방안을 알고 구성해 볼 수 있다.

1. 통합교육과정의 이해

1) 통합교육과정의 정의

통합은 둘 이상의 요소를 하나로 합치는 것이며 융합은 둘 이상의 요소가 녹아서 하나가 되는 것을 의미한다. 교육과정에서 통합을 어느 곳에 배치하는지에 따라 의미는 달라진다. '교육과정 통합'은 2개 이상의 교육과정을 하나의 교육과정으로 합하는 것을 의미하고 '통합교육과정'은 교육과정의 통합을 통해 만들어진 것으로 유아의 생활 경험을 중심으로 학습을 종합하고 통합하는 것이다.

교육에서의 통합은 좁은 의미로 교과목을 분리하지 않는 것이지만 교육과정의 통합은 학습경험의 통합, 교육내용의 통합, 학문들 간의 통합, 인격의 통합으로 전인발달을 추구하는 것이다. 몸과 마음, 지성과 감성, 현실과 상상 등을 통합하는 전인교육을 실현할 수 있다(김승호, 김은정, 박일수, 2019).

통합교육과정의 필요성은 폭발적인 지식의 증가, 사회 전문화의 가속화, 에듀테크의 발달로 인하여 중요해지고 있으며, 서로 다른 분야를 넘나들며 다양한 분야를 아우르고자 하는 통합성이 강조되고 있다(한국교육과정학회, 2017). 통합교육과정은 일상생활의 문제나 사회적 문제를 해결함에 있어 복합적인 역량이 요구되며, 교과 간의 내용이 중복됨에 따라 학습자의 학습부담을 덜어주고 교육내용의 사회적 적합성을 높이는 데 도움을 준다. 또한 학습경험의 전이효과가 크며 학습 주체로 참여한다는 다음에서 학습동기를 높이는 데 도움을 준다. 따라서 통합교육과정은 학습경험의 통합 또는 교육과정의 통합을 중요하게 여긴다는 점에서 통합적 사고를 통해 사물과 현상의 본질을 파악하는 데 도움을 준다고 볼 수 있다.

교과의 전문화와 세분화에서 벗어나 진보주의자는 활동중심 교육 및 프로젝트 학습을 통해 통합 교육과정을 구성하였다. 우리나라의 교육과정 통합 사례는 초등학교 1 · 2학년의 통합 교과인 바른 생활, 슬기로운 생활, 즐거운 생활이 있으며, 고등학교 교육과정에서의 통합사회와 통합과학 과목이 있다. 통합사회는 사회, 역사, 지리, 윤리 과목이, 통합과학은 물리, 화학, 생물, 지구과학이 빅 아이디어를 중심으로 교과내용을 융합하여 운영하고 있다.

교육과정 통합의 유형은 분류방식에 따라 다양하다. 학습자의 연령을 기준으로 분류한다면 학교급 간, 학년 간 통합이 있으며 교육과정을 기준으로 분류한다면 교과 교육과정과 교과외 교육과정으로 구분할 수 있다. 교과를 기준으로 분류한다면 교과 간과 교과 내가 있으며 학습자 간 또는 학습자 내의 통합이 있다. 유아의 성장과 발달을 지원하기 위한 주요 통합의 대상을 제시하면 다음과 같다.

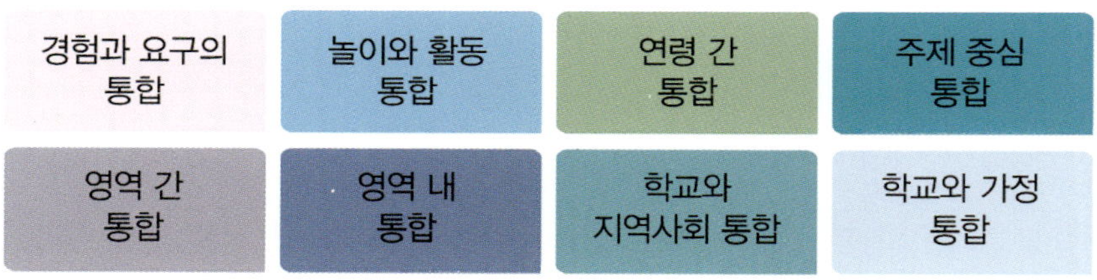

[그림 11-1] 통합의 대상

Ingram(1979)은 교육과정 통합을 통해 지식의 통섭 및 통합 교육과정이 운영될 수 있으며, 이는 인식론적 기능, 심리적 기능, 사회적 기능의 측면에서 긍정적 역할을 한다고 보았다.

(1) 인식론적 기능

교육과정의 통합은 지식변화에 대한 대처 능력을 높이고 지식 간의 관련성을 이해하도록 하는 것이다. 교육과정의 통합은 지식의 유용성과 의미를 높이는 데 도움을 주며 교육내용의 양적 증가에 따라 학습내용의 간략화를 이룰 수 있다.

(2) 심리적 기능

학습자의 학습과정에 기반한 교육을 실시할 수 있으며 인지, 정의, 신체의 균형 잡힌 개발로 전인적 성장을 돕는다.

(3) 사회적 기능

교육과정의 통합은 사회문제에 대처할 수 있도록 도우며 교수-학습 과정에서 협동성을 기르며 학교와 사회를 연결하도록 한다.

통합교육은 전인발달과 효과적인 학습을 위해 유아의 경험, 흥미, 요구를 교육내용과 통합하고 유아와 유아, 유아와 인적자원, 유아와 물적자원을 통합하며 교과목을 통합적으로 재조직하는 것을 의미한다. 통합교육의 장단점을 정리해 보면 다음과 같다(임부연 외, 2018).

〈표 11-1〉 **통합교육의 장단점**

장점	단점
• 자율성과 자기주도 학습능력 증진 • 총체적인 학습 • 교육에 대한 개념화에 초점을 두어 진행	• 잡동사니 교육과정 • 필수적인 교과내용이 누락될 가능성 있음 • 교사의 역량에 따른 교육내용의 편향성 발생

2) 통합교육의 모형

통합 교육과정 개발 및 교과의 통합적 운영을 위해 설계모형에 대한 이해가 필요하다. 다학문적 설계, 간학문적 설계, 사회중심 설계, 학습자중심 설계 등이 있다(김대현, 2017; 홍후조, 2016).

(1) 다학문적 설계

유사하거나 인접한 학문을 모아서 하나의 교과나 단원으로 구성하는 것이다. 물리, 화학, 생물, 지구과학의 학문을 통합하여 각 학문의 개별 성격을 보존하며 과학이라는 교과를 구성할 수 있다.

(2) 간학문적 설계

몇 개의 학문에 공통되는 주요 개념, 원리, 탐구방법을 중심으로 학문 간 경계를 허물고 학문의 개별 성격이 약화되는 방식으로 교과를 설계하는 것이다. 유아교육기관의 교육과정 및 교사수준의 교육과정 운영 과정에서 나타날 수 있으며 종합적인 인식론을 경험할 수 있도록 한다.

(3) 사회중심 설계

사회요구를 중심으로 사회적응, 지역사회개선, 미래사회 구현이라는 주제를 방식으로 교육과정을 설계하는 것이다. 학문의 경계를 유지하는 것이 아니라 경계선을 허물고 동심원의 형태로 설계한다. 학문의 범위 밖에 있는 자원도 선정하며 사회유지와 개선을 위해 필요한 지식, 기능, 가치를 학습하고 활용한다.

창의적 체험활동과 범교과 학습주제는 사회적으로 이슈가 되거나 사회유지 및 개선을 위해 주제를 중심으로 설계하는 것이다. 범교과 학습주제는 안전·건강교육, 인성교육, 진로교육, 민주시민교육, 인권교육, 다문화교육, 통일교육, 독도교육, 경제·금융교육, 환경·지속가능한 발전교육 등이 있다.

(4) 학습자중심 설계

학습자의 흥미, 관심, 요구 등을 중심으로 교육과정을 설계하는 모형이다. 학생의 흥미, 소질, 적성을 파악하고 취미와 특기를 계발하며 학생의 요구를 반영하여 교육과정을 설계한다. 이를 통해 학습자의 삶과 교육과정을 통합한다.

3) 교과 내용의 통합적 조직

Tyler(1949)는 교육과정 개발모형에서 학습경험이 체계적으로 조직되기 위해서는 계속성, 계열성, 통합성의 원리를 활용해야 한다고 보았다. 교육적 의도와 유기적 관계를 고려하지 않고 많은 교육내용을 통합하기보다는 교육내용의 적정화를 고려한 통합이 이루어져야 한다.

첫째, 계속성의 원리는 학습자가 경험해야 하는 교과 내용에 대해 친숙해지고 쉽게 이해할 수 있도록 지속적인 연습과 경험의 기회를 제공한다. 유치원, 친구, 나, 가족에 대한 주제는 영유아기에 지속적으로 경험하는 내용으로 관련 주제에 친숙해지고 쉽게 이해하도록 돕기 위해 지속적인 주제로 경험하도록 한다.

둘째, 계열성의 원리는 학습내용이 단계적으로 심화·확장되는 것을 의미한다. 3, 4, 5세 연령별로 위계를 두어 같은 주제라고 하더라도 내용의 범주, 기술수준에 차이를 두어 내용이 조직화되는 것을 의미한다. 3세 유아는 주변의 생활도구, 도구를 움직이는 힘에 대한 주제를 다루지만 4~5세에는 미래의 생활도구를 상상해 보는 주제로 확장하여 운영할 수 있다.

셋째, 통합성의 원리는 한 교과 내에서 교육내용 간의 통합, 교과 내 교육내용의 수평적 통합이 이루어지도록 한다. 교과 간의 통합은 수·과학·언어·미술·음악 등의 교과 영역의 통합을 의미한다. 하루일과 내에서 유아가 하나의 놀이주제에 따른 이야기 나누기, 음악, 바깥놀이, 통화 등 놀이 및 교육지원 활동을 통해 하루일과를 통합된다. 교과 내 통합은 언어영역 내에 말하기·듣기·읽기·쓰기가 통합 및 예술경험에서의 탐색·표현·감상이 통합되는 것으로, 하나의 주제를 중심으로 하나의 교과 영역 내에 여러 영역이 통합되는 것을 의미한다.

2. 통합교육과정 운영의 실제

통합교육과정의 운영사례를 2019 개정 누리과정의 해설서 및 놀이지원자료에 근거하여 제시하면 다음과 같다(교육부, 보건복지부, 2019a, 2019b).

1) 유아와 교사가 만들어 가는 통합교육과정

(1) 교육적 지원 계획해보기

유아 · 놀이 중심 교육과정은 하루, 한 주, 한 달, 한 학기, 일 년의 시간을 어떻게 살아갈 것인가를 반영하여 교육내용과 시간을 조직하는 과정이다. 교육철학, 가정과 지역사회의 특성, 유아의 요구 등을 반영하여 자율적으로 계획한다. 기관의 실정에 맞게 교육계획을 수립하고 일과를 놀이, 일상생활, 활동으로 구성하되 놀이가 충분히 이루어지도록 편성하여 운영해야 한다.

① 연간계획을 검토한다.

연간계획은 개정 누리과정에서 추구하는 인간상, 기관의 철학, 지역사회의 특성, 개인 수준의 다양성, 전년도 연간계획을 고려하여 자율적으로 수립한다. 기관 적응, 계절, 명절, 그 해의 특별한 국가적 행사, 기관 행사, 진급 등을 고려해야 한다. 유아에게서 발현되는 놀이 주제가 학기를 진행하는 동안 즉각적으로 반영될 수 있도록 여지를 남기고 연간계획을 작성한다.

② 월간, 주간, 일일계획을 검토한다.

월간, 주간, 일일계획안은 기관과 교사의 필요에 맞게 형식이나 분량을 자율적으로 구성한다. 개정 누리과정은 교사가 유아의 경험을 미리 조직하기보다 유아의 놀이를 관찰하고 이를 지원하는 방식으로 진행하는 것이 좋다. 유아의 놀이는 교사가 계획한 대로 진행되는 것이 아니라 시시각각 변화하고 교사의 기대 이상으로 심화될 수 있기 때문이다.

③ 기관이나 교사의 실정에 맞게 계획안의 형식을 변경한다.

연간, 월간, 주간, 일일계획안을 자율적이고 융통성 있게 작성하도록 한다. 실행된 교육과정이 충분히 반영될 수 있도록 한다.

(2) 일과 구성하기

하루일과는 유아의 놀이, 매일 반복되는 일상생활, 활동으로 구성된다. 개정 누리과정의 하루일과는 바깥놀이를 포함하여 놀이가 충분히 이루어지도록 편성하여 운영해야 한다. 놀이 및 활동시간 이외에 등원과 하원, 간식과 점심, 손 씻기와 화장실 다녀오기, 안전에 대한 지도 등 매일 반복되는 일상생활도 포함된다. 하루일과는 고정된 것이나 아니라 변화되며 날씨 변화, 놀이 흥미 지속여부, 순서조정 등이 이루어지며 유연하게 운영하도록 한다.

① 놀이시간을 충분히 운영한다.

바깥놀이를 포함한 놀이시간이 분절되지 않고 지속적으로 운영될 때, 유아는 놀이에 몰입하면서 의미 있는 배움의 기회를 가질 수 있다. 놀이흐름이 끊어지지 않고 충분히 놀 수 있도록 놀이시간을 편성한다.

② 일상생활이 융통성 있고 유아 주도적으로 이루어지도록 한다.

일상생활은 기본적인 욕구를 충족시켜주고 놀이를 잘 할 수 있는 심신의 건강을 제공하는 시간이다. 기본생활습관, 안전, 인성 등 다양한 배움의 기회를 갖도록 도움을 주며 충분한 시간을 허용해 주어 편안함을 느끼도록 한다. 간식이나 화장실 다녀오기 등의 일상생활은 놀이시간과 분리되어 일어나기도 하지만 놀이를 하는 과정에도 허용되어야 한다.

③ 놀이와 연결하여 활동을 운영한다.

유아의 놀이를 관찰하고, 놀이가 활발하게 이루어질 수 있도록 지원한다. 이야기 나누기, 노래, 동화, 게임 등 적절한 유형의 활동을 연결하여 운영한다.

일과 중 활동 시간은 교사가 계획하여 실시하거나 놀이의 흐름을 위해 필요하다면 놀이 중간에 잠깐 모여서 활동을 실시하고 다시 놀이로 연결할 수 있다.

④ 일과를 융통성 있게 운영한다.

교사는 유아들이 놀이의 흐름이 끊어지지 않고 충분히 놀았다고 느낄 수 있도록 일과를 편성하는 것이 중요하다. 일과의 순서는 일관성이 있어야 하지만 융통성 있게 운영되어야 한다.

〈표 11-2〉 어린이집과 유치원 일과구성의 예

<table>
<tr><th colspan="2">어린이집 일과구성</th><th colspan="2">유치원 유아반 일과구성</th></tr>
<tr><td>7:30-9:00</td><td>등원 및 통합보육</td><td>8:30-9:00</td><td>등원</td></tr>
<tr><td>9:00-10:40</td><td>오전 간식 및 실내놀이</td><td rowspan="2">9:00-10:50</td><td rowspan="2">자유 놀이 및 자율 간식</td></tr>
<tr><td>10:40-10:50</td><td>화장실 다녀오기 및 손씻기</td></tr>
<tr><td>10:50-11:10</td><td>대소집단 활동</td><td>10:50-11:00</td><td>화장실 다녀오기 및 손씻기</td></tr>
<tr><td>11:10-12:10</td><td>바깥놀이</td><td>11:00-12:00</td><td>함께 하는 놀이
(대집단 활동 및 바깥놀이)</td></tr>
<tr><td>12:10-13:10</td><td>점심식사 및 이닦기</td><td>12:00-12:40</td><td>점심 및 휴식</td></tr>
<tr><td>13:10-15:00</td><td>낮잠 및 휴식</td><td>12:40-13:00</td><td>안전교육 및 평가</td></tr>
<tr><td>15:00-16:00</td><td>오후 간식, 실내놀이 및 귀가</td><td rowspan="2">13:00-16:40</td><td rowspan="2">방과후 과정(자유놀이, 오후 간식, 휴식, 방과후 특성화, 안전지도 및 귀가</td></tr>
<tr><td>16:00-19:30</td><td>연장보육 및 실내외 놀이</td></tr>
</table>

(3) 5개 영역에서의 통합적 운영사례

누리과정은 신체운동·건강, 의사소통, 사회관계, 예술경험, 자연탐구의 5개 영역으로 구성된다. 5개 영역은 분절되어 이해되거나 특정 교과, 연령별로 가르쳐야 하는 세부 내용이 아니며 5개 영역 내용을 통합하여 교육과정을 이해할 필요가 있다. 유아의 배움을 기록할 때, 5개 영역의 내용이 유아놀이에서 어떻게 배움으로 나타나는지 살펴보아야 한다.

알겠어. 미안해!

하원 시간, 우주는 놀이를 계속하고 있는 서연이에게 블록 정리를 하자고 말한다.

우주 (서연이의 귀 뒤쪽에 대고) 이제 블록 정리하는 시간이야!

서연이가 듣기에 우주의 큰 목소리는 자신의 귀에 대고 크게 소리를 지르는 것처럼 들린다.

서연 귀에 대고 하지 마! 귀 아파!
우주 아니야. 나는 머리카락에 대고 말했거든. (서연이의 귀 뒷면 머리를 만진다)
서연 너가 내 귀에 대고 크게 말했잖아. 귀 아팠거든.
우주 (매우 큰 목소리로) 아니야. 나는 여기에 대고 말했어.

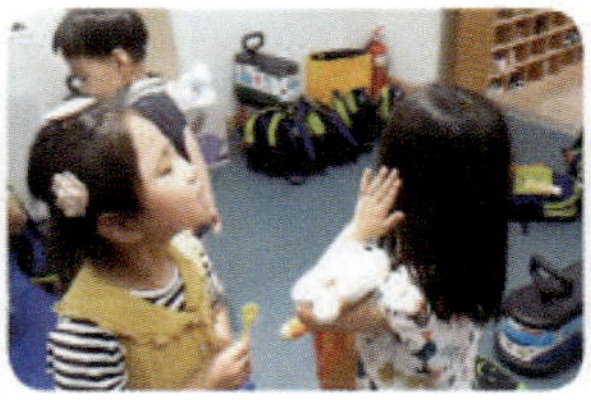
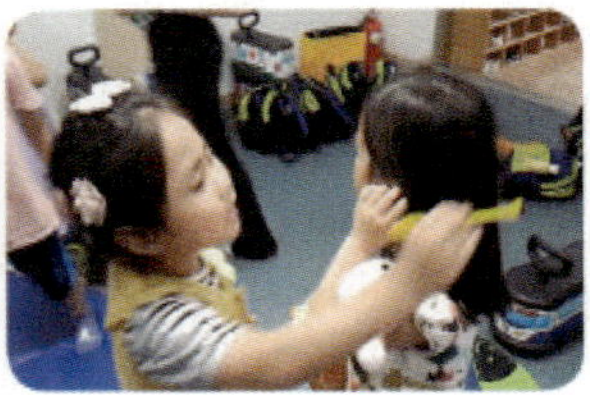

우주와 서연이의 모습을 지켜보던 은성이가 다가와 무슨 일인지 묻는다.

우주 (울먹이는 듯한 목소리로) 있잖아. 내가 귀에 말 안 하고 여기 머리카락에 말했는데, 서연이가 자꾸 내가 귀에 대고 말했다고 하잖아. 나 기분 진짜 안 좋아. 힝!
은성 알겠어. 서연이가 어떤 말했는데?
서연 얘가 내 귀에 대고 말했다구! 여기가 귀야. (서연이는 자신의 귀를 만지며 소리가 들렸던 위치를 가리킨다.)

은성이는 두 유아의 말을 듣고 팔짱을 끼고 잠시 말없이 생각하더니, 서연이에게 "귀를 막아봐"라고 말한다. 서연이가 두 손가락으로 귀를 막는다. 은성이는 서연이의 등 뒤로 돌아가 서연이의 귀 옆에서 소리를 낸다.

은성 아 아... (서연이에게) 어때? 소리 들려?
서연 응. 귀에 대고 하는 것처럼 들려.
은성 이제 됐지?
우주 봐 봐, 맞지? 나 여기 뒤에다 대고 말했지?
서연 알겠어. 미안해.

5개 영역의 통합적 이해	
의사소통	• 듣기와 말하기 **말이나 이야기를 관심 있게 듣는다.** 은성이는 갈등 상황에 있는 유아들의 말을 관심 있게 들음. **자신의 경험, 느낌, 생각을 말한다.** 우주와 서연이는 자신의 입장을 적극적으로 주장함. **상황에 적절한 단어를 사용하여 말한다.** 유아들은 상황에 적절한 단어와 문장을 사용하여 말함. **상대방이 하는 이야기를 듣고 관련해서 말한다.** 갈등 중에 있는 유아들이나 갈등을 해결하려는 유아 모두 서로의 이야기를 듣고 상대방의 생각, 의도, 감정을 이해하여 관련지어 말하고자 노력함.
사회관계	• 나를 알고 존중하기 **나를 알고 소중히 여긴다.** 서연이는 자신의 귀가 아프다는 것을 알고 보호하려고 하며, 우주는 자신의 행동에 대한 오해를 풀기 위해 적극적인 태도를 취함. **나의 감정을 알고 상황에 맞게 표현한다.** 갈등 중에 있는 두 유아는 서로 자신의 속상한 감정을 알고 상황에 맞게 말함. • 더불어 생활하기 **친구와의 갈등을 긍정적인 방법으로 해결한다.** 은성이는 두 친구의 갈등을 긍정적인 방법으로 해결함. **친구와 서로 도우며 사이좋게 지낸다.** 은성이는 두 유아의 문제 해결을 위해 적극적으로 도움. **서로 다른 감정, 생각, 행동을 존중한다.** 은성이는 두 유아가 느끼는 감정, 생각, 행동을 존중하여 갈등의 원인이 된 상황을 재연하기를 제안함.
자연탐구	• 생활 속에서 탐구하기 **물체의 특성과 변화를 여러 가지 방법으로 탐색한다.** 유아들은 갈등을 해결하는 과정에서 귀 옆에서 크게 말하는 소리는 귀에 대고 하는 소리로 들릴 수 있음을 알게 됨. **물체의 위치와 방향, 모양을 알고 구별한다.** 유아들은 귀의 위치, 말소리가 들린 귀 옆 등 방향을 짚어 가며 서로 말함.

출처: 교육부, 보건복지부(2019a). pp. 89-90.

(4) 놀이에서의 통합적 운영사례

유아 놀이의 시작은 전날 놀이를 연결하여 심화·확장하거나 즉흥적으로 당일 놀이를 선택하는 경우가 있다. 새로운 놀잇감에서부터 놀이가 시작되며, 교사의 의도에 바탕을 둔 놀이자료가 제공되어 놀이가 이루어진다. 유아의 배움과 성장이 이루어지기 위해서는 유아놀이를 확장하는 방안 및 교사의 놀이개입이 적절한지를 살피는 교사의 의도적 노력과 반성적 성찰이 필요하다. 유아에게 스스로 문제를 인식하고 해결하는 과정에서 배움과 성장으로 연결되는 의미 있는 시간이 있을 때 새로운 개념을 형성할 수 있기 때문이다.

연간교육계획안을 수립할 때 계절 특성을 반영하여 '봄'이라는 주제를 계획하였지만, 유아의 흥미에 따라 '반짝이끈'이라는 주제로 놀이가 발현되기도 한다. 이처럼 2가지 주제가 동시에 진행되며 놀이를 통해 통합교육과정이 운영된다.

계절 주제와 유아의 발현된 놀이 주제가 동시에 진행됨

주		5월 1주	5월 2주	5월 3주	5월 4주
놀이 (바깥 놀이 포함)	봄	• 봄꽃 만들기 • 모형꽃, 화분으로 놀기 • 산책 사진으로 만든 책	• ~~꽃가게 꾸미기~~ • ~~꽃씨 마라카스~~ • 씨앗 그림책	• ~~꽃가게 놀이~~ • ~~꽃모양 막대인형~~	• ~~티슈로 나비 만들기~~ • 봄의 곤충 그림책
	유아의 흥미에 따라 새로운 주제 '반짝이끈'이 시작되었고, 이를 반영함				
	반짝이끈	• 반짝이끈 가지고 나가 놀기 • 반짝이끈 나뭇가지에 묶기 • 반짝이끈으로 만든 도구로 운동하기			
활동		유아의 흥미에 따라 새로운 주제 '반짝이끈'이 시작되었고, 이를 반영함			
		• 우리 교실에는 어떤 장난감이 있으면 좋을까? • 상자와 반짝이끈으로 어떻게 놀이할 수 있을까? • 놀이의 진행과정에 따라 문제해결 의견 나누기			
		• 동화 '우리 가족', 동화 '봄소풍'			
		• 노래 '봄에 피는 꽃'	• ~~봄꽃 찾아오기 게임하기~~ • 반짝이끈으로 신체 표현하기	• ~~노래 '씨앗이 자라서'~~ • 반짝이끈으로 게임하기	• ~~노래 '개미'~~ • 애벌레 신체 표현하기
필요한 경우 활동을 통해 유아의 놀이를 지원함					
행사일정		5일- 원내 어린이날 행사 / 8일- 원내 어버이날 행사 & 포토존 22일- 원내 손씻기 교육 / 29일- 급식도우미 활동			

출처: 교육부, 보건복지부(2019b). p. 120.

한 주 동안 이루어진 누리과정 운영을 기록한 사례에 나타난 통합 교육과정의 운영사례를 살펴보면 다음과 같다. '봄'과 '반짝이끈'이라는 주제로 유아주도적 놀이와 교사지원 활동의 통합, 바깥놀이와 실내놀이 간의 통합, 유아의 사전경험과 현재경험의 통합, 정적인 활동과 동적인 활동 간의 통합, 개별 놀이와 대소집단 놀이의 통합, 누리과정 5개 영역 간의 통합, 누리과정 활동과 일상생활 관련 활동의 통합 등 누리과정 운영과정에서 다양한 통합적 요소를 발견할 수 있다.

한 주 동안의 누리과정 운영을 평가한 예

<table>
<tr><th colspan="2">기간</th><th colspan="5">5월 2주</th><th></th></tr>
<tr><th colspan="2">요일</th><th>월</th><th>화</th><th>수</th><th>목</th><th>금</th><th></th></tr>
<tr><td rowspan="2">놀이</td><td>봄</td><td colspan="5">• 꽃가게 놀이 확장(조화, 포장지, 끈, 화분, 가위, 테이프, 다양한 종이 등)
꽃가게가 구성되면 자연스럽게 놀이가 진행되도록 지원함. 필요에 따라 놀이그룹 또는 학급전체의 놀이진행상황을 공유하기 위한 이야기 나누기를 진행함.</td><td></td></tr>
<tr><td>반짝이끈</td><td colspan="5">• 그림책 〈빨간 끈〉
반짝이끈 놀이의 진행에 따라 적절한 시기에 그림책을 제공함. 그림책에 대한 관심을 많이 가져 활동을 통해 전체 유아와 함께 읽고 반짝이끈 놀이와 연계하였음.
• 반짝이끈과 상자 놀이
반짝이끈 속에 몸을 숨기던 유아들이 이제는 놀잇감을 숨기고 찾기 놀이를 함.
유아들 스스로 놀이 규칙을 만드는 과정을 지원함.
• 반짝이끈과 상자로 상상놀이하기
반짝이끈과 상자를 이용하여 만들고 싶은 것을 만들었고 결과물을 활용하여 상상놀이가 전개됨.</td><td>계획에 없었지만 진행된 놀이의 기록</td></tr>
<tr><td colspan="2" rowspan="4">활동</td><td colspan="5">• 이야기 나누기 '놀이에서 생긴 문제를 어떻게 해결할까?' 갈등상황 해결하기 위해 활동으로 진행</td><td rowspan="4">월안에서 계획했던 내용을 실제 놀이를 반영하여 융통성 있게 실행</td></tr>
<tr><td colspan="5">• 동화 '빨간 끈' ppt동화로 진행함</td></tr>
<tr><td colspan="5">• 노래 '씨앗이 자라서' 꽃가게 놀이 경험과 연계하여 진행함</td></tr>
<tr><td colspan="5">• ~~반짝이끈 게임~~ 진행되지 않음</td></tr>
<tr><td colspan="2">바깥놀이</td><td colspan="5">• 풀 찧어 소꿉놀이하기/반짝이끈 나뭇가지에 묶기</td><td></td></tr>
<tr><td colspan="2">인성교육</td><td colspan="5">• 친구에게 친절하게 말하기</td><td></td></tr>
<tr><td colspan="2">일일 기록 및 지원</td><td>• 반짝이끈 속성을 이용한 놀이로 전개되기 시작함
• 꽃가게를 열기 위해 꽃다발 만들기에 관심을 가짐</td><td>• 반짝이끈과 상자를 같이 활용하여 숨기, 보물찾기 놀이를 함</td><td>• 반짝이끈을 활용하여 상상놀이를 함
• 바깥놀이 동안 풀에 대한 관심을 많이 표현함</td><td>• 반짝이끈 놀이 공간에 대한 갈등상황이 발생하여 이야기나누기를 진행</td><td>• 반짝이끈 정리하기
• 풀에 대한 관심을 교실로 확장해 보고자 함</td><td rowspan="2">일일 및 주간으로 놀이내용과 지원계획에 대해 간단히 기록</td></tr>
<tr><td colspan="2">주간 기록 및 지원</td><td colspan="5">• 반짝이끈으로 놀이하고 정리도 유아가 스스로 할 수 있도록 함. 정리 시 반짝이끈을 비닐에 담아 공이 되었고, 바깥놀이 시 신체활동 소품으로 활용해 보았음. 유아들이 즐겁게 활용하며 놀이하여 반짝이끈 공 굴리기 게임 및 바깥놀이 시 자유롭게 공놀이하는 자료로 활용해 볼 것임.
• 실내놀이에서 지난 2주간 제공하였던 조화와 유아들이 만든 꽃이 어우러져 꽃가게 놀이로 진행됨. 교사가 놀이를 기본적으로 제공하였지만 유아들 사이에서 자발적으로 가게에 필요한 공간구성과 놀이자료를 스스로 만들기 위해 노력하고 의사소통이 활발하게 일어남.
• 바깥놀이에서 풀을 뜯어 소꿉놀이, 찧기 등이 나타나며 봄의 식물에 대한 탐구와 심미적 감상이 활발하게 이루어짐. 교실에서 풀과 관련된 놀이가 이어질 것으로 예상됨.</td></tr>
</table>

출처: 교육부, 보건복지부(2019c: 121).

(5) 일과운영에서의 통합적 운영사례

일과운영은 유아가 주도하는 놀이를 중심으로 운영한다. 하루일과는 놀이, 일상생활, 활동 등 다양한 경험을 하도록 구성한다. 하루일과를 운영할 때, 교사는 미리 계획한 활동을 모두 해야 한다거나 정해진 순서대로 일과를 운영해야 한다는 부담에서 벗어나야 한다. 대신, 유아가 주도하는 놀이의 흐름에 따라 융통성 있게 일과를 운영한다. 놀이시간은 2시간 이상 충분히 놀이에 몰입할 수 있도록 긴 시간을 편성한다. 날씨와 계절, 기관의 상황, 관심사, 놀이 특성 등을 고려하여 융통성 있게 운영하며 미세먼지, 날씨 등을 고려하여 실내놀이로 편성할 수 있다.

누리과정의 운영시간은 1일 4~5시간이며, 유아가 중심이 되고 놀이가 살아나는 시간이어야 한다. 유치원과 어린이집은 1일 4~5시간의 누리과정의 운영시간을 확장하여 편성·운영할 수 있다. 유아교육기관에서의 주요 일과운영 사례를 제시하면 다음과 같다.

〈표 11-3〉 하루일과에 따른 교사 역할

하루일과	내용
등원	교실 전체 환기 및 실내외 놀이시설 안전 점검 등원하는 유아 맞이하고 건강상태 및 정서상태 확인 개별상태를 고려한 물리적·정서적 환경 지원
오전간식 및 실내놀이	개별 오전간식을 자유롭게 먹을 수 있도록 환경제공 실내놀이 환경 구성 놀이지원을 위한 교사역할 수행 정리시간 예고 및 정리정돈 지도 개별유아의 놀이와 행동 관찰
화장실 다녀오기 손 씻기	자유롭게 화장실 다녀오기 손 씻기 지도
대소집단 활동	개별 및 대소집단 활동을 바탕으로 상호작용 충분한 활동 공간 마련 및 시간 제공
바깥놀이	비상약품 챙기기 탐색과 관찰을 위한 충분한 시간 제공 건강과 안전에 유의하여 바깥놀이

점심 식사 이 닦기	점심 메뉴 알아보고 식품 알레르기가 있는 영유아 확인 식품 선호도를 반영하여 식사량 조절 약 투약하기 및 이 닦기
하원	가방 및 소지품 챙기기 가정통신문 및 안내장 전달

하루일과의 운영은 유아가 놀이에 몰입할 수 있도록 충분한 놀이시간을 제공해야 하며, 계획한 바깥놀이 시간보다 일과를 조정하여 더 길게 진행하며 일과운영을 융통성 있게 운영한다. 3세 바다반 일일교육계획안은 바깥놀이 시간에 나뭇가지를 탐색하고 스카프를 활용하여 놀이하는 과정에서 바깥놀이시간이 길어져 계획해둔 대소집단활동을 진행하지 않고 충분한 바깥놀이가 이루어진 일과운영의 사례이다.

일자	20**년 *월 *일 *요일	수업일수	○○○/○○○일
일과 시간표	09:00~ 등원 09:10~ 실내놀이 10:10~ 오전간식 10:40~ 바깥놀이 ~~11:40~ 화장실 다녀오기~~ 12:10~ 화장실 다녀오기 ~~11:50~ 이야기 나누기 '주말 지낸 이야기'~~ ~~12:05~ 점심식사~~ 12:20~ 점심식사 ~~13:05~ 동화 '구름'~~ 13:25~ 귀가지도 및 하원		
누리과정 운영평가	• 나뭇가지를 탐색하고, 스카프를 활용하여 놀이하는 시간이 길어져서 바깥놀이 시간을 연장함. • 계획해 둔 이야기 나누기와 동화 활동은 반드시 진행하지 않아도 되는 활동이라고 판단함. • 점심식사 시간을 여유 있게 계획해 두었기 때문에 식사 시작 시간을 늦추어도 무리가 없다고 판단함.		

출처: 교육부, 보건복지부(2019). p. 96.

등원부터 하원까지 하루일과를 주간교육과 통합하여 구성한 일지는 다음과 같다.

〈표 11-4〉 주간교육일지

주제 : 꽃피는 봄

<table>
<tr><th colspan="2">기 간</th><th colspan="5">2022년 4월 4일 ~ 2022년 4월 8일</th></tr>
<tr><th colspan="2">일과(시간)</th><th>월(4/4)</th><th>화(4/5)</th><th>수(4/6)</th><th>목(4/7)</th><th>금(4/8)</th></tr>
<tr><td colspan="2">등원 및 통합보육
(07:30~09:00)</td><td colspan="5">• '안녕하세요' 하며 큰 소리로 인사하기
– 보호자의 손을 잡고 안전하게 어린이집에 들어온다.
– 부모님과 반갑게 인사하고 투약의뢰서, 유아의 건강상태 및 기분을 파악한다.
– 실내놀이 : 유아가 원하는 장소에서 자유롭게 놀이한다. (7:40 보육실 환기)</td></tr>
<tr><td rowspan="4">일상
생활</td><td>오전·
오후
간식
(9:00~
9:20)
(14:30
~
15:00)</td><td colspan="5">• 간식시간과 점심시간을 알고 자리에 바르게 앉아요
– 화장실에 다녀온 뒤에 손을 씻으며 건강 교육을 한다.
– 식단을 소개하며 음식에 관심을 갖고 골고루 먹어 볼 수 있도록 영양교육을 한다.
* (4/4) 영양교육 – 오전간식의 메뉴를 말해주며 개별적인 상호작용하며 올바른 식습관 지도와 영양교육
– 즐거운 분위기에서 간식을 먹는다.
– 먹은 자리를 정리한다. (9:20 보육실 환기) (14:30 보육실 환기)</td></tr>
<tr><td>정리
정돈
(10:30
~
10:40)</td><td colspan="5">– 정리시간을 미리 예고하여 유아들이 자발적으로 정리해 볼 수 있도록 한다.
– 화장실을 다녀온 후 손을 씻는다.</td></tr>
<tr><td>점심
식사
(11:50
~
12:40)
*목요일
(11:50
~
12:20)</td><td colspan="5">• 간식시간과 점심시간을 알고 자리에 바르게 앉아요
– 화장실에 다녀온 뒤에 손을 씻으며 건강 교육을 한다.
* (4/5) 건강교육 – 화장실에 다녀온 후 손 씻기의 중요함을 상호작용하고 올바른 손 씻기를 실천함
– 식단을 소개하며 음식에 관심을 갖고 골고루 먹어 볼 수 있도록 영양교육을 한다.
– 즐거운 분위기에서 식사를 한다.
– 도시락과 먹은 자리를 스스로 정리한다.
– 스스로 양치를 한다. (12:30 보육실 환기)</td></tr>
<tr><td>낮잠 및
휴식
(13:10
~
14:10)</td><td colspan="5">• 낮잠 자는 곳의 환경을 탐색해요 / 편하게 쉬어요
– 정적인 활동을 하며 낮잠을 준비한다.
– 개별 상황에 맞게 낮잠 또는 휴식을 취한다.
– 낮잠 및 휴식을 취한 자리를 정리하고 화장실을 다녀온 후 손을 깨끗이 씻는다.</td></tr>
<tr><td rowspan="2">놀이</td><td rowspan="2">오전·
오후
실내
놀이
(09:20
~
10:30)
(15:00
~
16:00)</td><td colspan="3">• 봄 동산에서 놀아요</td><td colspan="2">• 꽃 목걸이 끼우기</td></tr>
<tr><td colspan="3">• 봄 정원 포토존 만들기
• 봄꽃 머리띠 만들기
• 봄꽃 이름을 찾아보아요</td><td colspan="2">• 봄나물 즙내기
• 사계 중 '봄' 감상하기
(10:30 보육실 환기)</td></tr>
</table>

구분					
바깥놀이(대체활동)(10:40~11:50)	• 식목일 나무 심기 – 놀이터 자유놀이				
	• 대체활동 : 나뭇잎 비 놀이			(미세먼지 운영일지 참조)	
특별활동 및 특성화(12:40 ~ 13:10)	동화	미술	음악	영어	체육
활 동(14:10~14:30)	[감염병 및 약물의 오용·남용 예방 등 보건위생관리] 약이란 무엇일까요?	[코로나] 빨간 모자 보나와 코로나 안전 이야기 낮잠 및 휴식 – 낮잠자리 및 휴식자리 정리정돈 – 배변 후 손 씻기	낮잠 및 휴식 – 낮잠자리 및 휴식자리 정리정돈 – 배변 후 손 씻기	낮잠 및 휴식 – 낮잠자리 및 휴식자리 정리정돈 – 배변 후 손 씻기	낮잠 및 휴식 – 낮잠자리 및 휴식자리 정리정돈 – 배변 후 손 씻기
연장반 보육 및 귀가(16:00~19:30)	– 연장보육을 하며 개별적으로 귀가를 한다. – 하원하는 유아의 용모를 단정히 하여 귀가 지도한다. – 연장반 담당 교사에게 특이사항을 전달하고 인수인계한다. (연장반 보육일지 참조) – 보호자의 손을 잡고 안전하게 하원해요. (16:00 보육실 환기)				

날짜	놀이 실행과 평가 및 다음날 지원 계획	특이사항
월	▶꽃 목걸이 끼우기 봄에 볼 수 있는 다양한 꽃 그림을 살펴보며 유아들이 선호하는 꽃을 줄에 끼워봄. 또한, 빨대에도 관심을 갖고 번갈아 끼우거나 빨대만 끼워 다양한 방법으로 목걸이를 완성해봄. 유아들이 선호하는 봄꽃 이름을 말하며 줄에 끼워 목걸이 만드는 모습을 보임. 빨대뿐만 아니라 미술놀이 영역에 있는 다양한 재료를 끼워보고 싶어 하는 모습을 보였는데, 특히 구멍이 있는 단추를 끼워보고 싶어 하여 유아들이 끼울 수 있는 더 얇은 줄을 제시하여 주자 다양한 재료를 넣어 단추 목걸이 만드는 모습을 보임. ▶대체활동 – 나뭇잎 비 놀이 나뭇잎의 생김새와 색깔을 이야기 나누기하고 비가 오는 소리를 상상해 본 후 빗소리를 음원으로 제공하니 유아들이 비 오는 날의 경험을 이야기함. 나뭇잎으로 비를 표현하며 놀이하는 모습을 보임. ▶안전교육 – [감염병 및 약물의 오용·남용 예방 등 보건위생관리] 약이란 무엇일까요? 유아들이 약을 먹었던 경험에 대해 이야기를 나눔. 유아들이 아팠을 때 먹었던 약에 대해 이야기를 함. 기침, 고열, 복통 등의	▶미세먼지 나쁨으로 대체활동 함

	증상에 따라 다른 약을 먹어야 하고 몸에 상처가 났을 때는 먹는 몸에 바르는 약도 필요하다는 것을 알아봄. 유아들이 먹었던 약에 대해 이야기하다가 자신이 다쳤을 때 발랐던 약이나 밴드를 붙였던 경험에 대해 이야기하며 약에 대한 인지가 넓어지는 것을 알 수 있었음.	
화	▶사계 중 '봄' 감상하기 쉽게 지루해하는 모습을 보였으나 신체를 활용하여 놀이하거나 리본 막대와 같은 도구로 신체 표현을 해 볼 수 있도록 돕자 음악을 감상하며 신체 표현하는 모습을 보임. '봄'을 감상하며 속도에 따라 신체 표현을 달리해 보거나 꽃이 피는 과정 등을 몸으로 표현하며 봄과 관련된 동작을 해 보았음. ▶봄비 소리 표현해보기 교사나 친구를 모방하여 다양한 악기를 탐색하면서 봄비를 표현해 보았으나 금방 흥미를 잃고 다른 악기 연주를 하거나 신체 놀이하는 모습을 보이기도 함. 봄비 소리를 듣고 모방하여 연주하려는 모습을 보였으며 여름 비, 장마 등의 빗소리를 궁금해하여 들려줌. 유아들은 빗소리에 맞춰 악기로 연주해보았음. 스카프를 제공해주니 신체로 빗소리를 표현하며 다양한 표현을 볼 수 있었음. ▶안전교육 –[코로나] 빨간 모자 보나와 코로나 안전이야기 동화 속의 주인공이 코로나19의 위험성과 예방을 위한 안전수칙을 동화 이야기를 통해 알려주니, 유아들의 호응이 좋았다. 마스크를 써야 하는 것을 알면서도 마스크 쓰기를 거부하는 유아에게 지속적인 코로나19 안전교육을 할 필요성을 느꼈다. 유아의 수준에 맞는 다양한 코로나 안전 교육자료를 다양하게 찾아보아야겠음. ▶바깥놀이 – 식목일 나무 심기 식목일을 맞이하여 모종 심는다는 것에 흥미를 보이며 모종을 심을 때 필요한 다양한 재료에 관심을 가짐. 유아만의 토마토를 심어본 후 애정을 가지고 열심히 키워보려는 모습을 보이기도 함. 한 유아는 주변 식물에 관심을 가지며 생명을 소중히 여기는 모습을 보임. 방울토마토를 먹어 보았던 경험에 대해 이야기하거나 식목일에 모종 심어 보았던 것에 대해 말하며 적극적으로 참여함. 모종을 심어본 후 물을 주며 며칠에 한 번씩 물을 주어야 하는지 물어보거나 식물을 키울 때 필요한 것에 대해 호기심을 보이며 질문하는 모습을 보임.	▶열린어린이집의 날 – 식목행사
수	▶봄나물 즙내기 믹서기에 흥미를 보이며 봄나물을 탐색하고 어떻게 변화하는지 관찰하는 모습을 보임. 봄나물을 손으로 만지며 탐색하는 것에 관심을 보였으나 냄새 맡는 것은 선호하지 않는 모습을 보이기도 함. 믹서기에 들어간 봄나물이 어떻게 변화하는지 관찰해보았으며 가정에서 믹서기를 사용해 본 경험에 대해 말하며 과일 쉐이크를 만들어본 경험을 이야기해 보기도 함. 믹서기를 보며 가정에서 믹서기 사용한 것을 본 경험에 대해 말하며 사용 방법에 관심을 가지는 모습을 보임. 또한, 다양한 봄나물을 관찰하며 이름을 알아보고, 점심으로 먹어본 경험에 대해 말해보기	

	도 함. 믹서기 안으로 들어간 봄나물이 갈리는 모습에 흥미를 보였으며 갈린 봄나물들을 보고 물감 같다고 표현하는 모습을 보이기도 함. ▶바깥놀이 – 식목일에 대해 들어보며 어떤 날인지 알아보고 나무가 소중한 이유에 대해서도 함께 이야기를 나누어보았음. 일상생활에서 자연을 소중하게 대하는 방법에 대해 말해보자 꽃을 꺾지 않거나 쓰레기를 버리면 안 된다 함.	
목	▶봄꽃 이름을 찾아보아요 봄꽃 그림을 보고 이름 말하는 것에 어려움을 보여 교사가 봄꽃의 이름을 말해주자 자신이 좋아하는 꽃임을 이야기하며 관심 가지는 모습을 보임. 유아들은 봄꽃의 생김새뿐 아니라 선호하는 색깔로 봄꽃을 좋아한다고 말하는 모습을 보이기도 함. 봄꽃 그림을 보며 글자를 손가락으로 가리켜 읽어보았음. 글자를 읽을 수 있는 유아는 봄꽃 그림을 보며 뒷면에 있는 글자를 읽어보았음. 유아들이 좋아하는 봄꽃의 이름과 이유를 함께 말해봄. 한 유아가 봄꽃 그림을 보며 특징을 자세하게 설명하자 다른 유아가 봄꽃의 이름을 맞히는 모습을 보임. 이에 수수께끼 놀이가 새롭게 진행되며 봄꽃의 이름을 맞혀보았음. ▶바깥놀이 – 식목일 나무 심기 식목일에 나무를 심어 보았던 경험이나 가정에 있는 화분에 대해 이야기하는 모습을 보임. 식목일이 어떤 날인지 정확하게 알아보며 나무를 심어야 하는 이유와 나무가 우리에게 주는 도움에는 어떤 것들이 있는지 말해보자 자연스럽게 자연을 보호해야 하는 이유를 함께 말하는 모습을 볼 수 있었음.	▶특별활동 영어
금	▶봄의 꽃잎 머리띠 만들기 유아들이 직접 머리띠를 만들고 써볼 수 있다는 것에 흥미를 보임. 봄에 볼 수 있는 다양한 봄꽃 사진을 보며 이름을 알아보고 유아들이 직접 오려 꾸미기를 해 보았음. 색종이로 꽃잎을 표현해 보기도 하고 여러 가지 재료를 제공해주니 유아들의 선호에 따라 꾸미기 재료를 활용하여 머리띠 만들어 보는 모습을 보임. 봄꽃 사진과 꾸미기 재료를 활용하여 봄꽃 머리띠 만드는 모습을 보였으며 진짜 꽃잎이나 조화가 있었으면 좋겠다고 말하는 모습을 보여 바깥놀이에 나갔을 때 꽃잎 등 자연물을 가지고 와서 다시 꾸며보기로 함. 놀이를 확장하여 목걸이와 머리띠를 착용하고 구들과 함께 걸어보며 패션쇼놀이를 하는 모습을 보여 실제 모델들이 쇼하는 장면을 보여주니 흥미롭게 관찰하고 유아들이 모델처럼 걷거나 포즈를 취하는 모습을 보임. ▶바깥놀이 대체활동 – 유아들이 만든 꽃 목걸이와 머리띠를 착용 후 나뭇잎을 날리며 놀이하는 다양한 모습을 보임.	▶초미세먼지 나쁨으로 대체활동함 ▶이야기할머니/특별활동 체육
보육실 청결관리	*교실 청소 *물병 세척 *쓰레기통 분리수거 *식기, 칫솔 소독 *걸레 소독 *낮잠이불 : 금요일 가정 세탁 보냄 *코로나로 인한 방역 자체소독 – 교실, 교구장 및 놀잇감 *코로나로 인하여 2시간마다 환기	

2) 주제중심 통합교육과정

주제중심 통합교육과정은 학습경험을 하나의 주제를 중심으로 통합하는 것으로 교수-학습활동, 교과 내 개념의 결합을 중요하게 여긴다. 주제중심 통합교육과정은 유아가 학습활동을 계획하고 진행하며 유아의 전인적 발달과 성장을 지원한다. 교사는 자발적인 활동이 이루어지도록 지속적으로 지도하고 안내하여야 한다.

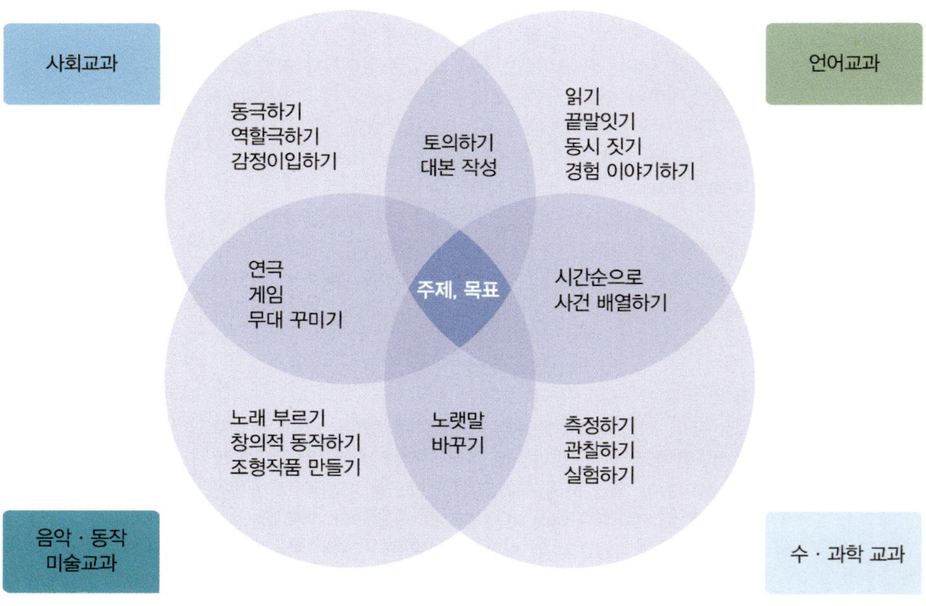

[그림 11-2] 주제중심 교과통합사례

출처: 임부연 외(2019).

(1) 거미줄형 통합 조직

거미줄형 통합조직은 주제를 중심으로 다양한 교과의 교육내용을 통합적으로 재조직하는 것이다. 주제, 생활주제, 일일주제를 중심으로 기술되며 자유놀이 및 대소집단활동을 계획할 때 활용될 수 있다.

(2) 활동유형별 교과통합

유아는 대소집단활동과 자유놀이를 통하여 활동유형별 교과통합을 실시할 수 있다. 이야기 나누기, 동화, 동시 동극, 음악, 신체, 게임, 요리, 미술 등 활동유형과 언어, 사회, 음악, 미술, 동작, 수학, 과학 등의 교과의 연계성을 살펴볼 수 있다. 즉, 활동유형별 교과통합은 주제에 대한 교육내용과 연령을 고려한 교과내용을 기초로 한다. 주제 중심 다른 교과 간의 통합사례, 예술활동 간의 통합사례, 심화확장으로 통합사례를 제시하면 다음과 같다.

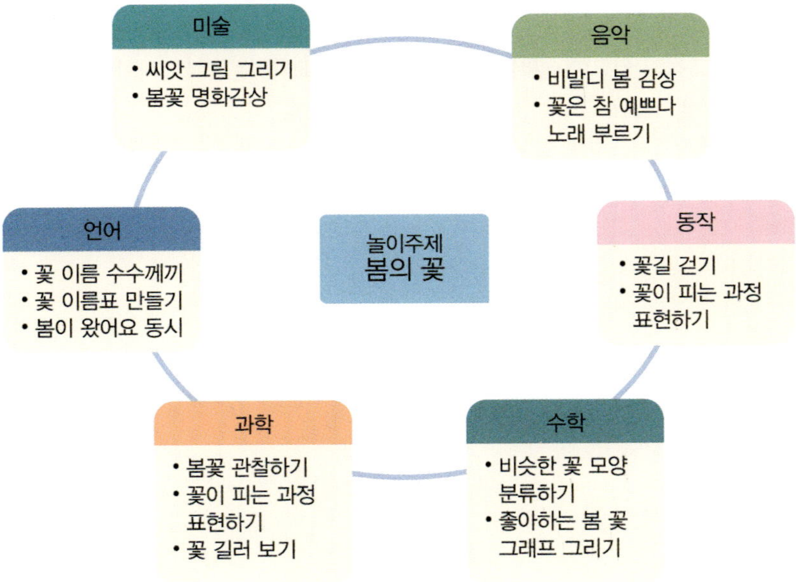

[그림 11-3] 주제 중심 다른 교과 간의 통합사례

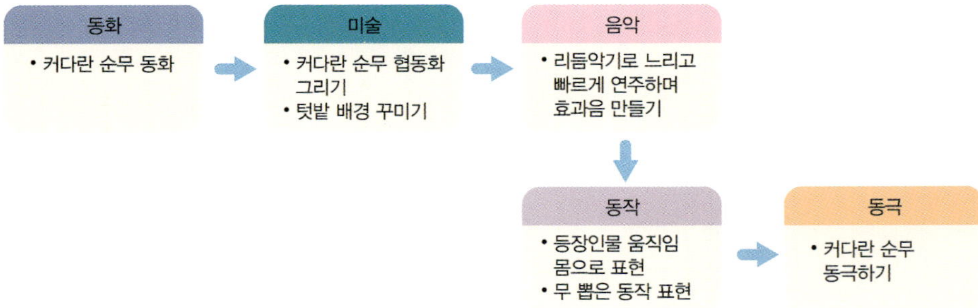

[그림 11-4] 동작활동과 다른 예술활동 간의 통합사례

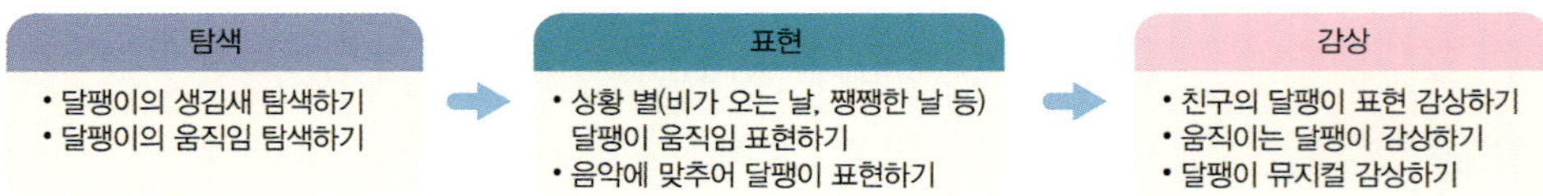

[그림 11-5] 동작활동의 심화확장으로 통합사례

생각해 봅시다!

1. 통합교육과정이 필요한 이유를 영유아 특성, 유아교육학문 특성, 사회문화적 특성에 근거하여 토의해 봅시다.
2. 연령별 연간교육계획을 찾아서 교과 내용의 통합적 조직(계열성, 계속성, 통합성)이 적절한지 평가해 보고 수정방안을 생각해 봅시다.
3. 유아 · 놀이중심 교육과정을 실시하고 있는 통합교육 사례를 찾아 통합운영사례의 적절성에 대해 평가해 봅시다.

참고문헌

교육부, 보건복지부(2019a). 누리과정 해설서. 세종: 교육부, 보건복지부.

교육부, 보건복지부(2019b). 놀이실행자료. 세종: 교육부, 보건복지부.

구병두, 최종진, 김부국, 김상안, 차승봉, 박균달, 정의식, 김경민, 이범석, 이경철, 구희진 (2016). 교육과정. 서울: 양서원.

김대현(2017). 교육과정의 이해. 서울: 학지사.

김승호, 김은정, 박일수(2019). 교육과정과 수업. 서울: 창지사.

남기원, 김남연, 박선영, 고선아, 이은형(2017). 유아교과교육론. 서울: 학지사.

박찬옥, 서동미, 곽현주(2020). 2019 개정 누리과정을 반영한 유아교과교육론. 경기: 정민사.

임부연, 최남정, 양혜련(2019). 유아교과교육론. 경기: 양서원.

한국교육과정학회(2017). 교육과정학 용어대사전. 서울: 학지사.

홍후조(2016). 알기 쉬운 교육과정. 서울: 학지사.

Chapter

12

유아교과교육의 평가

학습목표

1. 유아교과교육을 위한 평가의 목적과 내용을 이해한다.
2. 유아교과교육을 위한 평가방법 및 활용방법을 안다.
3. 유아교과교육 평가도구를 안다.

1. 평가의 목적과 내용

유아교육에서의 평가는 수집한 자료를 해석하고 자료에 근거하여 판단하는 것으로 가치판단이 부여된 교육적인 의사결정의 과정을 의미한다(최일선, 조운주, 2020). 유아교육에서 교과교육 평가는 유아들의 학습과 발달 정도를 교과 교육과정이 성취하고자 한 교육 목표에 비추어 측정하고 판단하는 것으로 교육 목표의 달성을 파악하고, 교수 방법이 효과적인지를 판단하는 데에 중요한 역할을 한다.

유아교육 평가에서 평가는 그 대상에 따라 영유아평가, 교육과정평가, 교사평가, 기관평가 등으로 구분해 볼 수 있다. 이러한 다양한 평가는 영유아의 고유한 특성이나 의미 있는 변화를 발견하고, 영유아의 배움과 성장을 도모하며, 유아 · 놀이 교육과정의 개선방안을 모색하기 위해 실시한다(황해익, 최혜지, 권유선, 2021).

유아교과교육에서 평가는 평가를 통해 교과교육의 운영을 지속적으로 발전시키고 유아들의 교과 경험을 개선하고 통합적 발달을 지원하는 것이 주요 목적으로 한다. 교과 교육과정의 평가는 교육과정의 목적과 목표가 교육과정을 통해 얼마나 실현되었는지를 평정한다. 따라서 교과 교육과정의 목표에 부합하는 평가를 실시할 수 있도록 교과별로 성취기준에 따른 평가 기준이 개발되어 교수-학습과 평가계획에 반영되어야 한다. 즉, 교과의 성취기준과 교수-학습, 평가 활동이 일관성 있게 이루어져야 하며 교과교육 평가를 통해 교육활동의 과정을 확인하고 평가 결과를 환류하여야 한다.

1) 2019 개정 누리과정과 표준보육과정에서의 평가 목적

2019 개정 누리과정에서 평가는 유치원과 어린이집에서 유아가 중심이 되고 놀이가 살아나는 누리과정의 운영을 되돌아보고 개선해 가는 과정으로 정

의하고 있다. 더불어 표준보육과정에서 평가는 어린이집에서 영유아가 중심이 되고 놀이가 살아나는 표준보육과정의 운영을 되돌아보고 개선해 가는 과정으로 정의하고 있다. 2019 개정 누리과정은 유치원과 어린이집에서 유아·놀이 중심 교육과정을 운영하는 데 도움이 되고자 평가를 간략화하고 각 기관의 자율적인 평가를 강조하였다. 표준보육과정에서도 어린이집에서 영유아·놀이 중심 보육과정을 운영하는 데 도움이 되고자 평가를 간략화하고 각 어린이집의 자율적인 평가를 강조하였다(보건복지부, 2020). 유치원과 어린이집은 평가의 목적, 대상, 방법, 결과의 활용을 바탕으로 누리과정 평가와 표준보육과정 평가를 자율적으로 실시할 수 있다. 평가는 다음 사항에 중점을 두고 실시한다.

구분	내용
2019 개정 누리과정	• 누리과정 운영의 질을 진단하고 개선하기 위해 평가를 계획하고 실시한다. • 유아의 특성 및 변화 정도와 누리과정의 운영을 평가한다. • 평가의 목적에 따라 적합한 방법을 사용하여 평가한다. • 평가의 결과는 유아에 대한 이해와 누리과정 운영 개선을 위한 자료로 활용할 수 있다.
표준 보육과정	• 표준보육과정 운영의 질을 진단하고 개선하기 위해, 평가를 계획하고 실시한다. • 영유아의 특성 및 변화 정도와 표준보육과정의 운영을 평가한다. • 평가의 목적에 따라 적합한 방법을 사용하여 평가한다. • 평가의 결과는 영유아에 대한 이해와 표준보육과정 운영 개선을 위한 자료로 활용할 수 있다.

2) 2019 개정 누리과정과 표준보육과정에서의 평가 내용

① 누리과정 · 표준보육과정 운영의 질을 진단하고 개선하기 위해 평가를 계획하고 실시한다.

구분	내용
2019 개정 누리과정	• 평가의 목적은 유아가 중심이 되고 놀이가 살아나는 누리과정 운영을 자체적으로 평가하여, 누리과정 운영의 질을 진단하고 누리과정 운영을 보다 나은 방향으로 개선하는 데 있다. 유치원과 어린이집에서는 지역 특성, 각 기관 및 학급(반)의 상황과 요구를 고려하여, 누리과정 운영을 개선할 수 있도록 자율적으로

	평가 계획을 수립한다. 평가의 내용, 평가 주기 및 시기, 평가 방법 등에 대한 계획은 각 기관 구성원들 간의 민주적인 협의를 통해 정한다.
표준 보육과정	• 평가의 목적은 영유아가 중심이 되고 놀이가 살아나는 표준보육과정 운영을 자체적으로 평가하여, 표준보육과정 운영의 질을 진단하고 표준보육과정 운영을 보다 나은 방향으로 개선하는 데 있다. 어린이집에서는 지역 특성, 각 어린이집 및 반의 상황과 요구를 고려하여, 표준보육과정 운영을 개선할 수 있도록 자율적으로 평가 계획을 수립한다. 평가의 내용, 평가 주기 및 시기, 평가 방법 등에 대한 계획은 각 어린이집 구성원들 사이의 민주적인 협의를 통해 정한다.

② 영유아의 특성 및 변화 정도와 누리과정·표준보육과정의 운영을 평가한다.

2019 개정 누리과정	• 평가는 유아 평가와 누리과정의 운영 평가로 이루어진다. 유아 평가는 궁극적으로 유아의 행복과 전인적 발달을 지원하는 데 그 목적이 있다. 교사는 유아의 놀이, 일상생활, 활동 속에서 유아의 고유한 특성이나 의미 있는 변화를 발견하고, 그것을 바탕으로 유아의 배움과 성장을 돕기 위하여 평가를 할 수 있다. 교사는 유아의 배움이 나타나는 놀이, 일상생활, 활동에서 유아가 가장 즐기고 잘하는 것, 놀이의 특성, 흥미와 관심, 친구 관계, 놀이를 이어가기 위한 자료의 활용 등에 주목하여 유아 놀이를 관찰하고 이를 통해 유아의 특성과 변화를 이해하도록 한다. • 누리과정 운영 평가는 유치원과 어린이집의 교육과정이 유아·놀이 중심으로 적절하게 운영되고 있는지 평가하는 데 그 목적이 있다. 유치원과 어린이집의 누리과정 운영 평가에서는 놀이시간을 충분히 운영하였는지, 유아 주도적인 놀이와 배움이 이루어지고 있는지, 놀이 지원이 적절한지 등을 평가할 수 있다. 이는 놀이 속에서 나타나는 유아의 특성 및 변화 정도와 연계하여 파악할 수 있다. 필요에 따라 부모와의 협력이나 행정적·재정적 지원이 적절하게 이루어지고 있는지 등을 평가할 수도 있다.
표준 보육과정	• 평가는 영유아 평가와 표준보육과정의 운영 평가로 이루어진다. 영유아 평가는 궁극적으로 영유아의 행복과 전인적 발달을 지원하는 데 그 목적이 있다. 교사는 영유아의 놀이, 일상생활, 활동 속에서 영유아의 고유한 특성이나 의미 있는 변화를 발견하고, 그것을 바탕으로 영유아의 배움과 성장을 돕기 위하여 평가를 할 수 있다. 교사는 영유아의 배움이 나타나는 놀이, 일상생활, 활동에서 영유아가 가장 즐기고 잘하는 것, 놀이의 특성, 흥미와 관심, 친구 관계, 놀이를 이어가기 위한 자료의 활용 등에 주목하여 영유아 놀이를 관찰하고 이를 통해 영유아의 특성과 변화를 이해하도록 한다. • 표준보육과정 운영 평가는 어린이집의 보육과정이 영유아·놀이 중심으로 적절하게 운영되고 있는지 평가하는 데 그 목적이 있다. 어린이집의 표준보육과정 운영 평가에서는 놀이시간을 충분히 운영하였는지, 영유아 주도적인 놀이와 배움이 이루어지고 있는지, 놀이 지원이 적절한지 등을 평가할 수 있다. 이는 놀이 속에서 나타나는 영유아의 특성 및 변화 정도와 연계하여 파악할 수 있다. 필요에 따라 부모와의 협력이나 행정적·재정적 지원이 적절하게 이루어지고 있는지 등을 평가할 수도 있다.

③ 평가의 목적에 따라 적합한 방법을 사용하여 평가한다.

2019 개정 누리과정	• 평가 방법은 평가의 목적과 대상에 따라 달라질 수 있다. 유치원과 어린이집은 평가 목적에 가장 적합한 평가 방법을 자율적으로 정하여 활용할 수 있다. • 교사는 유아의 특성과 변화 정도를 파악하기 위하여 유아들의 실제 놀이 모습을 계획안에 기록할 수 있고, 놀이 결과물과 작품 등을 일상적으로 수집할 수 있다. 유아들의 놀이를 관찰할 때에는 유아의 말, 몸짓, 표정 등에서 드러나는 놀이의 의미와 특성에 주목하여 이 중 필요한 내용을 메모나 사진 등 교사가 할 수 있는 가장 용이한 방법으로 기록한다. 이러한 관찰기록 자료는 교실에서 자율적으로 수립한 계획안에 포함하여 유아의 특성과 변화 정도를 파악하는 데 활용할 수 있다. • 유치원과 어린이집의 누리과정 운영에 대한 평가는 개선이 필요한 사항에 따라 자율적으로 실시할 수 있다. 기관별, 학급별 상황이나 필요성에 따라 적합한 방법을 선택하여 누리과정 운영을 평가한다. • 개정 누리과정에서는 교사가 유아의 놀이 관찰기록, 유아 평가와 누리과정 운영 평가 등 평가 자료를 만들고 수집하는 데 과도한 노력을 기울이기보다는 유아의 놀이에 더 집중하고 지원하는 것이 중요함을 강조하고 있다. 교사는 개별 유아를 정기적으로 관찰하기보다는 배움이 나타나는 또래 간의 놀이나 활동 등 유아들이 일상에서 놀이하며 배우는 자연스러운 상황에서 유아의 특성과 변화를 이해하는 평가를 하도록 한다. 또한 5개 영역 59개 내용을 성취 기준으로 잘못 인식하여 유아의 놀이에서 59개 내용이 나타나는지 여부만을 체크하지 않도록 유의한다.
표준 보육과정	• 평가 방법은 평가의 목적과 대상에 따라 달라질 수 있다. 어린이집은 평가 목적에 가장 적합한 평가 방법을 자율적으로 정하여 활용할 수 있다. 교사는 영유아의 특성과 변화 정도를 파악하기 위하여 영유아들의 실제 놀이 모습을 계획안에 기록할 수 있고, 놀이 결과물과 작품 등을 일상적으로 수집할 수 있다. • 영유아들의 놀이를 관찰할 때에는 영유아의 말, 몸짓, 표정 등에서 드러나는 놀이의 의미와 특성에 주목하여 이 중 필요한 내용을 메모나 사진 등 교사가 할 수 있는 가장 용이한 방법으로 기록한다. 이러한 관찰기록 자료는 교실에서 자율적으로 수립한 계획안에 포함하여 영유아의 특성과 변화 정도를 파악하는 데 활용할 수 있다. • 어린이집의 표준보육과정 운영에 대한 평가는 개선이 필요한 사항에 따라 자율적으로 실시할 수 있다. 기관별, 반별 상황이나 필요성에 따라 적합한 방법을 선택하여 표준보육과정 운영을 평가한다. 표준보육과정에서는 교사가 영유아의 놀이 관찰기록, 영유아 평가와 표준보육과정 운영 평가 등 평가 자료를 만들고 수집하는 데 과도한 노력을 기울이기보다는 영유아의 놀이에 더 집중하고 지원하는 것이 중요함을 강조하고 있다. 교사는 개별 영유아를 정기적으로 관찰하기보다는 배움이 나타나는 또래 사이의 놀이나 활동 등 영유아들이 일상에서 놀이하며 배우는 자연스러운 상황에서 영유아의 특성과 변화를 이해하는 평가를 하도록 한다. 또한 각 영역의 내용을 성취 기준으로 잘못 인식하여 영유아의 놀이에서 영역별 내용이 나타나는지 여부만을 체크하지 않도록 유의한다.

④ **평가의 결과는 영유아에 대한 이해와 누리과정 · 표준보육과정 운영 개선을 위한 자료로 활용할 수 있다.**

2019 개정 누리과정	• 교사는 유아의 놀이, 일상생활, 활동을 통해 수집된 자료를 평가의 목적에 맞게 종합하여 평가의 결과를 얻을 수 있다. 유아 평가의 결과는 유아가 행복감을 느끼고 전인적으로 발달하도록 도움을 주는 데 활용한다. 또한 누리과정이 추구하는 인간상과 목적 및 목표 등에 비추어 유아의 특성과 변화 정도를 이해하고 유아의 배움과 성장에 도움이 되도록 지원하는 데 활용한다. 수집된 모든 자료를 바탕으로 개별 유아의 특성과 변화 정도를 종합적으로 이해하여, 이를 부모와의 면담자료 및 유아의 생활지도 등에 활용할 수 있다. 한편, 유치원과 어린이집에서 자율적인 방식을 통해 실시한 누리과정 운영 평가의 결과는 각 기관에서 유아 · 놀이 중심 교육과정의 운영을 보다 나은 방향으로 개선하는 데 활용할 수 있다.
표준 보육과정	• 교사는 영유아의 놀이, 일상생활, 활동을 통해 수집된 자료를 평가의 목적에 맞게 종합하여 평가의 결과를 얻을 수 있다. 영유아 평가의 결과는 영유아가 행복감을 느끼고 전인적으로 발달하도록 도움을 주는 데 활용한다. 또한 표준보육과정이 추구하는 인간상과 목적 및 목표 등에 비추어 영유아의 특성과 변화 정도를 이해하고 영유아의 배움과 성장에 도움이 되도록 지원하는 데 활용한다. 수집된 모든 자료를 바탕으로 개별 영유아의 특성과 변화 정도를 종합적으로 이해하여, 이를 부모와의 면담자료 및 영유아의 생활지도 등에 활용할 수 있다. 한편, 어린이집에서 자율적인 방식을 통해 실시한 표준보육과정 운영 평가의 결과는 각 어린이집에서 보육과정의 운영을 보다 나은 방향으로 개선하는 데 활용할 수 있다.

2. 평가방법 및 결과의 활용

교과교육에서는 교과의 성격과 유아의 특성을 고려하여 적합한 평가방법을 활용하는 것을 강조하고 있다. 따라서 교과의 성격과 유아의 개별적 특성, 교육활동 특성, 기관의 여건을 고려하여 유아에게 적합한 평가방법을 적용한다.

1) 평가방법

(1) 평가를 위한 자료 수집

교사는 관찰과 기록, 수집, 부모 설문지 등의 다양한 방법을 이용하여 유아와 누리과정 운영에 대한 평가를 실시한다. 교육과정은 유아의 놀이와 일상생활, 활동 속에서 이루어지므로 교사는 유아의 놀이와 일상을 관찰하여 기록한다. 교사는 특히 유아의 놀이 과정을 관찰하여 평가에 필요한 자료를 모을 수 있다. 이때, 평가자료의 수집과 기록 때문에 교사가 유아를 지원하는 데 어려움을 갖지 않도록 유의한다. 교사는 많이 기록해야 한다는 부담에서 벗어나 유아관찰기록 중 유아 이해 및 놀이지원에 중요하고 의미 있다고 판단되는 자료를 선별한다. 자료를 수집할 때에는 효과적으로 내용을 조직할 수 있고, 기록을 쉽게 활용할 수 있으며 관리하는 데에도 시간이 덜 드는 방법을 활용하는 것이 좋다.

① 다양한 방식으로 기록한다.

놀이 중심 교육과정이 잘 운영되기 위해서는 유아의 놀이를 중심으로 일과를 관찰하고 기록할 필요가 있다. 일과 중 관찰한 내용을 메모지에 핵심 단어 위주로 짧게 기록을 남기고 일과 후 상세한 내용을 보완할 수 있다. 이때 짧은 메모를 그대로 활용할 수도 있고, 유아명, 시간, 장소, 상황, 관련 누리과정 내용 등을 수기로 간단히 작성할 수 있다. 혹은 일일계획안의 평가란이나 일지 양식을 변형하여 관찰 및 평가 내용을 기록할 수도 있다.

(2) 자료를 활용한 평가

평가는 유아 평가와 누리과정 운영 평가로 나누어 볼 수 있다. 유아 평가는 유아의 고유한 특성과 시간의 흐름에 따른 변화를 이해하고자 하는 것이다. 누리과정 운영 평가는 놀이, 일상생활, 활동이 잘 연계되어 유아에게 의미 있는 통합적 경험의 내용으로 운영되었는지를 알아보는 것이다. 유아평가와 누리과정 운영 평가는 유치원과 어린이집의 상황이나 필요에 따라 가장 적합한 방법을 선택하여 자율적으로 실시한다.

① 유아의 특성 및 변화 정도를 평가한다.

유아 평가는 일상생활 및 놀이 과정에서 이루어질 수 있다. 유아의 놀이에 대한 기록(예: 계획안 또는 일지에 기록한 유아들의 실제 놀이 모습, 유아의 놀이 결과물, 작품, 사진이나 동영상 등)을 통해 유아의 흥미와 관심, 놀이 선호, 또래와의 상호작용 등 유아의 특성과 변화 정도를 평가할 수 있다. 이때 누리과정 5개 영역의 내용이 놀이에서 어떻게 경험되고 어떤 배움이 일어났는지 살펴본 후 이를 추후 놀이지원에 반영할 수 있도록 한다.

② 누리과정 운영을 평가한다.

교사는 누리과정 운영의 질을 개선하기 위하여 기관과 학급의 특성을 반영하여 자율적으로 누리과정 운영을 평가하여야 한다. 누리과정 운영 평가는 일과구성이 적절하였는지, 일상생활이나 활동이 놀이를 지원하는 방식으로 진행되었는지, 놀이를 통해 어떤 경험이 어떻게 일어났는지 등에 대해 반성적으로 들여다보는 과정이다. 교사는 학급 내 놀이의 내용, 놀이를 통해 학급에서 일어나고 있는 유아들의 배움과 참여 등에 대한 기록을 바탕으로 교육과정을 평가하고 교육과정 개선 계획에 이를 반영할 수 있다.

③ 놀이에서 누리과정 5개 영역을 경험하였는지 돌아본다.

누리과정의 5개 영역은 유아가 놀이를 통하여 경험해야 할 내용이므로 교사는 놀이상황에서 5개 영역과 관련한 경험이 어떻게 이루어졌는지 연계할 수 있다. 이는 5개 영역의 내용을 유아가 달성해야 할 성취의 기준으로 삼는다는 것은 아니다. 매일 일과를 5개 영역에 따라 연계할 필요는 없다. 일과(놀이, 일상생활, 활동) 후 혹은 하나의 놀이흐름이 마무리되었을 때 5개 영역의 경험이 어떻게 나타났는지 검토하고 지원을 계획해볼 수 있다.

2) 평가 결과의 활용

평가 결과의 활용은 영유아의 이전 발달과 현재 발달에서의 변화양상과 변화 방향을 파악하여 유아가 행복감을 느끼고 전인적으로 발달하는 데 활용된다(황해익 외, 2020). 평가의 결과 활용을 위하여 수집된 자료가 주는 정보의 의미를 정확하게 파악하고 정보를 어떻게 사용할지를 결정해야 한다. 따라서 평가 계획단계에서부터 평가 목적에 따라 평가 결과를 어떻게 활용할지에 대한 계획을 세우는 것이 필요하다. 평가의 결과는 다음과 같이 활용할 수 있다.

교육목적 및 목표 등에 비추어 영유아의 특성과 변화 정도를 이해하고 영유아의 배움과 성장에 도움이 되도록 지원하는 데 활용된다. 수집된 모든 자료를 바탕으로 개별 영유아의 특성과 변화 정도를 종합적으로 이해하여, 이를 부모와의 면담자료 및 영유아의 생활지도 등에 활용된다. 평가를 활용하는 방법은 다음과 같다.

(1) 영유아 이해에 활용

① 평가 결과는 개별 유아의 특성, 발달 수준과 그 변화, 강점과 약점 등을 파악하고 이해하는 데 활용된다.

② 유아가 특별한 지원이나 도움이 필요한 경우, 이를 고려한 개별화된 교육 지원 계획을 수립한다.

(2) 교육과정 개선에 활용

① 평가를 통해 도출된 정보를 기반으로 교육 계획, 교수 방법 등을 조정하여 교육과정을 개선한다.

② 필요한 경우 교사 간, 부모, 전문가 등과 평가 결과를 공유하여 유아의

개별적 특성에 최적화된 교육과정을 지원한다.

(3) 면담자료로 활용

① 평가 결과는 유아의 부모나 주요 양육자와의 면담을 위한 자료로 활용한다.

② 평가 결과를 토대로 유아의 강점과 발전 가능성, 지원이 필요한 부분에 대한 이해를 제공한다.

이러한 평가 결과의 활용으로 유아의 전인 발달과 잠재력 개발을 위한 유아교과교육을 지속적으로 개선하고 지원할 수 있다.

3. 평가도구

유아교육에서 교과교육 평가는 다양한 평가방법과 도구를 활용하여 유아들의 학습과 발달을 측정하고 평가한다. 유아교육에서 사용되는 평가방법과 도구를 살펴보면 다음과 같다.

(1) 표준화 검사

① 표준화 검사는 개인의 전반적인 인지적 능력, 정서 상태, 행동, 학습 신체적·심리적 특성의 양과 질을 측정할 목적으로 일정 조건하에 특정한 문제나 작업을 부과하여 피검사자의 반응을 파악하는 방법이다(최일선, 조운주, 2020, 황해익, 2022).

② 표준화 검사에는 학습준비도 검사, 언어능력 검사, 지능 검사, 성격 검사, 적성 검사 등 여러 종류가 있다(최일선, 조운주, 2020). 검사도구는 목적과

대상에 알맞은 것을 선택하여야 하며 검사를 실시에 제시된 검사절차를 준수해야 한다.

③ K-DST 한국 영유아 발달선별검사는 국민건강보험공단에서 제공하는 검사로 검사 영역은 대근육운동, 소근육운동, 인지, 언어, 사회성, 자조(18개월 이후)이며, 작성 대상은 생후 9개월 이후 건강검진을 받는 영유아의 부모(법정대리인)로 되어 있다.

한국 영유아 발달선별검사 (66~71개월용)

✣ 다음 사항을 기재해 주십시오. 빈칸에 작성하시고 해당 사항에 ☑ 표시하십시오.

아이 이름		(남, 여)	설문 응답자	□ 어머니 □ 아버지 □ 할머니 □ 할아버지 □ 기타( )
생년월일	년 월 일 (조산아인 경우 출산 예정일 : 년 월 일)			
부모정보 (선택사항)	어머니	나이 : 만 ( ) 세	학력 : □ 대학원이상 □ 대졸 □ 대학중퇴 □ 고졸 □ 중졸이하	
	아버지	나이 : 만 ( ) 세	학력 : □ 대학원이상 □ 대졸 □ 대학중퇴 □ 고졸 □ 중졸이하	
아이가 신체나 기타 발달상의 문제가 있나요?			□ 아니오 □ 예 (있다면 구체적 병명은?)	

** 이 질문지는 만 66~71개월 유아를 위한 질문지입니다. 아이의 월령에 해당하는 질문지가 아닌 경우, 질문지를 교체해 주세요.

✣ 각 질문 항목에 대하여 다음 네 가지 중 하나에 표기해 주십시오.
만약 아이가 질문 내용 속 행동을 할 수 있는지 모르는 경우 직접 시켜보고 답해 주십시오.

잘 할 수 있다 ③	할 수 있는 편이다 ②	하지 못하는 편이다 ①	전혀 할 수 없다 ⓪

아래 문항들은 '아이가 할 수 있는지'를 평가하는 것입니다.
아이가 해당 행동을 할 수는 있지만 여러 가지로 잘 하지 않았던 경우들
예) 아이가 가위질을 충분히 할 수 있는 손기능을 보이지만 평소 가위를 주지 않았다.
블록 쌓기가 가능하지만 집에 해당 장난감(블록)이 없거나 그 놀이를 즐겨 하지 않았다.
이런 경우는 '할 수 있다'라고 봐야 합니다.

대근육운동

1	굴러가는 공을 발로 세운다.	③ ② ① ⓪
2	2미터 거리에서 테니스공 크기의 공을 던지면 두 손으로 잡는다. 	③ ② ① ⓪
3	공을 바닥에 한 번 튕길 수 있다.	③ ② ① ⓪
4	무릎 아래 높이로 매어져 있는 줄을 뛰어넘을 수 있다.	③ ② ① ⓪
5	깨금발로 좌우 한발씩 번갈아 뛴다.	③ ② ① ⓪
6	줄넘기를 1회 한다.	③ ② ① ⓪
7	두 손으로 한 발을 잡고, 닭싸움 자세로 세 번 이상 점프한다.	③ ② ① ⓪
8	굴러오는 공을 발로 찰 수 있다.	③ ② ① ⓪

[그림 12-1] K-DST 한국 영유아 발달선별검사 사례

출처: 국민건강보험공단 https://www.nhis.or.kr/

(2) 관찰법

관찰법은 관찰을 통해 일련의 정보를 수집하는 측정방법으로 유아의 특정 행동인발달 수준에 대한 객관적인 자료를 수집해서 사용한다(최일선, 조운주, 2020). 교사가 유아들의 행동, 상호작용, 발언 등을 주의 깊게 관찰하여 학습과 발달 상태를 평가한다. 관찰은 일상적으로 이루어질 수 있고, 특정 활동이나 상황에서 진행될 수도 있다. 관찰은 기록, 추론, 해석 및 평가의 단계로 이루어지며 관찰자의 주관적 판단을 배제한 객관적인 관찰과 사실적 기록을 해야 한다.

관찰유형으로는 짧은 내용의 사건이나 우발적 행동에 대해 기록하는 일화기록법, 관찰대상, 장면을 선정한 후 해당 장면의 행동과 상황을 집중적으로 기록하는 표본식 기술법, 사전에 선정된 행동을 시간 간격을 정해 놓고 지속적으로 관찰하는 시간표집법, 특정한 행동이나 사건이 생길 때에만 관찰하는 사건표집법, 사전에 행동목록을 정하고 행동의 출현여부를 관찰한 후 표기하는 행동목록법, 관찰하려는 행동에 대한 질적 특성의 차이를 수준에 따라 판단하는 평정척도법 등이 있다. 등이 있다.

3세 유아가 종이 벽돌 블록과 나무 블록 등 여러 블록으로 놀이하는 과정을 이해하기 위하여 놀이하는 모습을 기록하였다.

**이는 ●●이 ▲▲이와 함께 종이 벽돌 블록으로 길게 이어 붙인 뒤 교사에게 달려와 손을 교사 머리에 얹고 교사의 고개를 돌리려 애쓰며 말한다.

**: 선생님 여기 봐 봐요.
우리가 집 만들었어요.
T: 와! 이번에 만든 집은 좀 다르네?
●●: 우리가 집 길게 만들었어요.
T: 그러게. 정말 길게 만들었다!
**: 우리 집이야. 방 세 개나 있어.
●●: 여기 문으로 들어가면 돼.
내가 터널(문)도 만들었어.
T: 방도 세 개나 생기고, 문도 있네?
예전에는 문이 없었는데.

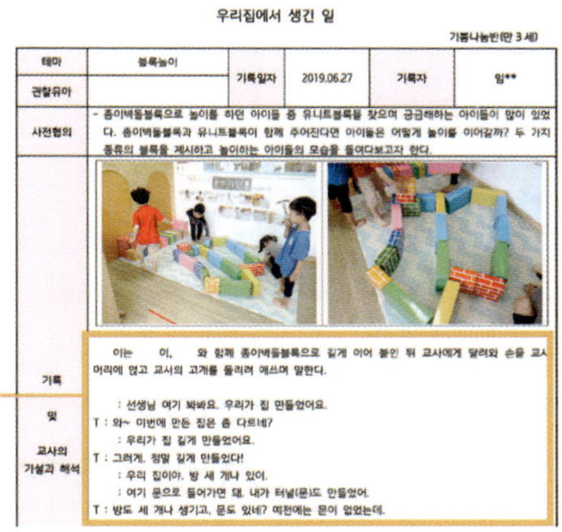
우리집에서 생긴 일

기쁨나눔반(만 3 세)

테마	블록놀이	기록일자	2019.06.27	기록자	임**
관찰유아					
사전협의	- 종이벽돌블록으로 놀이를 하던 아이들 중 유니트블록을 찾으며 궁금해하는 아이들이 많이 있었다. 종이벽돌블록과 유니트블록이 함께 주어진다면 아이들은 어떻게 놀이를 이어갈까? 두 가지 종류의 블록을 제시하고 놀이하는 아이들의 모습을 들여다보고자 한다.				
기록 및 교사의 가설과 해석	이는 이, 와 함께 종이벽돌블록으로 길게 이어 붙인 뒤 교사에게 달려와 손을 교사 머리에 얹고 교사의 고개를 돌리려 애쓰며 말한다. : 선생님 여기 봐봐요. 우리가 집 만들었어요. T : 와~ 이번에 만든 집은 좀 다르네? : 우리가 집 길게 만들었어요. T : 그러게. 정말 길게 만들었다! : 우리 집이야. 방 세 개나 있어. : 여기 문으로 들어가면 돼. 내가 터널(문)도 만들었어. T : 방도 세 개나 생기고, 문도 있네? 예전에는 문이 없었는데.				

[그림 12-2] 교사의 서술식 관찰기록 사례

출처: 교육부, 보건복지부(2019b). 2019 개정 누리과정 놀이이해자료. 교육부, 보건복지부.

1. 시작 배경

연령 / 학급인원	4세 / 19명
시기	1학기 초반
놀이 지속 기간	약 1.5개월

	3월 중순	4월 중순	4월 말
놀이 참여 인원	4~5명	학급 전체	3~4명

2. 교사의 놀이 관찰과 지원 이유

따스한 봄날, 산책길에 유아는 길가에 핀 봄꽃을 유심히 살펴보던 중 꿀을 빨아 먹고 있는 곤충(나비, 벌)을 발견했다. 꽃 위에 앉아서 꿀을 먹는 모습, 날갯짓하며 날아가는 모습을 주의 깊게 관찰했다. 하늘에 머물던 시선은 땅으로 향했고 유아는 땅 위와 땅속에 사는 작은 벌레에게도 관심을 두기 시작했다. 이후 교실로 돌아온 유아는 곤충 그림 그리기, 곤충 관련 책 찾아보기, 곤충 수수께끼 내기 등 자신의 관심을 다양한 놀이로 풀어나갔다. 이를 본 교사는 곤충 관련 놀이를 지원해준다면 주변 세계를 이루고 있는 다양한 생물 중 곤충에 대한 유아의 흥미를 심도 있게 확장해 줄 수 있을 것으로 판단했다.

1. 곤충에 대한 관심이 많고 궁금한 것이 많아 곤충 관련 개념들을 놀이 속에서 자연스럽게 알아갈 수 있음
2. 계절상 곤충을 쉽게 접해볼 기회이므로 직접경험을 통해 놀이로 연결하기가 용이함

[그림 12-3] 교사의 놀이 관찰 '곤충놀이 사례'

출처: 교육부, 보건복지부(2020). 「2019 개정 누리과정」 놀이운영사례집: 놀이를 지원하는 교사의 역할. p. 144.

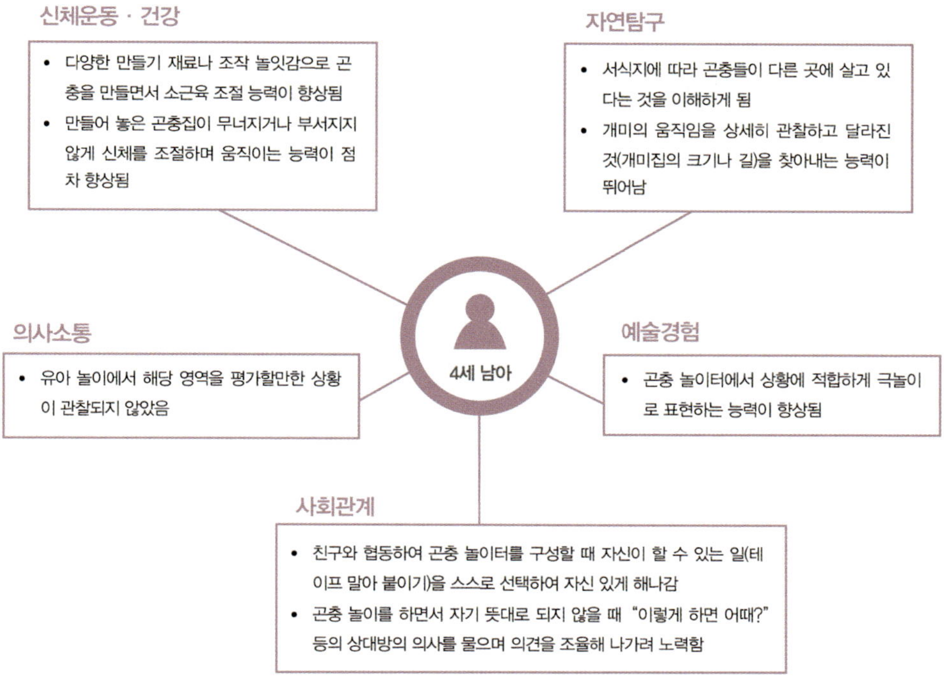

[그림 12-4] 유아 개인평가 사례

출처: 교육부, 보건복지부(2020). 「2019 개정 누리과정」 놀이운영사례집: 놀이를 지원하는 교사의 역할. p. 155.

■ 누리과정 평가

영역별 평가

신체운동 · 건강	• 신체를 조절하여 곤충의 움직임을 표현함
의사소통	• 협동 작품을 만들며 자신의 의견을 적절한 문장을 사용하여 이야기함
사회관계	• 친구와 역할을 맡아 놀이하며 긍정적인 또래 관계를 형성함 • 협력하여 놀이하는 과정에서 서로 다른 감정, 생각, 행동을 존중함
예술경험	• 다양한 미술 재료와 도구로 자기 생각과 느낌을 표현함
자연탐구	• 알아보고 싶은 곤충을 자세히 관찰하고 탐구함 • 다양한 곤충에 관해 관심을 가짐

[그림 12-5] 관찰에 기반한 누리과정 평가 사례

출처: 교육부, 보건복지부(2020). 「2019 개정 누리과정」 놀이운영사례집: 놀이를 지원하는 교사의 역할. p.154.

① KICCE 유아관찰척도

- KICCE 유아관찰척도는 2019 개정 누리과정에 따라 유아를 관찰하여 유아의 경험 정도를 평정할 수 있도록 개발된 척도이다. KICCE 유아관찰척도는 교사들이 누리과정을 바탕으로 유아를 관찰하고 이해하는 과정을 지원하는 도구로 유치원과 어린이집에서의 놀이, 일상생활, 활동 상황에서 유아의 지식, 기능, 태도를 포함하여 평가할 수 있다.
- 5개 영역(신체운동·건강영역 12문항, 의사소통 12문항, 사회관계 12문항, 예술경험 10문항, 자연탐구 13문항) 총 59개 문항 4점 척도로 구성되어 있다. 관찰문항은 유아의 연령별 성취수준이 아니며, 유아의 행동이나 변화에 대한 이해를 돕기 위해 문항별로 관찰사례를 제시하였다.
- 유아관찰척도의 관찰방식은 교사관찰이며 관찰 수준은 4수준으로 평정된다.

  1수준: 해당 항목에 대해 관심이 없거나 모르거나, 하기 어려워함

  2수준: 도움이 있으면 해 보려함

  3수준: 혼자 해보려고 시도함

  4수준: 스스로 실천하며, 능숙하거나, 주도적인 태도를 보임

〈표 12-1〉 KICCE 유아관찰척도 영역별 문항

영역	번호	관찰 문항
신체운동·건강 영역	1-1	신체 각 부분의 이름을 안다.
	1-2	신체를 조절하여 움직인다.
	1-3	기본운동을 한다.
	1-4	실내외 신체활동에 자발적으로 참여한다.
	1-5	자신의 몸과 주변을 깨끗이 한다.
	1-6	몸에 좋은 음식을 즐겁게 먹는다.
	1-7	하루 일과에서 적당한 휴식을 취한다.
	1-8	질병을 예방하는 방법을 실천한다.
	1-9	일상에서 안전하게 놀이하고 생활한다.

	1-10	TV, 컴퓨터, 스마트폰 등을 바르게 사용한다.
	1-11	교통안전 규칙을 지킨다.
	1-12	위험한 상황에서 도움을 요청한다.
의사소통 영역	2-1	말이나 이야기를 관심 있게 듣는다.
	2-2	자신의 경험, 느낌, 생각을 말한다.
	2-3	상황에 적절한 단어를 사용하여 말한다.
	2-4	상대방이 하는 이야기를 듣고 적절하게 말한다.
	2-5	상황에 맞는 바른 태도로 듣고 말한다.
	2-6	고운 말을 사용한다.
	2-7	말이 글로, 글이 말로 바뀌는 것을 안다.
	2-8	주변의 상징, 글자 등의 읽기에 관심을 가진다.
	2-9	자신의 생각을 글자와 비슷한 형태로 표현한다.
	2-10	책에 관심을 가지고 상상하기를 즐긴다.
	2-11	동화, 동시에서 말의 재미를 느낀다.
	2-12	말놀이와 이야기 짓기를 즐긴다.
사회관계 영역	3-1	자신의 특성을 알고 소중히 여긴다.
	3-2	자신의 감정을 알고 상황에 맞게 표현한다.
	3-3	혼자서 할 수 있는 일을 스스로 한다.
	3-4	가족을 소중히 여기는 마음을 나타낸다.
	3-5	친구를 도우며 사이좋게 지낸다.
	3-6	친구와의 갈등을 긍정적인 방법으로 해결한다.
	3-7	다른 사람의 감정, 생각, 행동을 알고 존중한다.
	3-8	친구와 어른께 예의 바른 행동을 한다.
	3-9	약속과 규칙을 지킨다.
	3-10	내가 살고 있는 곳에 대해 궁금한 것을 알아본다.
	3-11	우리나라에 대해 자랑스럽게 여긴다.
	3-12	다양한 문화에 관심을 가진다.
예술경험 영역	4-1	자연과 일상생활에서 아름다움을 찾고 즐긴다.
	4-2	예술적 요소에 관심을 갖고 찾아본다.
	4-3	노래를 즐겨 부른다.
	4-4	신체, 사물, 악기의 소리를 탐색하여 간단한 리듬 만들기를 즐긴다.

	4-5	신체나 도구를 이용해 움직임과 춤으로 자신의 느낌을 표현한다.
	4-6	다양한 자료와 도구를 이용해 자신의 생각과 느낌을 표현한다.
	4-7	자신의 경험이나 이야기를 극놀이로 표현한다.
	4-8	다양한 예술을 감상하며 상상하기를 즐긴다.
	4-9	서로 다른 예술 표현을 존중한다.
	4-10	우리나라 전통 예술에 관심을 갖고 친숙해진다.
자연탐구 영역	5-1	주변 세계와 자연에 대해 지속적으로 호기심을 가진다.
	5-2	궁금한 것을 탐구하는 과정에 즐겁게 참여한다.
	5-3	탐구과정에서 서로 다른 생각에 관심을 가진다.
	5-4	물체와 물질의 특성과 변화를 여러 가지 방법으로 탐색한다.
	5-5	물체를 세어 수량을 알아본다.
	5-6	물체의 위치와 방향, 모양을 알고 구별한다.
	5-7	일상에서 길이, 크기, 무게 등의 속성을 비교한다.
	5-8	주변에서 반복되는 규칙을 찾는다.
	5-9	일상에서 모은 자료를 기준에 따라 분류한다.
	5-10	도구와 기계에 대해 관심을 가진다.
	5-11	주변의 동식물에 관심을 가진다.
	5-12	생명과 자연환경을 소중히 여긴다.
	5-13	날씨와 계절의 변화를 생활과 관련 짓는다.

출처: 강은진, 이미화, 예한나(2019). 누리과정 효과성 분석연구(Ⅱ). 육아정책연구소.

관찰문항	1 신체 각 부분의 이름을 안다.			
관찰수준	1 신체 각 부분의 이름을 알지 못한다.	2 도움을 받아 신체 각 부분의 이름을 안다.	3 신체 각 부분의 이름을 일부 알 수 있다.	4 세부적인 신체 각 부분의 모든 이름을 안다.

관찰사례	
놀이	1. 병원놀이를 한다. 환자 역할을 맡은 유아가 진찰을 받는다. 의사 역할을 맡은 유아가 어디가 아파서 왔는지 물어보자 다리를 가리키며 "여기"라고 말한다. 2. 병원놀이를 한다. 환자 역할을 맡은 유아가 진찰을 받는다. 의사 역할을 맡은 유아가 어디가 아파서 왔는지 물어보자 "여긴데.. 이름이 뭐지?"하고 말한다. 옆에 있던 유아가 "다리잖아!"라고 말하자 "아 맞다, 다리가 아파서 왔어요."라고 말한다. 3. 병원놀이를 한다. 의사 역할을 맡은 유아가 환자 역할을 맡은 유아에게 어디가 아파서 왔는지 물어본다. 그러자 팔, 다리를 가리키며 "자전거 타다 넘어져서 팔하고 다리를 다쳤어요."라고 말한다. 4. 병원놀이를 한다. 의사 역할을 맡은 유아가 환자 역할을 맡은 유아에게 어디가 아파서 왔는지 물어본다. 그러자 허벅지를 가리키며 "집에서 걸어가다가 책상에 허벅지를 부딪쳤는데 아파요."라고 말한다.
일상생활	1. 손을 씻는 모습을 보며 교사가 "손가락 사이사이도 닦아볼까?"라고 말하자 다른 부분을 문지르며 헹군다. 2. 손을 씻는 모습을 보며 교사가 "손가락 사이사이도 닦아볼까?"라고 말하며 시범을 보이자 교사를 따라 손가락 사이를 문지르며 손을 닦는다. 3. 손을 씻는 모습을 보며 교사가 "손가락 사이사이도 닦아볼까?"라고 말하자 손가락 사이를 문지르며 손을 닦는다. 4. "손가락 사이사이도 문질러서 씻어야 해요."라고 말하며 손을 씻다가 "저는 팔꿈치까지 소매를 걷었어요." 이야기한다.
활동	1. '머리, 어깨, 무릎, 발' 노래를 부르며 교사가 "노래의 끝 소절에 선생님이 말하는 곳을 찾는 거야."라고 말한 후 입술이라고 말하고 눈을 가리키자 눈을 가리킨다. 2. '머리, 어깨, 무릎, 발' 노래를 부르며 교사가 "노래의 끝 소절에 선생님이 말하는 곳을 찾는 거야."라고 말한 후 입술이라 말하고 눈을 가리키자 눈을 가리킨다. 교사가 입술을 쭉 내밀자 입을 가리킨다. 3. '머리, 어깨, 무릎, 발' 노래를 부르며 교사가 "노래의 끝 소절에 선생님이 말하는 곳을 찾는 거야."라고 말한 후 입술이라 말하고 눈을 가리키자 입술을 가리킨다. 4. '머리, 어깨, 무릎, 발' 노래를 부르며 교사가 "노래의 끝 소절에 선생님이 말하는 곳을 찾는 거야."라고 말한 후 입술이라 말하고 눈을 가리키자 입술을 가리킨다. 다시 인중이라 말하고 귀를 가리키자 인중을 가리킨다.

[그림 12-6] KICCE 유아관찰척도 '신체운동 · 건강' 영역 관찰문항 사례

출처: 배윤진 · 강은진 · 엄지원(2020). 누리과정 효과성 분석 연구(Ⅲ) 유아관찰앱 개발 및 적용. p. 203

② KICCE 유아 놀이성 척도

KICCE 유아 놀이성 척도는 교사들이 누리과정 속에서 유아를 관찰하고 유아에게서 나타난 놀이성을 평가할 수 있도록 한다.

KICCE 유아 놀이성 척도에서 '놀이성'이란 유아가 놀이를 시작하고, 놀이를 변형지속확장하고, 놀이를 즐기고, 놀이에 몰입하는 놀이과정에서 나타나는 성향으로 정의한다.

놀이성 척도는 '주도성/자율성', '놀이자료 탐색 및 활용/호기심/관찰', '규칙', '인지적 융통성', '놀이 확장', '몰입/지속성/인내', '표현/즐거움', '자기평가/메타인지' '의미 발견' 9개 요인 총 47문항으로 구성되어 있다.

내 용	전혀 그렇지 않다	그렇지 않은 편이다	대체로 그렇다	매우 그렇다
1) 놀이를 하는 동안 다른 유아의 참여를 수용한다.	1	2	3	4
2) 놀이상황에 맞는 적절한 놀이자료를 선택한다.	1	2	3	4
3) 놀이과정에 다른 유아나 교사의 의견을 수용하여 놀이규칙이나 방법을 새롭게 구성해 간다.	1	2	3	4
4) 놀이를 할 때 자기의 독특한 놀이방법을 만들어 낸다.	1	2	3	4
5) 새로운 놀이방법을 찾기 위해 다른 유아와 의논하거나 재미있는 생각을 제안한다.	1	2	3	4
6) 놀이에 열중한다.	1	2	3	4
7) 놀이하는 동안 감정을 자유롭게 표현한다.	1	2	3	4
8) 자신이 무슨 놀이를 잘하고 못하는지를 안다.	1	2	3	4
9) 현재하고 있는 놀이 경험의 의미를 깨닫는다.	1	2	3	4
10) 놀이 도중 더 재미있게 놀 수 있는 방법이 생각나면 다른 유아나 교사에게 적극적으로 제안하고 놀이를 주도한다.	1	2	3	4
11) 놀이를 위한 다양한 놀이자료와 도구들에 관심을 보이며 수집한다.	1	2	3	4
12) 놀이 규칙을 만들어서 다른 유아에게 제안한다.	1	2	3	4
13) 놀이하는 동안 한 활동만 고집하지 않고 활동들을 바꾸어가며 한다.	1	2	3	4
14) 하나의 놀이에서 다른 놀이로 확장한다.	1	2	3	4
15) 하나의 놀이에 집중하는 시간이 길다.	1	2	3	4
16) 놀이를 위해 신체를 적극적으로 움직인다.	1	2	3	4
17) 자신이 좋아하고 싫어하는 것을 안다.	1	2	3	4
18) 놀이 활동 중 자신이 만든 결과물을 자랑한다.	1	2	3	4

19) 자신이 의도하는 바대로 놀고자 한다.	1	2	3	4
20) 놀이영역(공간)을 살펴보고 변화에 관심을 가진다.	1	2	3	4
21) 학급(반)에서 정한 놀이 규칙을 준수하면서 규칙의 문제점에 대해서는 새로운 대안을 제안한다.	1	2	3	4
22) 틀에 얽매이지 않고 자유롭게 놀이자료를 사용한다.	1	2	3	4
23) 놀이를 더 재미있게 하려고 시도한다.	1	2	3	4
24) 주위 친구들이 무슨 놀이를 하든지 상관하지 않고 자신의 놀이를 계속해 나간다.	1	2	3	4
25) 놀이를 위해 자신의 생각과 느낌을 신체나 말로 표현한다.	1	2	3	4
26) 자신이 실행 가능한 범위 내에서 모험적인 시도를 한다.	1	2	3	4
27) 자신의 놀이과정이나 결과물에 이름을 붙인다.	1	2	3	4
28) 무엇을 하고 놀지를 스스로 결정한다.	1	2	3	4
29) 놀이 시 필요한 놀이자료를 스스로 적극적으로 찾아온다.	1	2	3	4
30) 다양한 방법으로 사물을 가지고 놀이한다.	1	2	3	4
31) 놀이계획을 세울 때 변화를 시도한다.	1	2	3	4
32) 선택한 놀이가 조금 어려워도 끝까지 한다.	1	2	3	4
33) 놀이하는 동안 만족스러워 한다.	1	2	3	4
34) 놀이에서 어려워 보이는 상황에서도 도전하기를 좋아한다.	1	2	3	4
35) 자신의 놀이과정이나 결과물에 대해 설명하기를 좋아한다.	1	2	3	4
36) 하고 싶은 놀이를 스스로 찾아서 시작한다.	1	2	3	4
37) 놀이자료로 사용할 수 있는 사물에 대해 흥미가 생기면 오랫동안 관심을 갖는다.	1	2	3	4
38) 놀이주제를 다양하게 생각해낸다.	1	2	3	4
39) 놀이를 변형·확장하면서 어려움이 생겼을 때 해결하려고 시도한다.	1	2	3	4
40) 혼자서 놀이를 해야 하는 상황에서 다른 유아나 교사에게 의존하지 않고 놀이를 지속할 수 있다.	1	2	3	4
41) 놀이를 하면서 미소를 짓거나 소리 내어 웃는다.	1	2	3	4
42) 다른 유아들의 놀이에 참여하고 싶을 때는 함께한다.	1	2	3	4
43) 놀이를 새롭게 구성한다.	1	2	3	4
44) 놀이를 하면서 자신의 생각과 행동이 친구와 달라도 주변의 시선과 평가를 의식하지 않고 놀이를 계속한다.	1	2	3	4
45) 혼자 놀고 싶을 때는 적절한 장소와 놀이자료를 선택해서 놀이한다.	1	2	3	4
46) 상상의 친구를 만들어 내거나 상상의 친구를 활용하여 놀이를 한다.	1	2	3	4
47) 놀이상황에서 가상전환을 자유롭게 한다.	1	2	3	4

[그림 12-7] KICCE 유아 놀이성 척도

출처: 배윤진 · 강은진 · 엄지원(2020). 누리과정 효과성 분석 연구(Ⅲ) 유아관찰앱 개발 및 적용. pp.172-173.

(3) 면접법

언어적 표현이 가능한 유아, 부모, 교사 등을 직접 만나서 언어적인 반응을 통하여 여러 가지 자료를 수집하는 방법이다(황해익, 2022).

면접법은 비교적 짧은 시간에 유용한 자료를 얻을 수 있으며 유아의 행동에 대한 이유나 맥락을 이해할 수 있는 정보를 얻을 수 있다(최일선, 조운주, 2020).

교사가 유아들과 일대일로 대화하며 학습 경험, 이해도, 흥미 등을 평가한다. 면접은 유아들의 언어 능력과 의사소통 기술을 평가하는 데에도 사용된다.

(4) 포트폴리오 평가

수집된 기록물들을 근거로 유아들의 학습과 수행력을 향상시키거나 모니터하기 위해 고안된 평가의 한 유형이다(황해익, 2022). 포트폴리오 평가는 유아 개개인의 변화, 발달과정을 종합적으로 평가하기 위해 전체적이면서 지속적으로 평가하는 방법이다(최일선, 조운주, 2020).

유아들의 작품 모음, 프로젝트, 그림, 기록물 등을 모아서 포트폴리오를 구성하고 이를 통해 활동과정과 발달 과정을 파악한다. 포트폴리오는 유아의 창의성, 자기표현 능력 등을 살펴보는 데 사용된다.

(5) 강점기반평가

강점기반적 접근에 기초한 평가로 사전지식, 능력수준, 흥미, 학습양식의 다양성을 고려하고 성장평가, 수행평가, 면담평가, 관찰평가, 종합평가 등 다면적인 평가방안을 통해 이루어질 수 있다. 유아의 강점을 파악하여 유아 스스로 자신의 능력을 긍정적으로 인식할 수 있게 하며 교사와 부모는 자녀의 강점에 대한 정보를 얻게 됨으로써 유아에 대한 긍정적 이해를 바탕으로 유아를 지원할 수 있게 된다. 강점기반평가의 활용도구로는 유아강점척도, 유아강점리터러시척도, 유아교사강점척도 등이 있다(황해익, 2022).

(6) 유치원평가

유치원 평가는 유치원 교육공동체가 평가의 주체로서 자율성과 책무성을 갖고, 유치원 교육 전반적인 운영을 '계획-실천-평가-환류'의 과정을 통해 진단하여 개선하는 실천적 과정이다(서울특별시교육청유아교육진흥원, 2023). 유치원 평가의 주요 목적인 자율적인 유치원 교육 활동 진단 및 개선을 통한 유치원 교육의 질 제고는 유아교과교육 측면의 평가와 매우 밀접하다고 볼 수 있다.

유치원 평가는 3개 영역(Ⅰ. 유아놀이중심교육과정 및 방과후 과정, Ⅱ. 교육주체가 참여하는 민주적 유치원 운영, Ⅲ. 유치원의 건강과 안전), 12개 지표, 57개 문항으로 구성되어 있다.

〈표 12-2〉 '2023 유치원 평가' 영역Ⅰ 중 '유아 · 놀이 중심 교육과정' 지표

평가지표	평가문항
유아 · 놀이 중심 교육과정 편성 · 운영	• 국가 수준의 교육과정을 바탕으로 유치원 실정을 반영한 교육과정을 편성 · 운영한다. • 유아의 전인적 성장과 발달을 위하여 유아의 발달 특성 및 경험을 고려한 교육과정을 편성 · 운영한다. • 놀이, 일상생활, 활동을 융통성 있게 편성 · 운영한다. • 유아의 성별, 신체적 특성, 장애, 종교, 가족 및 문화적 배경 등으로 인한 편견이 없으며, 차이를 긍정적으로 수용하고 배려하는 교육과정을 편성 · 운영한다. • 유아의 흥미와 요구를 존중하며, 유아 주도적인 놀이 중심 교육과정을 편성 · 운영한다. • 다양한 방법으로 교사의 교수-학습을 지원 · 점검한다. • 특수교육대상 유아를 위한 지원과 관리, 맞춤형 프로그램을 내실 있게 편성 · 운영한다.
유아교육과정 평가 및 환류	• 일과 운영 전반에 나타난 유아의 흥미와 놀이 모습에 근거하여 특성 및 변화, 발달 상황을 포괄적으로 파악한다. • 다양하고 적합한 평가 방법을 개발하여 유아 이해 및 교육과정의 질 관리를 위한 평가(유아, 교육과정)를 실시한다. • 참여, 소통, 협력을 기반으로 하는 유아 놀이 실천-평가-환류를 체계적으로 운영한다.

〈표 12-3〉 '2023 유치원 평가' 영역II 중 '유아가 주도하는 교육환경' 지표

평가지표	평가문항
유아가 주도하는 교육환경	• 유치원 하루 일과 운영에 유아의 의견이 적극적으로 반영된다. • 실내 · 외 교육환경 구성 시 유아가 불편함이 없도록 유아의 발달 및 권리를 고려한다. • 유아의 요구에 따라 실내 · 외 교육환경의 결합 및 재구성이 지속적으로 이루어진다. • 유아의 주도적 놀이가 가능하도록 실내 · 외 교육환경 구성에서 유아의 의견을 적극적으로 반영한다. • 유아가 놀이 상황과 맥락에 따라 놀이에 적절한 자료를 스스로 선택한다.

〈표 12-4〉 '2023 유치원 평가' 영역I 중 '유아 · 놀이 중심 교육과정' 지표

평가지표	평가문항	매우 그렇다	그렇다	보통이다	그렇지 않다	매우 그렇지 않다
유아 · 놀이 중심 교육과정 편성 · 운영	국가 수준의 교육과정을 바탕으로 유치원 실정을 반영한 교육과정을 편성 · 운영한다.	⑤	④	③	②	①
		⑤	④	③	②	①
유아교육 과정 평가 및 환류		⑤	④	③	②	①
		⑤	④	③	②	①
우수한 점		개선할 점 및 향후 추진 계획				

※ 설문결과의 평균 점수로 표시 : 매우 그렇다(4.5 이상), 그렇다(3.5 이상~4.5 미만), 보통이다(2.5 이상~3.5 미만), 그렇지 않다(1.5 이상~2.5 미만), 매우 그렇지 않다(1.5 미만)

유치원 평가는 유치원 자체평가위원회(교직원, 학부모)를 구성하여 자체평가로 실시된다. I 영역과 II 영역은 전체 교직원 학부모 대상으로 설문조사를 실시하고 III 영역은 자체평가위원회를 통해 정량평가한다. 유치원 자체평가는 계획, 실천, 평가, 환류의 과정을 통해 진행된다. 단계별 내용은 다음의 표와 같다.

〈표 12-5〉 '2023 유치원 평가' 절차

절차	내용
계획	• 전년도 유치원 평가 결과를 반영한 유치원 교육계획을 포함하여, 유치원 여건과 교육목표에 맞는 당해 연도 유치원 평가 계획을 수립한다. • 유치원의 비전과 교육활동 목표를 홈페이지에 탑재하거나 설명회 등을 통해 안내한다. • 유치원 자체평가를 주도적으로 추진할 자체평가위원회를 구성 및 운영한다.
실천	• 유치원 교육계획에 따라 교육활동을 추진하는 과정에서 자율점검을 통해 교육 활동을 수정 · 보완해 간다. • 유치원 상황에 알맞게 컨설팅을 신청하고 컨설팅 지원을 받는다.
평가	• 유치원의 여건과 교육목표에 알맞은 평가 내용과 평가 문항을 구성하여 평가를 실시한다. • 유치원 평가 계획에 맞추어 평가지표 및 문항별 자료를 수집한다. – Ⅰ(유아 · 놀이 중심 교육과정 및 방과후 과정), Ⅱ(교육주체가 참여하는 민주적 유치원 운영) 영역은 유치원 교육공동체(학부모, 교직원) 모두가 참여하는 설문조사를 실시한다. – Ⅲ(유치원의 건강과 안전) 영역은 유치원의 자율성과 책무성을 강화하는 방향으로 자체평가위원회를 중심으로 정량평가를 실시한다. • 차기 년도 유치원 교육계획 수립에 반영할 유치원 자체평가 결과 보고서를 작성한다.
환류	• 유치원 자체평가 결과 보고서를 분석하고 개선방안을 마련하여 차기 년도 유치원 교육계획 수립에 반영한다. • 유치원 자체평가 결과 보고서를 유치원 홈페이지 및 유치원 알리미(정보공시)에 탑재하여 유치원 평가의 결과를 교육공동체와 함께 공유하고 성장하도록 노력한다.

참고문헌

강은진, 이미화, 예한나(2019). 누리과정 효과성 분석연구(Ⅱ): 누리과정 개정에 따른 KICCE 유아관찰척도 개발 및 시범적용, 연구보고 2019-21. 육아정책연구소.

교육부, 보건복지부(2019a). 2019 개정 누리과정 해설서. 교육부, 보건복지부.

교육부, 보건복지부(2019b). 2019 개정 누리과정 놀이이해자료. 교육부, 보건복지부.

교육부, 보건복지부(2020). 「2019 개정 누리과정」 놀이운영사례집: 놀이를 지원하는 교사의 역할. 교육부.

배윤진, 강은진, 엄지원(2020). 누리과정 효과성 분석연구(Ⅲ): 유아관찰앱 개발 및 적용. 육아정책연구소.

보건복지부(2020). 제4차 어린이집 표준보육과정 해설서. 보건복지부.

서울특별시교육청유아교육진흥원(2023). 유치원평가 가이드북. 서울특별시교육청유아교육진흥원.

최일선, 조운주(2020). **유아교육 평가의 이론과 실제**. 서울: 창지사.

황해익, 최혜지, 권유선(2021). **아동관찰 및 행동연구**. 경기: 공동체.

황해익(2022). **유아교육평가의 이해**. 경기: 정민사.

국민건강보험공단(2023). K-DST 한국 영유아 발달선별검사. 국민건강보험공단. https://www.nhis.or.kr/nhis/index.do에서 인출.

저자소개

김정희

가톨릭대학교 아동가족학전공 이학박사

총신대학교 유아교육과 교수

이지영

이화여자대학교 유아교육학과 문학박사

동양대학교 유아교육과 교수

탁정화

부산대학교 유아교육과 교육학박사

서원대학교 유아교육과 교수

송 영

총신대학교 기독교유아교육전공 철학박사

총신대학교 호크마교양교육원 겸임교수

개정 누리과정 연계

유아교과교육론

초판 1쇄 발행 / 2024년 3월 2일
초판 2쇄 발행 / 2024년 9월 5일

공저자 / 김정희 · 이지영 · 탁정화 · 송 영
발행인 / 이 중 수
발행처 / 동 문 사

서울특별시 서대문구 홍제원 1길 12
(홍제동 137-8)
Tel : 02)736-3718(대), 736-3710, 3720
Fax : 02)736-3719
등록번호 : 1974.04.27. 제9-17호
가격 : 22,000원

ISBN : 979-11-6328-581-6(93370)
E-mail : dong736@naver.com
www.dongmunsa.com